基于用户认知视角的
对外汉语词典释义研究

章宜华　著

2011年·北京

图书在版编目(CIP)数据

基于用户认知视角的对外汉语词典释义研究/章宜华著. —北京:商务印书馆,2011
ISBN 978-7-100-07675-3

Ⅰ.①基… Ⅱ.①章… Ⅲ.①汉语—对外汉语教学—词典—研究 Ⅳ.①H195-61

中国版本图书馆CIP数据核字(2011)第022021号

基于用户认知视角的
对外汉语词典释义研究
章宜华 著

商 务 印 书 馆 出 版
(北京王府井大街36号 邮政编码 100710)
商 务 印 书 馆 发 行
北 京 瑞 古 冠 中 印 刷 厂 印 刷
ISBN 978-7-100-07675-3

2011年11月第1版 开本 787×1092 1/16
2011年11月北京第1次印刷 印张 18¼
定价:33.00元

本项目为广东省哲学社会科学规划项目
项目编号：06K02

参加项目研究人员：
章宜华　吕　靖　杜焕君　夏立新

序

牛年小阳春，在丹桂飘香的西子湖内金溪山庄，步入知非之年的章宜华教授把他的新著成稿赐下，于是我有幸成了第一读者。从那一刻起，便手不释卷地读着这新意四溢的书稿。

边读边想。想起整整十年前，在南京东郊宾馆，时值不惑之年的宜华先生刚从法国、比利时带来清新的空气，习习地吹入与会者的耳畔。令人至今难忘的是，那时他就讲述了家族相似性和原型论在辞书编纂和研究中的应用。后来其高论新论宏论层出叠见，例如在 2005 年香山会议、2006 年商务印书馆专家论证会、2007 年北京军人度假村语言学名词审定会、2007 年教育部语信司/鲁东大学汉语辞书研究中心揭牌仪式、2008 年中国辞书学会常熟会议以及烟台多次辞书会议等重要会议上的专题报告和主题发言；例如从 20 世纪 90 年代开始在《辞书研究》《现代外语》《外语教学与研究》《外国语》《学术研究》等刊物上的八十多篇论文；例如《语义学与词典释义》（上海辞书出版社 2002）、《计算词典学与新型词典》（上海辞书出版社 2004）、《词典编纂的艺术与技巧》（译/商务印书馆 2005）、《当代词典学》（商务印书馆 2007）、《语义·认知·释义》（上海外语教育出版社 2009）等多部著作。而面前的这本书稿更是渐入佳境、攀向高峰：

第一，强调了对外汉语学习词典的四个特点。

第二，特别突显了用户意识。

第三，切实做了词典使用调查。

第四，详细地调查、研究、分析了二语学习与中介语的多方面、多层次问题。

第五，对比更彰显特色：内向型普通词典与外向型学习词典对比；国内与国外二语学习词典对比。

第六，前五个高原隆起一个高峰：多维释义模式的探讨和构建。主要探讨了释义框架、结构、原则，主要构建了五种语义模块：句法的、搭配的、概念的、语用的、网络的。

第七，为追求大厦整体完美，精雕细刻一砖一瓦，书中每一个节段都经过仔细打磨。

总之,这本书稿是宜华教授学术特征的缩影:广泛吸收认知语言学、语义学、词典学等学科国际前沿成果,构建有特色的理论体系。一月升起,百星暗淡。近日或难有出其右者。

高精尖多的成果铸就了学者的广泛显著的影响。宜华教授先后在亚洲辞书学会、中国辞书学会、双语词典专业委员会、(广外)国家文科基地等等要位任要职,更令人瞩目的,他获得了商务印书馆特聘研究员、教育部语信司/鲁东大学汉语辞书研究中心学术委员等殊荣。

著名学者,一向寥若晨星。因为他的出现,至少需要十几个条件,特别是下面六条:良好的社会历史背景(新时期百福具臻),受过优良的外语和专业教育(他是黄建华先生的外语词典学博士),过人的智慧(他的言谈文字中充溢着聪颖),持之以恒的超常勤奋(他三十年寒暑日夜读写不辍),治学广博而专精(他勘察了英法语言哲学、语言学、认知语言学、语义学等大片油田,正钻探着词典学这口油井),超群的理性思维和理论素养(他的论著运用了严密的推理,吸收了多派理论营养)。相形见绌,自愧弗如,自当勉力为之,以免望尘莫及。唯愿我们跟宜华先生一起攀向词典学的新高峰。

原子钟也有误差,书中某些虚词的释义是否还可以更简明些,或者可以用格式代替叙述。这是见仁见智的事,也许不算误差。感谢作者给我们留下讨论的余地。

张志毅 2009 年 10 月 20 日深夜

于西湖金溪山庄

改于烟台芝罘

前　言

本书是广东省哲学社科规划项目(06K02)的研究成果,主要是从用户的认知视角对外向型汉语学习词典——对外汉语词典的释义进行研究。选择这个课题出于以下三个方面考虑:一是国际范围内的汉语热方兴未艾,对外汉语教学的发展如火如荼,对外汉语教学的发展迫切需要与之配套的对外汉语学习词典;二是目前对外向型汉语学习词典的系统研究还不太多,一些散见于期刊和论文集的研究成果大多是从词典的本体视角谈编写经验和对词典的评价,而从用户认知视角并结合中介语构造特点进行释义研究的很少,对外汉语词典的编纂或释义缺乏系统的词典学理论支持;三是对外汉语词典在数量上发展很快,近年来出版了大量的面向外国人学汉语用的单语和双语词典,但这些词典的释义缺乏真正的用户意识,难以为国外用户认可,大部分到中国学汉语的留学生都使用从自己国家带来的汉外词典。

由于国内没有适合他们需要的学习词典,部分留学生选择使用《现代汉语词典》《新华字典》,甚至是《辞海》来辅助自己的学习;但这些词典是面向母语用户编纂的,根本没有考虑外国人学习汉语的查阅需求,学生在查阅词典后对某些词的意义和用法常不得要领,经常会犯一些令国人哭笑不得的错误:“人们经常会闻到下面这道问题……”、“我喜欢躺看书”、“他们三个人的意见有了意见”(据北语中介语语料库)。我们选择这个课题,就是想了解这些特殊用户的实际需求,探讨适合用户需要的学习词典编纂的理论方法。

词典是描述自然语言的,而自然语言是人类在长期的社会认知中创造出来的复杂符号系统,蕴涵着人类所有的智慧和知识。传统的语言学方法论总是人为地把语言分为词汇、语义、句法和语用等学科,似乎它们之间有明确的界限;传统的词典编纂也往往把词汇、语法和语义人为地分开处理,而语用则不是词典描述的对象;有些词典甚至只描述语词的概念意义。这种惯性继承直接影响到学习词典的研究和编纂。

对外汉语教学的迅速发展大大提高了对汉语学习词典的需求,汉语学习词典又反过来推动对外汉语教学的发展;因为对任何语言教学来说,词典都是重要的信息来源和参考工具。学习词典是直接为语言教学,特别是为二语教学服务的。对外汉语教学涉及语言认知和二语习得理论,对外向型汉语学习词典的研究和编纂不能再局限于词典本体的技术层面上,必须要应用二语习得理论和认知语言学的理论来构建词典释义的理论框架,使对外汉语词典的编纂有统一的理论依托。

本书从词典用户的认知视角入手,结合汉语中介语的特征及偏误形成的原因,在调查国外用户汉语学习中的认知特点和实际查阅需求的基础上,用认知语言学的理论方法来研究学习词典的释义,使外向型汉语学习词典的诠释符合外国人学习汉语的认知规律,提高词典的使用效果。本书共有十二个章节,具体的结构和内容如下:

1. 对外汉语教学与对外汉语词典的发展:阐述了我国对外汉语教学的源流和发展壮大的过程,梳理出当代对外汉语词典的主要类型特征和编纂特点。

2. 词典学研究与实践中的用户视角:从词典研究、编纂、市场和类型的角度阐述了词典用户意识的重要性,探讨了用户的词典类型需求和词典知识需求,以及用户友好性的积极作用。

3. 用户的词典查阅需求与查阅技能:阐述了用户的查阅需求和查阅特点,分析了用户查阅词典的常见问题,探讨了用户在语言理解和生成中应具备的查阅技能和查阅步骤,指出了用户查阅词典的技能缺陷和解决方法,阐明了用户需求与词典使用之间的关系。

4. 对外汉语词典的使用调查:从教师视角和留学生视角进行了词典用户需求调查,内容包括留学生对汉语学习词典的拥有、使用和词典技能训练情况以及对词典各种信息项的需求和设置等。

5. 二语学习与中介语的调查分析:结合国内外学者的研究阐明了中介语理论特点及其对二语习得研究的启示;简要地介绍了二语习得与中介语研究的发展及主要理论观点,指出了学习者语言偏误的产生有其自身的规律。

6. 二语学习中的中介语偏误的实证研究:用基于语料库抽样分析的方法对汉语中介语中出现的偏误进行了分析,涉及错词、多词和缺词三种偏误;通过分析阐明了错词的词类分布和属性分布特征与学生汉语等级和国别的关系。

7. 二语学习者用词偏误的实例分析:根据“HSK 动态作文语料库”对留学生汉语中介语的特点进行了系统的分析,结合实例阐述了中介语偏误的复杂性,各国学生用词偏误的共同性和差异性,以及这些偏误产生的原因。

8. 内向型普通词典与外向型学习词典的对比研究:以实例对比的方式

阐述了传统词典与当代词典的释义方式、释义结构，以语义分解的方法分析了这些词典的释义是否全面、准确；指出了传统词典释义中存在的各种问题。

9. 国内与国外二语学习词典的对比研究：以抽样分析的方法对国内外主流学习词典的释义和释文的语义结构成分进行了对比分析，内容包括释义信息项的内容与结构、语义框架与概念语义结构等，概括地阐述了对外汉语词典存在的问题。

10. 对外汉语词典多维释义模式的探讨：从二语习得的认知取向入手，阐述了二语习得中的认知经验与语感以及认知语境与信息输入等问题；从基于语言认知视角的词典释义框架入手，阐述了对外汉语词典释义多维性特征和释义原则。

11. 对外汉语词典多维释义模式的构建：根据学习者二语习得的特点和词典查阅需求，针对当今对外汉语词典存在的问题，在认知语言学的理论范式下以实例分析的方法构建了汉语学习词典的多维释义模式。

12. 结束语：概括地总结和阐述了加强学习词典研究和编纂中用户意识的重要性，培养用户群体的词典意识和词典查阅技能的必要性；说明了认识外国留学生词典使用的需求和现状，以及其中介语的性质特征对于确定汉语学习词典释义方法具有关键性的作用。

教学词典学（或学习词典学）的性质决定了词典的一切工作都要以用户的需求为中心。对外汉语词典面向把汉语作为二语的学习者，词典的研究和编纂需要把二语习得理论引入对外汉语词典释义研究，要用认知语言学的方法把语言的主要关系反映在词典中，在词典宏观和微观结构中建立系统的词汇—语义网络，使用户能在一个丰富的语言背景中获得系统的词汇—语义知识，在相关语词的比较中把握语词意义的真谛。

中介语语料库客观地反映了二语学习者对目的语的语法规则、语义属性和分布特征的理解和语词典型的中介用法，为了调查留学生汉语中介语的偏误情况，我们使用了北京语言大学的“HSK动态作文语料库”；另外，我们在用户需求调查中得到了暨南大学华文学院的29位对外汉语教师和来自各个国家的128位留学生的大力支持。我们谨此对北语语料库课题组的全体成员和接受用户调查的所有老师和学生表示衷心的感谢！

本课题的研究得到许多老师和同行的支持，吕靖老师做了中介语语料库的调查和相关统计分析，并参加了第六章和第七章的部分写作；杜焕君老师做了用户需求调查和相关统计分析，并参与了第四章的部分写作；夏立新教授参与了对外汉语词典的抽样分析和第九章的部分写作和全文的文字校对工作。此外，张寅潇和陈艳萍参与了词典释义抽样分析的部分工作，石亚丽女士也做了许多文字和数据整理工作。在此谨对他们的贡献表示诚挚的谢意。

章宜华 2010 年 8 月
于广东外语外贸大学词典学研究中心
外国语言学及应用语言学研究中心

目　　录

第一章　对外汉语教学与对外汉语词典的发展

随着全球经济一体化进程的加快，各行各业的管理日趋国际化、信息化；国际社会的快速发展使得双语或多语人才的需求迅速增加。人们要在国际平台上获取各种信息、从事国际合作和科研工作，甚至是为了谋求"高薪"职业，都必须具有双语或多语能力。在这种国际形势下，我国的高校纷纷开展双语教学，而海外也有越来越多的人开始学习汉语，我国的对外汉语教学进入空前繁荣的阶段。

对外汉语教学是面向外国人的汉语教学，英文直译是"the teaching of Chinese to foreigners"。因此，对外汉语教学实际是一种外语或二语教学，主要目的是培养外国学生的汉语语言知识能力和语言交际能力（communicative competence），即应用汉语作为外语进行思想和信息交流的能力。然而，二语或外语①学习者往往缺少目的语的语感、背景知识和社会文化知识，这是他们进行学习和交际的主要障碍；而词典则是针对用户的这些知识缺失提供必要参考信息、消除其交际障碍最直接、最有效的工具之一，它在二语教学或学习中起着重要作用。可以说，词典是各类课程和教材的补充和延伸，是二语学习者预习、学习和复习三阶段必不可少的工具书。对于外语语言和专业课的教学来说，词典显得尤为重要，不但学生学习需要，教师备课也需要参考；对外汉语词典被认为是对外汉语教学中与教师、教材并列的三大支柱之一。从用户的角度讲，词典是为外国人学习汉语编写的，因此要做好对外汉语词典的设计和编纂，必须了解对外汉语教学的发展和现状，了解对外汉语词典的研究和编纂与对外汉语教学的关系。

① 本书的"二语"或"外语"均指非母语者学习的汉语或外语，为了表述方便，以下统称"二语"。

1.1 我国对外汉语教学的发展

我国的对外汉语教学的历史虽然未见专门经典记载,但也散见于古典文献之中,算起来也颇为悠久。例如,早在2500—2600年前,对外汉语教学在周末的《周礼》及秦汉之初的《礼记》所提到的通译中已现雏形(张德鑫2000)。《礼记·王制》也记载了翻译官及其训练的情况。我国的佛经翻译,从东汉桓帝末年开始,到唐代进入极盛时期。我国的对外交往自古有之,不同民族的交往,必然借助于语言的翻译,而翻译的需要必然推动不同民族或不同国家之间的语言学习。因此,在汉代鼎盛时期,不少外语族人士到中国来学习汉语。东汉明帝永平九年(公元66年)专为功臣樊氏、郭氏、阴氏、马氏子弟设立学校,称为"四姓小侯学",学校声名日彰,"匈奴亦遣子入学"(付克 1986:2)。这种教学已初现对外汉语教学的特征,国外的汉语教学也在不久之后开展起来了。公元372年,朝鲜正式设立太学讲授汉语;公元1世纪至10世纪,佛教传入越南,为研讲佛经,越南人开始学习汉语。17世纪后,西方传教士将汉语教学带回德、法、意等欧洲国家,那里的汉语教学往往跟汉学研究融为一体(张德鑫 2000)。在18世纪至20世纪上半叶,由于历史的原因,汉语似乎是一种"弱势"语言,对外汉语教学发展缓慢,教学活动被限制在较小的范围内,学习的人也不太多。在1945年,国际形势发生了有利于对外汉语发展的重大变化。当年10月联合国在美国成立,中国作为联合国创始国成为联合国安理会常任理事国,这为对外汉语教学在国际、国内的发展奠定了良好的基础。但在新中国成立以前,外国人学汉语只是简单的个体需求驱动,政府和相关机构没有给予足够的重视,对外汉语教学始终没有成为一项专门的事业和一种专门的学问。

新中国成立后,我国的对外汉语教学迎来了新局面。1950年7月,清华大学受教育部委托创立了"东欧交换生中国语文专修班",为33名来华留学生开展汉语教学。清华大学教务长、著名物理学家周培源教授任班主任,著名语言学家吕叔湘任副主任。这是新中国第一个对外汉语教学机构,标志着国家对外汉语教学事业正式启动。1952年,为了满足亚洲各国学习汉语的需要,该班吸收了邻国的学生,并调至北京大学更名为"外国留学生中国语文专修班"。为了支援越南人民的抗法战争,国家于1952—1957年在南宁、桂林等地先后成立了"中文学校"、"越南留学生中国语文专修班"、"中国语文专修学校"。1960年原北京外国语学院开始接收非洲留学生,并成立了“非洲留学生办公室”。1961 年,北京大学中国语文专修班与原北京外国语学院非洲留学生办公室合并成立北京外国语学院外国留学生办公室。1962 年,北京外国语学院留学生办公室与出国留学生部合并独立建校,成立了“外国留学生高等预备学校”。1964 年,经高教部批准,“预校”升格改名为“北京语言学院”,成为我国唯一一所以对外汉语教学和研究为主要任务的高等学校。新中国从无到有建立了对外汉语教学的专门机构,并初步组成了一支专职对外汉语教师队伍。①

在 1950 年至北京语言学院成立前的这 10 多年的时间内,我国各对外汉语教学机构共接收了来自 60 多个国家近4000名留学生,并开始向当时的东欧社会主义国家派遣汉语教师。1965 年 9 月,2000多名越南留学生来华学习汉语,使全国接受和承担留学生教学任务的高校由 1 所增至 20 多所,仅 1965 年留学生总数已达到了3312人。

在“文化大革命”前半期,对外汉语教学基本处于停顿状态,北京语言学院也被迫停办。进入 20 世纪 70 年代,国际形势发生了很大的变化——联合国恢复我合法席位,并把汉语列为联合国的五种工作语言之一,日、美等众多国家纷纷与我建交,40 多个国家要求向我派遣留学生,国内高校也陆续恢复招生。中央政府 1972 年批准恢复北京语言学院的建制,并于 1973 年接收了 42 个国家的 383 名留学生,北京和其他省市的高校也先后恢复或开始接收留学生。接着,北京语言学院于 1975 年试办、1978 年正式开设了外国留学生的汉语本科教学,从根本上改变了我国对外汉语教学一直属于短期培训的传统体制。1987 年,“国家对外汉语教学领导小组”成立,从体制和制度上严格了对外汉语教学的管理,各高校加强了对教职人员的管理和培训,开始进行统一的对外汉语教师资格考试。1990 年 2 月,由北京语言学院(现北京语言大学)汉语水平考试中心拟定并实行多年的“汉语水平考试(HSK 初、中等)”通过专家鉴定,并于 1991 年首次推向海外;1992 年 9 月,当时的国家教委主任签署了 21 号令,颁布了《中国汉语水平考试(HSK)》,正式把 HSK 确立为国家级考试。1993 年,中共中央、国务院颁布的《中国教育改革和发展纲要》也把对外汉语教学列入规划,强调“要大力加强对外汉语教学”。1997 年 8 月,教育部成立了“国家汉语水平考试委员会”。这些举措的出台和实施,标志我国的对外汉语教学逐步进入了一个正规化的发展时期。②

---

①② 本节引用数据(除特别署名外)主要参考了教育部、国家汉办、世界汉语教学学会、中国教育和计算机网、中国日报网,以及北京语言大学等官方网站和新华网的有关信息和报道。

改革开放以来，特别是进入21世纪以来，随着全球经济一体化的发展和中国国家综合国力的提高，中国成为无比巨大的国际市场，许多国家为了他们自身的利益，都踊跃与中国和中国人民进行各种交流和合作。为了保证这些工作的顺利进行，他们不得不要求其国人努力学习汉语。这种国际形势为对外汉语教学开创了蓬勃发展的新局面。①

1)来华留学生数量大幅增加，知识层次显著提高。根据教育部有关方面的统计，每年招收留学生的人数从20世纪80年代的几千人提高到现在的20余万人。2009年来华留学生数量、生源国家和地区数量、我国接收留学生单位的数量、我国政府奖学金数量四项均为新中国成立以来最多的一年。攻读本科以上学历课程的留学生的比重逐年上升，如2003年来华留学生总人数是77715名，其中学历生为24616名，占总人数的31.67%；而2009年来华留学生总人数为238184名，学历生为93450名，占全年来华留学生总数的39.23%。2009年总人数比2003年提高了306.48%，学历生人数提高了379.63%，远高于来华留学生总人数增长速度。部分大学还取得了对外汉语硕士和博士学位的授予权，攻读硕士、博士学位的人数逐年增加，如在2009年的来华留学生中，硕士研究生达14227人，博士研究生达4751人。预计到2020年，来华留学生总数有望达到50万人，我国将成为亚洲最大的留学目的国家。

2)教学规模不断扩大，教学网络逐渐完善。截至2009年，全国31个省、自治区、直辖市(不含台湾省和香港、澳门特别行政区)共有610所高等学校、科研院所和其他教学机构开展对外汉语教学，接收来自190个国家和地区的留学生。有近百所大学成立了专门从事对外汉语教学的二级学院或教育中心，有不少进入"211工程"的重点大学，制订了庞大的外国留学生招生计划，力争外国学生人数占在校生总数的10%。此外，还形成了由广播教学、刊授教学、函授教学和网络教学等组成的对外汉语远程教学体系，特别是中央广播电视大学对外汉语教学网、中国国际广播电台汉语教学网、对外汉语教学与考试网、对外汉语教学资源网、对外汉语信息交流网、对外汉语论坛、"汉语桥"比赛官方网、对外汉语教学网、网络孔子学院和中国汉语水平考试HSK网等的启动，极大地扩展了我国有限的教学资源，满足了学习者的各种需求。

3)汉语的国际地位不断提高，汉语的使用日益普及。汉语的应用价值

① 本节引用数据(除特别署名外)主要参考了教育部、国家汉办、世界汉语教学学会、中国教育和计算机网、中国日报网，以及北京语言大学等官方网站和新华网的有关信息和报道。

在国际上不断提升，在国际事务中使用汉语的人越来越多。根据联合国《2005 年世界主要语种、分布与应用力调查》，2005 年，汉语已经超过了德语，排在世界十大语言的第二位。东南亚各国是中国的近邻，由于天时地利使它们成为世界上第二大汉语区，两千多万人在各个领域使用汉语交际和阅读。随着与中国技术和贸易合作的快速发展，俄罗斯使用汉语的人数也迅速增长，已超过 400 万，成为世界上第三大汉语区。有关统计表明，汉语在美国已经成为继英语、西班牙语之后的第三大家庭用语言，在澳大利亚和加拿大（魁北克省除外）则已成为第二大语言。在新加坡，尽管汉语被定为第三官方语言，但由于华语的使用人数多，华语事实上成了新加坡的第一语言。

4）汉语教学的重要性在海外不断加强，海外学汉语的人数不断增加。由于汉语应用价值的提升，国际上越来越多的人意识到了学习汉语的重要性。截至 2009 年，海外有 100 多个国家的2500多所大学在教授汉语，中小学增设汉语课程也已成为一种新的趋势，通过不同途径学习汉语的人数已超过4000万人。美国、加拿大、澳大利亚、日本、韩国、泰国等国已先后将汉语列为大学入学考试的外语科目之一，英国、法国、德国等国家都将汉语纳入了本国国民教育体系，阿根廷、巴西、秘鲁、墨西哥、葡萄牙、西班牙、智利等国已逐步将中国语言文化教学列入大学课程甚至学位课程。汉语热在亚洲邻国表现得尤为突出：印度尼西亚教育部于 2004—2007 年在全国8039所高中全部开设中文课程；韩国的 142 所大学全部开设了汉语课程，并计划在中小学普遍开设汉语课；日本国民使用汉字的数量不断增加，日本地名、车站取名多用汉字，学习汉语的人数有 120 多万。

5）中外政府共同重视汉语教学，孔子学院方兴未艾。为了适应国际形势或国际发展对汉语的需要，增进世界人民对中国语言文化的了解，为全世界汉语学习者提供方便、优良的学习条件，一种以推广汉语文化为主旨的教育机构——孔子学院应运而生。从 2004 年 11 月第一所“孔子学院”在韩国首都首尔挂牌至今（2010 年初），全球已设立孔子学院 300 所，孔子课堂 240 所，分布在欧洲、亚洲、美洲、非洲和大洋洲 90 多个国家。根据国家汉语国际推广领导小组的规划，到 2010 年底，全球将建成 500 所孔子学院和孔子课堂，届时全球学习汉语的人数预计达到 1 亿。孔子学院受到了各国政府和当地社会的重视，积极创造条件与中方合作办学。各国孔子学院面向大中小学、社区和企业，开设各类汉语课程，深受当地人们的欢迎。

对外汉语教学发展的必然结果是越来越多的人学汉语，这就需要越来越多的对外汉语教师和对外汉语教材，而学生的学习和教师的备课都离不开重要的参考工具——词典。由于对外汉语教学的对象是国外的二语学习者,他们的知识和文化结构以及对汉语的认识绝不同于汉语母语学习者,因此服务于汉语作为二语学习的词典也应和普通汉语词典有所区别。这种词典就是外向型汉语学习词典,也叫作对外汉语学习词典或对外汉语词典。

1.2 我国对外汉语词典的发展

我国的汉语学习词典包含两个类别:一类是面向汉语本族语学生的、旨在提高其汉语母语语言能力的积极型词典,可以称为内向型汉语学习词典,或按国际惯例称作"学生词典";另一类是面向非本族语的汉语学习者、旨在提高其汉语作为外语的语言能力的积极型词典,可以称为外向型汉语学习词典。外向型汉语学习词典习惯上称为对外汉语(学习)词典,词典学界也有学者主张按国际惯例把它们通称为"学习词典"。Hartmann 和 James (2000)把学习词典定义为"旨在服务非本族语学习者的教学型词典"。国内词典学界也一度以"汉语学习词典"替代"对外汉语学习词典"。《辞书研究》1999 年第 5 期辟"汉语学习词典编纂研究"专辑,探讨对象正是供外国人学习汉语用的汉语学习词典。

对外汉语学习词典作为词典家族的一员,正日益引起广泛的学术和社会关注。就理论层面而言,对外汉语学习词典是伴随对外汉语教学而发展的。明清时期欧洲在华传教士编纂的《华英字典》是对外汉语学习词典的雏形。而对外汉语学习词典的独立发展则始于 20 世纪 70 年代,在 20 世纪末至 21 世纪初整体发展渐具规模,系列性特征逐渐清晰。与此相适应,对外汉语学习词典的理论研究也逐步展开,其成果大大促进了对外汉语学习词典的编纂,丰富了词典学的理论体系。

1.2.1 对外汉语词典的早期发展

尽管我国对外汉语教学历史悠久,但对外汉语学习词典的编纂直到明清时期才开始萌芽,而且最早都是出自外国人之手。当时,欧洲传教士入华传教,首先面临的是"语言不相通、音韵不相协"的窘境。以耶稣会士为代表的各派传教士为了在华传教的需要,开始研习汉语,进而研究中国文化。他们在汉语学习、汉语教学以及在语音、词汇、语法等方面对汉语进行的本体性研究,为后人留下了许多宝贵财富。为了能在中国立足和传教,早期来华的传教士在努力学习中国语言的同时，也开始着手中西文词典①的编纂，但从16世纪末到19世纪初这两百多年里，传教士所编词典不多，大多是一些注释和词表，只能说是对外汉语词典的雏形。自19世纪20年代开始，由于西方国家对中国外交和经贸的日益渗透，更多的传教士和西方学者参与词典编纂，双语类汉语词典编纂出现了前所未有的繁荣时期。

汉英词典的编纂始于19世纪，但并不是为中国学习者，而是为西方学习者编纂的；因为西方传教士在中国讲道、传播基督教义需要掌握汉语，西方驻华使团外交人员也需要掌握汉语，西方商人来华经商更需要掌握汉语。这些与中国人打交道的西方人想了解中国传统文化和中国人的处世风格，都离不开汉语这个交际工具。他们需要有本汉英词典，以便更好地学习和应用汉语。

编纂对外汉语学习词典最早可以追溯到19世纪20年代的传教士罗伯特·马礼逊（Robert Morrison）。他长期在中国传教，对中国文化有着浓厚的兴趣，他利用自己积累的1200余册中文藏书以及手稿作为素材，编成6卷本的*A Dictionary of the Chinese Language*（《华英字典》），其中第1—3卷是以部首排列的语文性质的汉英词典，4—5卷是以字母音序排列的汉英同音字典，也是中国最早的此类型同音字典，最后一卷是以英文查中文的英汉字典。该词典于1815—1823年在澳门出版，由此拉开了外向型汉英语文词典发展的帷幕。《华英字典》在汉英词典编写方面的开创性工作为后人设计和编纂汉英、英汉等双语词典提供了有益的借鉴和启发，自该词典的出版到20世纪初约一个世纪的时间内，外国人为学习和使用汉语而编写的词典有20多部。这说明汉英词典的发生和发展都是由用户需求驱动的。

通过对收集到的样本整理发现，这个时期外国人编纂的汉英/英汉词典主要有三种类型：普通汉英词典、方言汉英词典、专门汉英词典。不过在19世纪，人们还没有"词典"的概念，一般书名多为字典。

1）普通汉英词典：Medhurst 的《华英字典》（*Chinese and English Dictionary* 1843）、Lobscheid 的《汉英字典》（*A Chinese and English Dictionary* 1871）、Stent 的《汉英袖珍字典》（*Chinese and English Pocket Dictionary* 1874）、Giles 的《汉英字典》（*A Chinese-English Dictionary* 1892）、Poletti 的《华英万字典》（*A Chinese and English Dictionary* 1896）、Baller 的《华英分解词典》（*An Analytical Chinese-English Dictionary* 1900）、Tsang 的《汉英大辞典》（*A Complete*

① 当时只有"字典"的概念，"辞典"和"词典"这个术语是20世纪初才开始出现的。本书为了行文的统一，一般称为词典，只是在谈到特定的词典时才用"字典"或"辞典"。

Chinese-English Dictionary 1929）和 Robert 编的《麦氏汉英大辞典》（*Mathews' Chinese-English Dictionary* 1931）等。

2）方言词典：Morrison 的《广东省土话字汇》（*A Vocabulary of the Canton Dialect* 1828）、Walter 的《福建方言字典》（*A Dictionary of the Hok-keen Dialect of the Chinese Language* 1837）、Edkins 的《上海方言字汇》（*A Vocabulary of the Shanghai Dialect* 1869）、Stent 的《华英北京话字汇》（*A Chinese and English Vocabulary in the Pekinese Dialect* 1871）、Morrison 的《英华宁波方言字汇》（*An Anglo-Chinese Vocabulary of the Ningpo Dialect* 1876）、Duffus 的《英华汕头方言土语字典》（*English-Chinese Vocabulary of the Vernacular or Spoken Language of Swatow* 1883）、Douglas 的《华英厦门方言土语字典》（*Chinese-English Dictionary of the Vernacular or Spoken Language in Amoy* 1899）、Eitel 的《广东方言土语字典》（*A Chinese Dictionary in the Cantonese Dialect* 1877）和 Grainger 的《西蜀方言》（*Western Mandarin, or the Spoken Language of Western China; with Syllabic and English Indexes* 1900）等。

3）专门词典：Williams 的《英华法律用语字汇》（*An English and Chinese Vocabulary in the Court Dialect* 1844）、Williams 的《英华分韵撮要》（*A Tonic Dictionary of the Chinese Language in the Canton Dialect* 1856）、Maclay 和 Baldwin 合编的 *An Alphabetic Dictionary of the Chinese Language in the Foochow Dialect*（《华英福州方言拼音字典》1870）、Giles 的《语学举隅：官话习语口语辞典》（*A Dictionary of Colloquial Idioms in the Mandarin Dialect* 1873）、Williams 的《汉英韵府》（*A Syllabic Dictionary of the Chinese Language* 1874）和 MacGillivray 的《华英成语合璧字集》（*A Mandarin-romanized Dictionary of Chinese* 1907）等。

这里的拼音和音韵字典并非传统汉语词典中的韵书，而是指这些词典比较重视读音和音韵，做了这方面的注释，或按发音和音韵编排，每个字头下仍有语义解释或注释。这种编纂方法对于外国人学习汉语及方言的语音十分有用。比如《汉英韵府》就是“按照《五方元音》（*Wu-Fang Yuan Yin*）的编排方式排列，汉字注音以北京、广东、厦门和上海方言为准”（见原书“书名页”）；该字典共收录汉字12527个，分布于 10940 字条中，每个字头之下收有词，按 522 个音节编排，每个音节以字母顺序排列。Williams 在编纂过程中强调面向以汉语为外语的用户特点，以一个外国人学习汉语的经验来设想外国人学习汉语的需求。他指出：“一部汉语词典要满足外国人的所有需要，就应该包括通用和方言发音以及在不同地区的音调变化，还应该提供因词义变化引起的读音变化”（见原书“序”）。因此，在没有普通话的时代，这部词典可以基本满足外国人在中国传教、经商等活动的语言需要，北京、广东、厦门和上海方言覆盖了当时中国的主要通商口岸。可见，词典编纂者在 19 世纪就有了用户意识，而词典学研究中的用户意识则要晚得多。

1.2.2　对外汉语词典的近期发展

19 世纪是外国人编写“对外汉语词典”的高潮，20 世纪主要是对这些词典的修订和增补，新编的词典比较少。新中国成立后，外国传教士在我国的活动大幅减少，在华从事经商活动的外国人也不太多，再加上“文化大革命”的干扰，外国人在中国编纂和出版对外汉语词典或汉外词典的工作也停顿下来了。在改革开放之前，尽管我国的对外汉语教学一直处在稳定发展的阶段，但专门面向留学生的高校只有北京语言学院一家，其他大学招收的少量留学生仅限于短期汉语培训，来华留学的总人数并不多，没有形成显著的词典用户群体和较大的需求，我国对外汉语学习词典的研究和编纂也发展缓慢。直到 1976 年，北京语言学院首次编印了供外国人学习汉语用的《汉英小词典》和《汉法小词典》。

1980 年，著名语言学家吕叔湘主编的《现代汉语八百词》由商务印书馆出版，标志着我国的对外汉语学习词典的编纂进入了一个新的发展阶段，因为它是第一部面向外国人讲汉语语词用法的词典。该词典主要收录功能词和虚词，包括副词、连词、介词、助词、前后缀等，约占所收词目的 75%；其余部分都是普通话中极为常用，但对非汉族人说来很难用或容易用错的实词，包括动词、方位词、形容词、指代词等，每一个词按照意义和用法详加说明。正文词目按音序排列，词目释义简明易懂，例证自然规范，注重从意义和语法结构上科学地说明词的用法。这部词典受到对外汉语学习者和教师的欢迎，在国内语言教学和研究领域影响很大。1999 年，商务印书馆组织对该词典进行了增补和修订，补充了 200 余个新条目，使收词量达 1000 余条，同时修改了部分条目的释义，更换了部分用例。

上世纪 80 年代，双语词典引起对外汉语教育学家的重视，原北京语言学院的英语和汉语教学专家集多年教学经验和研究成果编写了《简明汉英词典》，于 1982 年在商务印书馆出版。该词典收词两万余条，每个词都标注了词类，名词还区分出了量词，对于简化汉字还给出繁体字注释；英文的翻译和解释简明、准确，所有例句都是汉英对照。此外，根据外国人学习汉语的需要，该词典还把现代汉语中能够独立运用的语素和不能独立运用的语素做了区别，并且对独立语素加注词类，予以解释。进入 21 世纪初，《简明汉英词典》又推出了修订版，根据外国留学生以及各方面提出的意见，新增3000余条新词新语，特别突出经济、法律、科技和生活方面的词汇；加强了常用虚词的注释，增加了例句和附录。

20世纪90年代以来，对外汉语学习词典在规模和学术性等方面得到了很大的发展。一大批对外汉语词典相继推出，其中《现代汉语学习词典》（孙全洲，上海外语教育出版社1995）、《现代汉语常用词用法词典》（李忆民，北京语言学院出版社1995）、《汉语常用词用法词典》（李晓琪等，北京大学出版社 1997）、《汉英双解词典》（王还，北京语言大学①出版社1997）、《当代汉语学习词典》（徐玉敏，北京语言大学出版社 2005）、《商务馆学汉语词典》（鲁健骥等，商务印书馆 2007）等比较具有代表性，能反映我国对外汉语学习词典发展的现状和水平。

《现代汉语学习词典》共收字5500个，语词23000余条，总计约300万字。该词典收词较多，针对外国用户学习汉语的特殊需要，重点处理现代汉语的特有词汇和语法问题。它区分了词与语素，提供词类标注，划分了“整体词”与“离合词”，给出了语词的句型结构模式，揭示了词义的部分附加成分，设置了词目的用法说明等；有关实词的特殊用法都分项逐一说明：用“[重叠]”标注名、动、形等词的重叠形式及用法；用“[量—名]”和“[动—量]”分别标注名词和名量词、动词和动量词的搭配用法，等等。应该说该词典在“学习”和“使用”上下了很大的工夫，给学习者提供了较大的方便，但其收词、编纂体例和释义方式并没有摆脱传统语文词典的影响，在很大程度上还保留着内向型语文词典的一些模式。

《现代汉语常用词用法词典》收词3700余条，以词为基本词目单位，兼收固定结构、常用搭配和成语等。选词针对性强，特别注意收录和重点解释外国学生容易用错的高频词。为此，编者以《常用字和常用词》和《现代汉语频率词典》所提供的高频词为基础，根据外国人学习汉语的实际需要进行了筛选。此外，还收录不少外国人甚至本国人也难于掌握的虚词。释义主要从共时的角度对语词的意义和语法进行较为详尽的描述，并配置35000个例证，以揭示语词的动态用法和文化信息。该词典的另一特点是提供反例证，即根据编者长期对外汉语教学中发现的病句，选择了5800多个典型例句从反面讲解词的使用方法。

《汉语常用词用法词典》共收录《汉语水平词汇与汉字等级大纲》（以下

① 北京语言大学数度改名，1964定名为北京语言学院，1996年改为北京语言文化大学，2002年改为现名。为行文方便和统一，本书涉及该校1996年后的名称一律叫作“北京语言大学”。

简称《词汇大纲》)所列甲级词 1033 条,乙级词 2018 条,丙级词 2202 条,丁级词 3568 条,共 8821 条。编者充分考虑到了非本族人学习汉语的特点,对词目词的等级做了标注。释义用词简明,释文通俗易懂,例证用词也严格限制在词典所收词目之内,且注重用不同的句型结构和搭配关系来解释汉语的语义特色和用法规则,能有效帮助读者体会、掌握词的用法。该词典既适应外国人学习汉语的需要,同样适用于国内少数民族的汉语教学。

《汉英双解词典》共收词 30000 多条,基本上可以覆盖中高级汉语学习者所能接触的绝大部分语料所出现的词汇,是对外汉语词典中收词较全面的中型词典。编者有长期的对外汉语教学经验,并注意吸收汉语词汇研究的成果,无论是收词还是释义都注重遵循外语教学的一般规律,体现对外汉语教学的特点。该词典有以下几大特色:一是功能标注详尽,每个词都标注了词类,名词还都注明常用的量词,极大地方便了外国朋友的使用;二是注意揭示语词的细微语义特征,尤其是名词的附加意义和感情色彩、语体风格等;三是突出语词的用法,特别是虚词的用法,并以实例的形式针对一些容易出错的常用词做了错误警示和解释;四是对一些常用词采用双语注释,并对所有的语词搭配和例句都注明汉语拼音和英语译文,极大地方便了外国用户查阅和理解。

《当代汉语学习词典》(初级本)是为帮助具有初级汉语水平的外国人学习汉语而编写的,其收词主要限定在《词汇大纲》中的甲、乙级词范围内,共有 4337 个条目。该词典在立目、体例、编排、释义、配例、注音等方面都有其独特之处,如以词为目,词目先给出汉语拼音,后给汉字词头,按音序编排;以义项为基本立目单位,一个义项即为一个条目;采用整句释义,首先把被释义词放在一个完整的句子中,再对限定语境中的语词进行释义,一些条目还用了图示、英译和用法说明;例证丰富,每个词条或义项有 3—8 个整句作为例证,且配有汉语拼音。词条的全部注释用词都限制在本词典所收词条范围之内,全部注释内容都配有汉语拼音,方便初学者阅读和理解。但遗憾的是,无论多么常用的词、有多少常用意义,该词典只提供一个义项,用户难以通过词典对被释义词的意义和用法得到一个比较完整和系统的了解。

《商务馆学汉语词典》共收字 2400 余个,收词约 10000 余条,所收字词主要以《词汇大纲》中的甲、乙两级字词为基础,同时也参考了初中级汉语教材和相关资料,以“帮助扩大词汇量、帮助认读汉字、帮助学习词的用法、帮助学习虚词”为主要任务来提供和组织词汇信息。字头区别了词与词素,词条按构词语素的意义排列,即同一字头下的所有词条按字头的不同语素义划分若干语义范畴,同一范畴的词排列在一起;释义和例证限制用词,用简明具体、容易理解的表述方式来诠释复杂抽象的概念或虚词，用熟知的事物、常识和文化科学知识来解释未知的词义，使注释信息通俗易懂；以“注意”的形式提供必要的词法、语法和语法信息，以专栏的形式提供同义或容易混淆的词的区别特征；全部注释采用汉语，以利培养用户的汉语语感。

1.3 对外汉语词典的类型特点

虽然对外汉语词典的编纂宗旨和用户群相对比较清楚，但汉语语言系统比较复杂，承载着客观世界的各种知识和中华文化，一部或一种对外汉语词典难以收录和诠释全部的语言信息。这就需要在外向型汉语词典的大框架下面研究和编纂不同的词典，以满足用户对汉语学习的各种需求。

1）从语言种类的角度讲，有单语和双语（或多语）词典。由于语言认知直观性和经济性的需要以及语言学和相关理论发展的限制，早期的对外汉语词典主要是解决词汇层面上的语言障碍，没有考虑语言学习策略和二语习得语境的需要，因此大多以汉外（主要是汉英）词典的形式出现，如19世纪至20世纪初出版了20多种汉英词典和少量的汉法词典。新中国建立后的第一部对外汉语词典也是双语词典——《简明汉英词典》（商务印书馆 1982）。进入90年代后，随着语言学和语法研究的深入，以及二语教学的迅速发展，当初那种只提供汉语对等词的双语词典难以满足深层次汉语学习的需求，对外汉语教师和辞书工作者开始研究适合外国人学习需要的单语词典。于是单语学习词典逐渐多了起来。面向外国人学汉语用的双语词典包括：a）汉外双语词典，如《实用汉语—印尼语词典》（黄元焕，暨南大学出版社 1994）、《简明汉法词典》（翁仲福，知识出版社 1990/1999）等；b）外汉双语词典，如《精编实用英汉词典》（傅惟慈，华语教学出版社 1999）等；c）汉外双解词典，如《汉英双解词典》（王还，北京语言学院出版社 1995）、《王还汉语词典——汉英双解》（北京语言大学出版社 2008）；d）系列汉字双语词典，如《汉语800字》的俄语版、韩语版、法语版和英文版等（外语教学与研究出版社 2008）；e）专门用途汉外双语词典，如《汉英汉语常用近义词用法词典》（邓守信，北京语言大学出版社 1996）、《汉法中国新词语》（Au-Yeung A. 等，巴黎友丰书店 1997）、《新编汉英虚词词典》（王还，华语教学出版社 1999）、《汉语动词380例——汉英对照》（吴叔平，华语教学出版社 2000）、《实用字素词典——汉英本》（周换琴，北京语言大学出版社 2003)、《汉法上海口语词典》(李亚明,上海交通大学出版社 2003)、《汉英双解成语词典》(振喜,商务印书馆国际有限公司 2005)、《汉语近义词典——汉英双解》(王还,北京语言大学出版社 2005)、《初级汉语学习词典——汉语—印尼语对照》(陈延河,外语教学与研究出版社 2006)和《基础汉语学习字典——韩语版》(郑述谱,外语教学与研究出版社 2007)。

2)从语言方式的角度讲,有书面语词典和口语词典。二语学习涉及听、说、读、写、译,虽然听和说最重要,但在实际听说过程中一般不便使用词典,用词典最多的语言活动应该是读、写和译。因此,最初的对外汉语学习词典大多是书面语词典,但近期出版的书面语词典开始关注口语词汇,如《商务学汉语词典》和《当代汉语学习词典》等。随着口语学习的需求日益强烈,词典学家和对外汉语教师开始搜集典型的口语交际素材和习惯表达方式,从汉语(包括方言)口语的学习和交际应用、口语语音表达、音段和韵律特征研究等角度出发来编纂汉语口语词典。例如,《现代汉语口语词典》(徐志诚,辽宁人民出版社 1991)、《汉语口语词典》(内蒙古人民出版社 1991)、《现代汉语常用口语词典》(张艳华,济南出版社 1995)、《汉语口语词典》(Dallidet 等,巴黎友丰书店 2001)、《北京口语法语词典》(李亚明,广东教育出版社 2000)、《汉德上海口语词典》(李亚明,上海交通大学出版社 2003)、《汉法上海口语词典》(李亚明,上海交通大学出版社 2003)、《汉日上海口语词典》(李亚明,上海交通大学出版社 2003)、《汉法口语词典》(巴黎东亚语言研究所,巴黎友丰书店 2001)和《汉语口语常用格式例释》(张建新,北京语言大学出版社 2008)等。

3)从词典知识载体的角度讲,有平面词典、插图词典、图解词典和多媒体词典。平面和插图词典属于印刷文本的词典,以纸张为信息存储载体,它具有"永恒"不变和查阅、使用灵活的特点。平面词典一般是通过文字释义来诠释被释义词,使用传统的纸张载体,上述几十种词典均属于平面媒体词典。但由于其媒介自身的限制,普通印刷版词典的编纂一般要受到篇幅或信息容量的限制,收词和信息量也有一定的局限。插图词典是在平面媒体上增加了相关图片辅助释义,而图解词典则主要是以图像的表征形式进行释义,辅以简单的文字说明。这类词典有:《简明汉语插图词典》(常宝儒等,商务印书馆 2005)、《实用汉语图解词典》(梁德润等,外语教学与研究出版社 1982),《汉英中华文化图解词典》(奥水优、谢福荣等,上海外语教育出版社 2000)、《国际少儿汉语图解词典》1—3 册(朱一飞,上海外语教育出版社 2008)、《汉语图解词典——英语版》(吴月梅、魏令查等,商务印书馆 2008）和《汉语图解词典——法语版》（吴月梅、章宜华等，商务印书馆 2009）等。多媒体是电子词典的重要特征，以文字、音频和视频作为被释义词语义的表征形式；音频包括人工合成发音和真人发音，视频包括绘制图片、图表到传真照片、动画片及写真动画或电影片段等。这些信息的载体有光盘、磁盘、IC 芯片和网络媒体等，其体积小、容量大，既可在个人计算机上查阅，也可在携带方便的袖珍电子图书播放机（electronic book player）上使用，还可以用芯片做成专用的掌上电子词典并设置人机互动的功能。多媒体互动词典是学习词典未来发展的方向之一。目前，使用多媒体的对外汉语词典还不多，主要有《多媒体汉字字典》（HSK 甲级汉字英文版）（郑艳群等，北京语言大学出版社 1999）和商务印书馆的多语种《汉语插图词典》系列，后者根据学习者的需要配备了网络版，通过趣味动漫和人机互动，为学习者提供了语词听读、跟读、汉字书写和语词查询等多种多媒体辅助学习功能。学习者还可以根据个人需要，进行游戏化的词汇练习，以巩固已学知识。《汉语图解词典》根据国家汉办《国际汉语教学通用课程大纲》划分 15 个主题，主题单元下又细化出 142 个话题，共收录约 4200 个常用语词，覆盖日常生活的方方面面。多媒体版本对这些话题则采用大场景或系列小图的方式展现真实生活情景，让学习者在较短的时间内，以轻松有趣的方式理解词义，快速掌握汉语语词。

4）从语言应用的角度讲，有普通词典和专门用途词典。普通对外汉语词典是为大众用户所设计，并无非常明确的国别用户对象的区别，规模较大的单语词典尤为如此。普通词典旨在满足查检语言信息的需求，它尽可能地涵盖语言中的普通词汇，尤其是在日常生活中出现频率较高、对普通用户具有实用意义的词汇，包含一种语言系统的全部知识信息，既能反映语言单位的发音、拼写、形态、词法、句法和语义等特征，也能提供社会、文化及各行各业的知识信息。如《现代汉语常用词语例解》（郑懿德等，北京语言学院出版社 1982）、《现代汉语学习词典》（孙全洲，上海外语教育出版社 1995）、《汉语 8000 词词典》（刘镰力，北京语言大学出版社 2000）、《学汉语用例词典》（刘川平，北京语言大学出版社 2005）、《商务馆学汉语词典》（鲁健骥等，商务印书馆 2007）、《时代商务馆学华语词典》（鲁健骥等，商务印书馆，新加坡泛太平洋教育出版社 2007）、《我的汉语小词典》（达世平等，北京语言大学出版社 2007）、《当代汉语学习词典》（初级本）（徐玉敏，北京语言大学出版社 2005）等都属于普通对外汉语词典。

专门用途对外汉语词典主要为特定用户群体或为满足特定的语言活动而编纂，旨在帮助用户熟悉特定领域的科技术语，有时也涉及某些术语的用法，或者侧重对语言某一方面或某一部分词汇的描写。因此，专门词典要围绕用户使用目的搜集语料，可以只收录特定领域（如计算机、电子、通讯等）中的技术语词，提供词目的解释。这种类型的词典称作专业性专门词典或专科对外汉语词典，目前市场上还不多见。专门词典也可以选择只对语言的某一方面（如语法、搭配、读音等）或某一项内容（如动词、介词、同义词等），或语言的某种现象或特定用途进行系统的描写，这类词典被称为语文性专门词典或专门用途对外汉语词典。这类词典较多，在对外汉语词典的市场上占据数量上的优势。例如，a）专门用于汉语水平考试的词典：《HSK汉语8000词词典》（北京语言大学汉语水平考试中心，北京语言大学出版社 2000）、《HSK汉字2000》（胡星，北京语言大学出版社 2004）、《HSK词汇用法详解》（黄南松等，北京语言大学出版社 2000）和《HSK汉语水平考试词典》（邵敬敏，华东师范大学出版社 2000）等；b）专门用于描述语词用法的词典：《现代汉语常用词用法词典》（李忆民，北京语言学院出版社 1995）、《汉语常用词用法词典》（李晓琪等，北京大学出版社 1997）和《汉语委婉语词典》（张拱贵，北京语言大学出版社 1996）等；c）专门用于语义辨析的词典：《对外汉语常用词语对比例释》（卢福波，北京语言大学出版社 2000）、《汉英汉语常用近义词用法词典》（邓守信，北京语言大学出版社 1996）、《汉语近义词词典——汉英对照》（马燕华等，北京大学出版社 2002）、《近义词使用区别》（刘乃叔等，北京语言大学出版社 2003）、《1700对近义词语用法对比》（杨寄洲，北京语言大学出版社 2005）、《商务馆学汉语近义词词典》（赵新等，商务印书馆 2007）和《两岸现代汉语常用词典》（施光亨，北京语言大学出版社 2003）；d）专门描写语词搭配的词典：《汉语常用动词搭配词典——英语注释》（王砚农等，外语教学与研究出版社 1984）、《汉语动词—结果补语搭配词典》（王砚农等，北京语言学院出版社 1987）、《汉语常用词搭配词典》（杨天戈等，外语教学与研究出版社 1990）、《汉英常用动词搭配词典》（王勇，上海三联书店 2001）等；e）成语词典：《汉英成语词典——汉英对照》（施正信，中国对外翻译出版公司 2006）、《商务馆学成语词典》（杨寄洲等，商务印书馆 2008）和《新编汉英成语词典》（席士敏，复旦大学出版社 2008）等。

此外，还有一批在国家汉办立项，正在编纂或正在出版的对外汉语词典。例如：《多功能汉语学习词典》（复旦大学）、《汉语量词学习词典》（北京语言大学等）、《现代汉语常用实词搭配词典》（河北师范大学）、《汉语口语格式词典》（山东大学）、《对外汉语教学用汉语相似词语辨析800组》（上海师范大学）、《语气成分实用词典》（上海师范大学）、《外国人实用汉语近义词词典》(中山大学)、《汉语副词学习词典》(辽宁大学等)、《插图本 HSK 实用汉语词典》(中国人民大学)等。这些词典涉及汉语学习的各个方面,它们的出版将会丰富汉语词典的类别。

1.4 当代对外汉语词典的编纂特点

对外汉语词典的预期用户是以外语为母语的汉语学习者,因此词典的体例设计和释义方式都应有别于面向以汉语为母语的用户的内向型汉语词典。

1.4.1 收词和释义限定词汇范围

从目前出版的词典来看,大部分对外汉语学习词典对收词都有明确限定,有些词典的选词立目还应用了科学的词频统计。譬如,《现代汉语频率词典》(北京语言学院出版社 1986)在历时 5 年多,统计了 4 个种类 180 多万字文献资料的基础上才选出了 8548 个词作为词目,体现了词汇计量研究、汉字字频和组词能力等方面的重要成果。现在,国家汉办制定了《高等学校留学生长期进修大纲》,其中的词汇表将 8042 个语词分为初、中、高三个等级。该大纲和前述的《词汇大纲》《汉语水平等级标准与语法等级大纲》以及经过权威专家鉴定的《现代汉语频率词典》和《常用字和常用词》成为许多对外汉语学习词典选词的重要依据。《现代汉语常用词用法词典》(李忆民 1995)中的 3700 词就是在这些文献中筛选的,然后在调查研究的基础上选出了外国人难以掌握的虚词和容易出错的实词。近年出版的《商务馆学汉语词典》和《当代汉语学习词典》都是在《词汇大纲》甲、乙两级字和词的基础进行选词的。在释义和举证方面也尽可能地使用较常见的词,使学习词典的查阅和理解变得容易起来。

1.4.2 基本注释注重交际的实际需要

以汉语为母语的用户一般不太注意词的规则和用法,而外国学习者没有或缺乏必要的汉语背景知识,如果词典不向他们介绍汉语词法和用法规则,他们将无法借助词典完成由词到句的组合。为了便于外国人借助词典进行语言交际,有些词典已经在汉语的使用知识方面下了工夫:a)区分词与语素:汉语没有词形的屈折变化,不能根据形态来确定一个语言符号是否是词,因此有些词典就用“词类名称”来标注词,用“[素]”来标注语素,用

“[缀]”来标注能做前缀或后缀的构词语素，用“[字]”标注只表示一个音节而无意义的非语素字等。b)区分词类：词类是决定语词语法功能和分布结构的最基本条件，标注词类是外国学习者掌握语词使用的最基本条件之一。c)区分离合词：离合词是典型的汉语特色，指出整体词与离合词的区别有利于外国用户理解为什么一些词可以在语素间插入其他成分，而另一些则不行。d)建立句型结构模式：尽管汉语的句法研究还正在探索中，但已有汉语学习词典提供了语词的句型结构模式，如《现代汉语学习词典》把句型分为基本句型和词类用法句型，并在正文前列出了10种名词、19种动词和9种形容词用法句型，并给出了相应的解释供查阅。e)设立专栏说明：包括语法和语用两种规则的说明，比如用“[重叠]”标注名词、动词和形容词等的重叠形式及用法，用“[量—名]”和“[动—量]”分别标注名词和名量词、动词和动量词的搭配用法；用“注意”等形式说明诸如同义词的用法区别以及虚词的功能特征和用法等。

1.4.3　体例结构设计突显例证功能

从二语习得的角度讲，学习词典应该为国外的汉语学习者营造语言习得的环境和相关语词的语言和社会背景知识，例证则是营造语境的最有效的工具。正如《汉语常用词用法词典》的编者所言：“对学习汉语的外国人来说，主要难点在掌握词的细微差别、掌握搭配条件及表达习惯上，这些都不是简单地告诉汉语习得者名词可以做主语、宾语，及物动词可以带宾语等一般的语法规则就可以达到习得目的的，而是需要针对不同的语词给出具体的搭配例证。”(李晓琪等 1997)对外汉语词典大多比较注重例句的功能，不断增加例句数量，力求在真实语境中展示被释词的语义特征、语法功能、分布结构和语用方法。可以看出，对外汉语词典一般都比内向型汉语词典的例句丰富，《当代汉语学习词典》还尝试用完整的句子释义，“让读者①在句内语境中理解词义，然后对这个句子的句义进行解释，使读者进一步理解被释义词的意义”(徐玉敏 2005:2)。对外汉语词典例句的另一大特征是，例句的用词普遍比较简单，简明易懂，大多选自内向型词典不太注意的当代社会生活语言中的常用语句。这样，例句能营造更为亲切的语境参照来加深学习者对词义的理解，同时也利于他们模仿和掌握，帮助他们正确、得体地运用语言。

---

① 词典的使用者应称为用户——作者注。

1.4.4 注释和例证注重文化信息

文化是语言的基石,语言是文化的反映。不同语言社区的风土人情、社会体制、文学文化、生活习俗、历史源流和地理特征都融入交际语言之中。二语学习者要学好汉语这种文化底蕴深厚的外语,必须了解汉语的文化。因此,对外汉语词典的编者一般都有传递文化的意识,在选词、释义、例证、说明、附录等方面都有意识地注入了文化信息。首先,编者开始重视与语词相关的文化意蕴的说明,增加了与语词使用相关的文化信息量,尽量消除学习者母语文化负迁移的影响。譬如,由于中西方文化差异,"龙"在中国是吉祥动物,而英语对应的"dragon"则是一种凶恶的动物。它们的内涵意义或比喻意义大相径庭,对外汉语词典都比较重视类似文化词的说明,如《商务馆学汉语词典》就用例句的形式做了介绍:"在古代中国,龙被认为是最高权力的象征|中国皇帝都把自己说成龙|在中国,龙被认为是一种吉祥的动物。"再如"端午节"的例句也比较全面地介绍了节日的来历和特点:"端午节的时候中国人有吃粽子的风俗|端午节的时候,很多地方有龙船比赛|传说端午节是为了纪念中国古代的爱国诗人屈原(Qū Yuán)"。

附录是集中、系统介绍一些汉语语言文化现象的有效方法。对外汉语词典的附录都比较丰富(但也有少数不设附录),如《现代汉语学习词典》的附录包括汉语拼音方案、简化字总表、汉字笔画名称表、汉字偏旁名称表、标点符号用法简表、我国历史朝代公元对照表等;《实用字素词典》的附录包括汉字造字法、形体演变、笔画、笔顺、简繁体、量词等方面的常识;《商务馆学汉语》的附录包括现代汉语语法要点、中国历代纪元表、中国行政区划分、中国民族名称表、汉语亲属称谓表等。这些都为传播汉语语言文化起到了积极的作用。

1.5 小结

对外汉语教学和对外汉语词典的编纂都有较长的历史,但早期的活动仅限于官方的交往和外国人传教的需要,活动范围和受众都比较小,外向型词典的体例也不太成熟,没有产生太大的影响。到了19世纪,外国人由于受需求发展的驱动开始编纂适合他们语言交际需要的汉语或汉外词典,涉及汉语的语言、文化、方言和口语等各个方面,先后出版达20多种。在这个时期,中国的语言学者对外国人的这种语言学习需求并没有引起足够重视,也少有人参与到这类词典编纂的工作中来。新中国成立后，对外汉语教学受到国家的高度重视，得到迅速稳定的发展。对外汉语教学的发展直接推动了对外汉语词典的研究和编纂，上世纪70年代开始了相关词典的编纂，但对外汉语学习词典的理论研究则有些滞后。经中国知网（cnki. net）和《20世纪中国词典学论文索引》检索显示，第一篇探讨对外汉语学习词典的论文，是孙全洲发表在《辞书研究》1986年第3期上的《〈现代汉语学习词典〉编纂中的探索》，接着是方人发表在《语言教学与研究》1987年第4期上的《一部有助于外国人学习汉语词汇的工具书——〈实用解字组词词典〉》。以后这方面的研究又沉寂多年，直到90年代中期才开始不断有汉语学习词典的研究成果发表，到现在总共也只有几十篇文章，而有关对外汉语词典的系统理论研究至今仍告阙如。这在某种程度上说明，有关对外汉语词典的结构、体例和释义等还没有系统的理论支持，尽管近十多年来对外汉语教育工作者和语言学家们编纂并出版了一系列的学习词典，尽管他们也做了很多新的尝试，赋予了学习词典很多新意，也取得一些理论或编纂实践方面的成果，但外国用户对这些学习词典的认同度似乎并不太高，在留学生群体中的占有率也很有限。这些现象和原因值得我们去思考，这也正是我们在以下几章要探讨的问题。

第二章　词典学研究与实践中的用户视角

词典的作用是解疑释惑,供人们在工作和学习中为求解语言问题查阅用的,而不是用来通读和欣赏的——很少有人会从头到尾阅读一部词典(除非有特殊的需要或爱好)。因此,词典的服务对象常被称之为“用户”(user),而不是习惯上所说的“读者”(reader)。

词典编纂是一项复杂的系统工程,涉及编者与用户、编者与出版社以及词典与社会等之间的关系,但影响词典体例设计和释义方式的核心因素只有两个:一是有明确的词典用户群,即确定词典的用户对象;二是明确的词典编纂宗旨,即确定词典的设计思想,规定辞书编纂所要实现的目的和意图。后者是为前者服务的,即用户是词典设计和一切编纂工作的核心问题,词典收什么样的词,用什么方法释义,提供什么样的例证等必须以满足用户的需求为主要任务。可见,用户与词典设计和编纂的关系是十分密切的,一部学习词典能在多大程度上为用户所接受,取决于它能在多大程度上满足用户的需求。然而,我国传统的词典编纂一直是以编者为中心,用户群体的类型概念在词典编纂者的心目中比较模糊,往往把整个本族语的人都当作潜在用户。随着学习词典的兴起,编者的心目中似乎有了“学习者”这个群体概念,但这些用户需要什么,词典应该向他们提供些什么,往往还是凭词典设计者和编者的主观臆断,因此难以满足用户的真实需求。

对外汉语词典是积极型词典,它的主要功能就是帮助用户解决二语学习中的各种语言理解和使用问题,自然与面向本族语用户的汉语词典有很多不同。为了使对外汉语词典能更好地满足用户的需求,我们必须首先要了解用户,了解他们的学习特点和查阅需求。

2.1　词典研究中的用户意识

在当代词典学研究中,词典用户意识的地位正日益加强,正如 Geeraerts

(1989)所说,词典学不是发生在真空中的脱离现实的活动,它是现实世界情景中的交际行为。特别是认知和交际词典学理论的出现,用户意识提升到了理论高度。认知词典学是要把词典用户语言认知或语言加工的心理过程纳入词典学研究中来,根据用户的语言认知规律来组织词典信息;交际词典学在对"词典工具论"和"词典语篇论"分析的基础上,以交际学研究中的过程派的观点为其基本框架,提出词典交际的理论模式,将词典看作是编者与用户之间相互作用的信息交流和传输系统,从而为词典学的理论和实践研究提出了一个连贯的、符合词典本质属性的词典交际运作流程的构架。

2.1.1 词典用户意识的重要性

在传统的词典编纂模式下,编纂者往往专注于书证的搜集和整理,专注于义项的分析和划分;词典的规划、设计、编纂等都是围绕词典本体展开的。相应的词典理论也往往缺少用户视角(user's perspective)研究和探索,词典用户的实际需要往往被忽视,用户的知识结构、认知接受视野,以及用户使用词典的动机、方法和查阅词典的认知心理过程等常常不在词典学研究的范围之内。然而,综观当今的辞书市场,学习词典的编纂和研究方兴未艾,大有独领风骚之势,特别是外语学习词典已经成为市场的主流,而大中学校各年级外语学习者(含非本族汉语学习者)的语言层次、知识背景、学习的目的和策略不同,他们需要不同语言层次或类别的学习词典;另一方面,青年学习者的认知敏感性较强,学习欲望较高,对词典的期望也日益增加。词典设计者和编者不能对学习者的特殊需求视而不见,词典学家需要研究用户,从用户的视角研究词典的编纂与使用,研究学生二语习得的特点、学习策略的应用,以及查阅词典的认知心理过程和词典释义与用户接受视野之间的互动关系。这就涉及认知语言学、语言习得(含二语习得)、认知科学和接受理论等问题,词典编纂者要善于从这些理论中汲取营养,构建用户视角的当代词典学理论。

从传统接受美学的观点看,文本的本身不经过阅读,只是一个多层面的、未定性的、未完成的开放结构;文本存在的本身并不具备独立的意义。尽管这种观点由于忽略了作者与作品的内在联系,把作品在很大程度上看成一个空洞的框架而受到批评,但它至少能警醒那些从来不重视用户的词典编者,使他们认识到词典的编纂和查阅也是一种交际活动,没有交际对象——用户的参与,词典是无法实现其自身价值的。在词典文本的交际过程中,词典编纂者的主体意图趋向淡化,只能在词汇知识载体中留下一些提示。这些提示既是用户的推理空间，也是他们需要填补的知识空缺；这些空缺也有待用户在查检并阅读词条信息时，运用联想的方法调用自己大脑中已有的知识去填充。

2.1.2 词典用户视角的研究现状

由于词典的价值需要词典用户的参与才能实现，因此用户视角的词典学研究很早就受到语言学家和词典学家的重视。Barnhart(1962)在《单语商务词典编纂中的问题》(*Problems in editing commercial monolingual dictionaries*)一文中率先提出了用户查阅词典的需求问题，并对27个美洲国家近百所高校的百余位教师进行问卷调查，发现查阅词义和拼写是大多数用户的主要需求。他的研究使人们意识到用户需求在词典设计和编纂中的重要性，许多学者也分别开展类似的研究(Quirk 1973；Tomaszczyk 1979；Baxter 1980)。进入20世纪80年代后，用户视角的词典研究越来越活跃，如Béjoint(1981)就词典拥有、使用以及对词典的评价等内容对法国里昂大学122位英语专业学生进行了问卷调查，Scholfield(1982)调查并阐述了词典在接受性语言活动(理解)方面的具体用途，Ard(1982)对ESL① 学习者在写作中使用双语词典的情况进行了研究；Snell-Hornby(1984，1986)则对学外语(尤其是将英语作为外语)的学生使用双语词典的情况进行了探讨。日本的Tono(1984)对402名英语专业的学生进行了词典查阅技能的测试，发现若词条内提供的信息太多会妨碍用户准确、有效地查阅所需词典信息，而许多受试者则倾向于选择词条的第一个释义。他在后来(1992)的研究中还发现，在多义项的词条前设置一个“义项清单”可以帮助词典使用技能差的用户较容易地找到所需义项。Neubach和Cohen(1988)也对词典使用的策略和查阅词典存在的问题进行了较深入的研究。在最近10多年，词典用户研究在西方国家受到空前重视，许多学者(Hulstijn 1993；Berwick，Horsfall 1996；Hulstijn *et al* 1996；Harvey，Yuill 1997；Hulstijn，Atkins 1998；Atkins，Varantola 1998；Rundell 1999；Scholfield 1999；McCreary，Dolezal 1999；Nesi 2000；Nesi，Haill 2002；Lew 2002；Santos 2006a，2006b，2007)分别对用户在写作、理解、翻译中使用词典的情况进行了研究。其中有些针对二语学习者进行词典需求和使用策略、使用问题的研究值得我们重视，如Hulstijn和Atkins(1998)以实证的方式阐明了影响二语学习者词典使用效

① ESL是“English as Second Language”(英语作为第二语言)的缩写。相应的说法还有EFL：English as Foreign Language(英语作为外语)。

率的多种因素,如学习者的语言熟练程度、推测能力和需要查阅的语言信息种类等。Nesi(2000,2002)以留学英国的外国学生为调查和测试对象,研究ESL学习者使用词典的习惯和存在的问题。研究发现,词典查阅是用户利用有关词义和用法的先备知识(prior knowledge)与词条中的信息项进行对比的过程,对词典信息的选择受用户对词汇语义思维定式或既存信念(pre-existing beliefs)的影响;当词典信息与既存信念发生冲突时,用户有时会倾向于自己的感觉。因此,单一词典查询所获得的信息往往是不完整的,难以满足语言生成的需要。研究还发现,半数的受试者有时在查阅词典时无法准确地选择适当的词条和内词条,一些查阅问题会导致严重的理解错误。

此外,Cubillo(2002)还对专门用途英语(English for Special Purpose)学习者对词典的需求进行了测试和研究。在该项调查中,他让85名化学系学生按照自己学习课程或课本的需求来设计词典,以便a)了解学生心目中专科学习词典的结构和内容;b)分析学生有关词典使用技能方面的需求;c)根据调查结果在以后改善有关词典知识和词典使用方面的教学;d)提高对面向专业课学生的理想词典及其局限性的认识。

在国内,尽管有学者从20世纪30年代就提到词典的使用问题,如王文泰在1935年《图书展望》第2卷第5期上发表了《字典和辞典利用法》,何多源在1962年12月22日的《光明日报》上发表了《谈字典、词典的使用》,扈先觉在《语文建设》1965年第3期上发表了《教会学生使用工具书培养主动学习精神》,但这些使用研究多是作者使用词典的经验体会或是从经验者的角度教人如何使用词典,并没有用户视角的概念,也没有引起词典学家的广泛重视。上世纪80年代文平在《国外语言学》1982年第3期上发表了译自Ayto(1981)的文章《关于埃克塞特词典编纂暑期讲习会的报告:词典使用者的需要在不断变化》,甘于恩在《辞书研究》1985年第1期发表了译自Quirk(1974)的文章《词典的使用和设想的调查》,自此我国辞书研究内容慢慢有了词典用户需求的概念,明白了要编好词典还要做用户需求调查,开始探讨向用户提供哪些信息词典才能满足其使用的需要。在上世纪90年代以后出现了许多关于用户的词典使用和词典需求的调查成果,相关论文多达40余篇,比较有代表性的有安玉玲和李晓(1999)、寮菲(2000)、章宜华(2002)、郎建国和李晋(2003)、史彬彬和潘攀(2005)、赵玉民和胡彦霞(2005)、邓琳(2006)、罗思明等(2007)、史耕山和陈国华(2007)、陈玉珍(2007)、黄群英和章宜华(2008)等。通过《二十世纪中国辞书学论文索引》和中国知网(cnki. net)等索引工具检索得知,自1915年来,国内共发表有关辞书使用方面的文章215篇,其中20世纪80年代以前6篇,80年代33篇,90年代51篇,而在2000—2008年就有125篇。但进一步分析发现,研究汉语词典使用的只有5篇,主要涉及我国少数民族学生使用汉语词典的情况,而关于对外汉语词典使用情况的研究一篇也没有。当然,在一些对外汉语词典的专题研讨会上或论文集中会偶见类似文章。

2.1.3 词典用户视角的研究主题

从以上对词典使用的调查来看,词典与词典用户之间的关系不仅仅引起了词典学家的关注,同时也引起了语言学教师与语言学家的关注。总的来看,以上这些有关词典使用研究的主题可以分为五类:

1)经验研究 通过自身丰富的词典知识或使用的经验体会阐述词典使用的方法和技巧,引导用户正确、有效地使用词典,或者探讨现有词典的优点和缺陷,提出改进这些词典的建议,为词典编者修订词典提供参考。从事这类研究的多是从事词典研究和编纂的学者。

2)比较研究 通过对同类型词典,或不同语言文化的词典,或同一语言文化不同时期的词典进行对比研究,探索各自的特征或差异,把握其共性,以便从中找出普遍规律,揭示相同语言文化或不同语言文化中词典的异同与关联,为双语词典或单语词典的编纂提供借鉴和参考的依据。这些研究有些内容来自实际调查,有些则来自相关分析。

3)用户需求及使用技巧研究 通过问卷调查、专题访谈、课堂测试等方法,搜集用户的具体需求、查阅目的及查阅技巧等信息,然后进行分类和研究,探索规律、发现问题,为词典编纂和用户的词典教学提供支持。

4)"词典外"因素研究 通过市场调查和用户调查,了解某些社会、文化和经济因素对词典的设计风格、词汇使用语域、用法说明,以及词典的开本、装帧、版面设计和字体、字号方面的影响。

5)实验研究 通过系统规划和组织,成立词典使用的试验组,并在一定时期内跟踪调查,采集词典使用数据。研究方法主要分为两类:一是研究外语学习中词典使用与阅读理解之间的关系;另一类则是利用应用语言学的方法来研究词典使用中的查阅策略(looking-up strategy)。

综上所述,用户视角的词典学研究越来越受到学界的重视。但从发表的研究成果来看,低层次的重复研究较多,从二语习得角度和词典使用者查阅词典的认知心理角度等进行深层次的研究不多,辞书的使用问题仍是理论研究中相对薄弱的环节，而用户视角的研究也亟待提高。

2.2　词典编纂的用户意识

近年来，以编者为中心的传统词典编纂思维正向以用户为中心的现代词典编纂思维转变；词典编纂的一切工作应始终把用户放在第一位，把用户从过去的静态、被动接受的角色转化为动态、主动参与的角色，以用户的实际需求为导向来设计和组织词典知识信息。这样，词典编纂者和使用者之间就存在着一种互动交际活动，对词的诠释就是编纂者和使用者进行交流的过程，词典及其用户对词典信息的认知就是交际的结果。因此，从词典编纂的准备工作开始，词典设计者就要保持与潜在用户的对话，了解他们的真实需求，根据需求来进行词典的设计和编纂。

2.2.1　用户的词典类型需求

当确定了词典的用户群体后，第一步就是要根据词典的编纂宗旨进行用户对词典类型的需求调查，包括以下几个方面的内容：

1）使用环境需求　了解用户群在什么情况下使用词典：旅行使用或案头使用？是用在家庭书房中或是学校课堂上？是写作用或是阅读理解用或是翻译用？是用于专门用途语言或是普通语言的学习？重点调查各个层次的用户在特定的环境下需要什么样的词典。

2）词典接受需求　接受需求是指词典的预期用户对词典版面、外观质量和开本的理想需求以及词典的理想价位，具体反映为：

a）词典的规模如何（收词量以及预计总字数和总页数）？

b）用户理想的格式是什么（开本、版面、插图、正文字体和颜色等）？

c）用户理想的外观是什么（正文用纸的质量、封面用材和装帧风格等）？

d）用户理想的价位是多少？

e）用户若不买这本词典，有无类似词典供选择？如果有，其他词典的竞争优势是什么？如果无，用户等多长时间才会有更合适的词典购买？

只有在进行了细致的用户需求调查之后，上述问题才能正确回答。若能很好地回答上述问题，并采用相应对策精心设计词典，你的产品一定会赢得用户的青睐。

2.2.2 用户的词典知识需求

当确定了词典的用户和词典类型后,下一步就是要根据词典的编纂宗旨做用户对词典知识信息需求的调查,包括以下几个方面的内容:

1)用户的知识结构　人们大脑中的词汇知识库构成了储存语言各种知识信息的心理词典,也叫心理词库(mental lexicon)。专家认为,这些知识的记忆和存储是“有组织”、“有结构”的。我们要充分利用认知语言学最新的相关研究成果,弄清心理词库中的词汇知识结构及其相互关系,让词典组织词汇知识的方式尽可能接近人对自然语言的习得方式。

2)用户对新知识的需求　要了解用户对新知识的需求,首先要了解各类用户的知识结构和潜在的接受视野,调查他们的语言层次和使用词典的目的。前者与使用者的“语言能力”和“接受能力”紧密相关,涉及词典所提供的知识内容;后者与使用者的“语言方式”和“接受方式”相关联,涉及词汇知识信息的表述方法和形式。知道了用户已有的知识水平和接受能力,词典编者就可以推测出学生用户需要学习的新知识,明白如何借助用户已有的知识,解释其未知的知识。

2.2.3 用户的词典友好性需求

在辞书出版业竞争日益激烈的今天,词典的用户友好性也成为词典取得成功的重要因素之一。纵观市场上主流学习词典的发展轨迹,无不在用户友好性上下足工夫。用户友好性一般表现在以下几个方面:

1)词典的实用性　准确定位服务对象,了解用户的需求,尽最大的可能满足他们查阅词典的需求,对于不实用的信息要敢于舍弃,如牛津词典的句法模式,从第四版的复杂化向第六、第七版的简约化发展;实用的另一侧面是百科性,这是当前语言发展的方向,也是认知语义学的一个主要特征。

2)语言的覆盖性　语言学习的目的是为了语言交际,而交际是一种广泛的社会活动。为了使词典适应广大用户的交际需要,词典在收词和注释方面应注意语言覆盖面,注意收录社会交际中常见的语言变体。譬如,韦氏、牛津、朗文、麦克米伦等英语词典收录英国、美国、加拿大、爱尔兰、苏格兰、新西兰、澳洲、南非等语言变体。汉语或汉外词典应考虑收录常用南方和北方方言、港台及新加坡等海外汉语变体等。

3)信息的详尽性　在编纂宗旨允许的前提下,尽可能收词全面,释义详尽实用;尽量提供语言的基本信息,如读音变体、形态变化、词汇功能类别、语义及附加语义信息、句法模式、语法/搭配、使用语域、语词联想、语义关系、文化信息、派生词、同义词、反义词、同义辨析、语法注释以及各种词汇搭配信息等，最大限度解决用户遇到的语言问题。

4）体例的新颖性 要敢于打破常规，以方便用户为最高宗旨，不断推陈出新。开拓语言描述的新方法，凸显微观结构中不同的信息项——各种语言属性，不断优化版面布局和装帧设计。譬如，可以用句子释义、构式结构释义进行有效的语义成分解释，收录百科词汇和常用专业词汇满足专业课双语教学的需要，采用原型结构方法进行义项的聚合和排列以凸显多义词的自然语义关系，采用双色和多色印刷使词典信息类别更加分明，出版普通本与精装本、大字本与缩印以本满足不同用户的需要等。

5）信息的完整性 在词典编纂宗旨的框架下做到收词全面，遵循先常用后次常用、先一般后专业、先基本后派生、先"正义"后反义①、先施动后被动②的原则。不能顾此失彼，不能出现只有派生词而无基本词、只有反义词而无正义词（如英汉词典不能只有"noncommissioned"而无"commissioned"）、只有被动义词而无施动义词（如英汉词典不能只有"promisee"无"promisor"）等现象。义项划分和释义要遵循前后一致的原则，建立完整的词汇语义关系和语义网络，同义词与反义词、上义词与下义词、派生词与词干以及联想词的相互关系要有照应。

6）信息的检索性 检索是词典的使用价值得以实现的重要保证，好的词典无论在宏观结构层面还是微观结构层面上都应方便检索，能让用户在最短的时间内找到所需信息，最好能一目了然。除词目层面的外索引外，还需在词条内索引结构上多下工夫，使繁杂的微观信息项清晰地呈现在用户面前。常见的表现手法有：义项清单、义项提示、引导词、专栏信息、词类和义项分离、同族词分立词目，以及用不同的色彩或着色轻重来突显不同的信息类别等。

7）知识的时效性 主要表现在对新事物、新概念的反应上面。建立动态监控语料库和有效的语言监控机制，对新词新义的出现和旧词旧义的消失进行动态跟踪、统计分析和评估，及时把用户需要、且有生命力的新词收入词典，把已经从日常交际中淡出的语言现象分离出来进行标示或删除。这就要求对词典不断修订，要像法国的《小拉鲁斯》一样，一年一小修，三年一中修，十年一大修。

---

①② 主要针对外语词目词，因为许多表示反义或被动义的词都是由正义词或主动义的词屈折变化而来的。

2.3 词典市场的用户意识

词典只有为用户所接受,才能实现其社会价值。正如美国词典学家Barnhart(1962)所说,词典的功能是对词典用户所提的问题做出解答,市场上的词典是否成功,取决于它们能在多大程度上解答词典购买者的问题。一部真正受欢迎的词典应当满足用户的需求,而一部词典在市场上是否会畅销则取决于它能在多大程度上满足用户的需求。

由于词典社会价值的实现与市场有直接的关系,不但辞书的出版者要考虑市场问题,词典的设计者和编者都要有市场观念。否则,尽管从学术角度看你的词典编得很好,但也有可能不为市场所接受。因此,词典的市场意识要从词典的设计和编纂开始。

2.3.1 重视用户品牌效应

与其他产品一样,品牌价值对词典的宣传和销售有很大的促进作用。国外词典都很注意品牌的培育,其特点是在同一类型的同一本词典的基础上不断修订与改进,而不是就同一类型编纂出许多版本的词典。英国的牛津、朗文词典是这样,法国的拉鲁斯、罗贝尔词典也是这样。而国内辞书出版机构的品牌意识还不够强,词典的种类数量多,仅学习词典就数以百计,但没有一个叫得响的品牌,因此单本词典的销量一直上不去,多数词典仅印几千上万册后就销声匿迹了。因此,在品牌意识方面,国内出版社应多学国外的经验。

"品牌"指"产品的牌子,特指著名产品的牌子"(《现代汉语词典》第5版)。对生产者来讲,品牌是对社会的一种责任;对用户来讲,品牌就是对产品的一种信赖。对于辞书产品,品牌不仅仅是一种符号和象征,更是出版机构、辞书质量和社会文化形态的综合反映和体现;品牌不仅仅是出版机构的一项知识产权和用户对这个产权的认可,更是出版社、辞书与用户之间关系的载体。品牌词典意味着词典的高质量、高信誉,以及较高的使用效益和较低的使用成本。品牌的背后就是一个在市场竞争中始终立于不败之地的成功的词典编纂团队和出版社;而一个为用户着想、对用户负责任的词典编纂团队和出版社才能得到用户的信赖,才能赢得市场。

品牌效应(brand effect)就是指某词典或出版社成为品牌后所产生的社会和经济等方面的影响;从用户的角度讲,就是词典品牌因满足用户需要而获得的信任,是品牌的信誉、声望产生的影响力。品牌具有极强的扩散效应,词典品牌一旦确立,即它的质量信誉和用户友好信誉一旦建立起来,就会通过用户个人评价,教师课堂评价和专家学术评价迅速呈辐射状传导,扩散词典的影响力,由此产生的社会效益和经济效益是十分巨大的。

2.3.2　树立用户品牌形象

词典作为一种特殊的文化产品,不同于一般产品,它的信誉和影响是不能单靠广告来实现的。最近,我们针对用户选购词典的品牌依据(A. 广告宣传;B. 教师推荐;C. 自己判断;D. 出版社的名声)问题,向全国近 10 个省市 20 多所大学的用户有组织地发放了 2000 余份调查问卷,收回有效答卷 1600 份。调查表明,教师推荐和用户自己的判断是选购词典的关键因素,分别占44.1%和41.1%,而出版社的名声和广告宣传分别只占 10.9% 和 3.8%。这说明,词典用户选购词典是十分理性的,他们一般不盲从跟风;同时也表明,辞书出版社的名声是靠词典品牌建立起来的,没有好的词典,用户是不买出版社这个品牌的账的。

建立辞书品牌固然要有一个强有力的辞书编纂班子,更重要的是辞书出版社要有品牌意识,要有计划地建立和经营品牌。这是一个长期的任务,要在一部词典上花上几十年,甚至是几代人的努力,那种三五人凑在一起编词典,"打一枪换一个地方"的运作方式永远创不了品牌。熟悉拉鲁斯系列词典的用户,一定对它印有"蒲公英传播女郎"图案和"我四处播种"铭言的封面有非常深刻的印象。这正是拉鲁斯词典的品牌形象,是拉鲁斯人几代人奋斗精神的象征,代表了创始人拉鲁斯"启迪大众、明析万物"的精神。拉鲁斯就像蒲公英一样,把知识传播到世界的每个角落。而这个"传播女郎"的形象,从 1876 年面世到现在也已经有了七个不同的版本。这些版本都深深打上了不同时代文化、艺术风格的烙印。拉鲁斯就是靠这个品牌走出国门、走向世界的。

拉鲁斯"蒲公英传播女"的七种图案

2.3.3　做好词典品牌的宣传

尽管广告在用户词典选购中的直接作用不太大,但它是辞书产品与用户联系的纽带,间接作用不可小视。如果用户不知道它的存在,就是再好的词典也无法走上用户的案头。因此,西方主流词典无一不重视辞书产品的宣传。西方主流辞书出版社都有专门的词典宣传网站，出版社的所有词典都有详细介绍，包括词典特色、词典体例、词典查询方式的简介。潜在的用户可以在网上了解词典的内容和特色，也能“打开”词典进行查阅，觉得好只要用鼠标点击购买键，输入你的通讯地址和信用卡号，词典就会送到你的书桌上了。拉鲁斯十分重视自己的品牌形象。在法国，除拉鲁斯的广告宣传外，随处可以看到印有拉鲁斯标记的物品：馈赠小饰物、打火机、日历、停车牌……还有拉鲁斯词典形状的挂钟、烟灰缸、书签；自 1905 年以来一直流行着状似翻开的拉鲁斯词典的日历，还有台灯、手表、记事本等。此外，还有刊登在报纸等媒体上的拉鲁斯幽默连环画、电视形象广告、详细的网上推广宣传等。正是这些有效的宣传活动，《小拉鲁斯》连续 10 多年的销售量都突破百万册，作为一个“小语种”，这是十分了不起的成绩。

2.3.4 培养词典品牌的拥趸

在英法词典学家和辞书出版商眼里，辞书市场不是自然形成的，而是靠出版销售人员开发出来的，辞书用户是靠辞书出版机构培育出来的。因此，他们十分重视市场和用户。

1）重视用户需求、建立品牌特色　英语的“五大学习词典①”虽然都有一个共同的编纂目的——辅助第二语言的英语学习或教学，但它们的编者一直在塑造各自的品牌，各有各的特点，各有各的长处，各自满足用户的一特定需求，似乎谁也取代不了谁。因此，各有各的市场。

2）培育用户群体、从小灌输词典知识　法国辞书出版机构精心策划、编辑出版一些图文并茂，叫作“词典知识指南”的小册子，免费赠送给学校或小学生。小册子里面既有出版社介绍、词典的收词特色、释义结构、例句功能和词典使用等方面的知识性材料，也有与之相关的练习、问答、填空、文字游戏、数学游戏等内容，具有知识性和趣味性，学生在娱乐中能学到词典知识、语文知识和数学知识，培养学生从小查阅词典、依赖词典的习惯。

3）更新词典信息、不断刺激消费欲望　词典要紧密跟踪自然语言的变化，不断更新知识信息、增加新的知识内容。如法国的《小拉鲁斯》每年修订一次，英国的主流学习词典三年左右修订一次。出版社不断更新词典内容，用户就得不断更新案头上的词典，就像电脑和手机用户者一样，出现了更快的“CPU”就想给电脑升级，出现了更强的手机就想更换。在法国，如果用户三五年不购买新版本的词典，该词典的现实用途就会大打折扣，很难满

① 指牛津、朗文、剑桥、柯林斯和麦克米伦五种系列学习词典。

足其学习和工作的需要。

2.4　词典类型中的用户意识

词典和词典编纂活动因反映用户群体的社会意识和需求而具有社会属性。从本质上说,词典编纂是社会文化行为,而词典使用则是社会心理行为。由于用户的知识层次不同,对词典的需求不同,使用词典的方法和目的也有所不同,这就需要有不同类型的词典来满足他们的需要。

2.4.1　用户的年龄与词典类型

从年龄视角考虑,词典有供学龄前幼儿用的、供学龄儿童用的和成人用的。正如 Béjoint(1981)所说,在不同年龄层次与学习水平的用户群中,对词典的使用情况不尽相同,词典的收词和释义方式也有很大的差异。学龄前幼儿,特别是 5 岁以前,是人类发展阶段中的关键期。这个时期的孩子好奇心强,求知欲浓厚,对许多事物都特别敏感,但他们的背景知识少,思维能力差,因此词典的收词要与他们周围的认知环境密切相关,词典的释义应该直观,宜用图片和声音(多媒体词典)直接反映语词的所指内容。学龄儿童认知发展的特点是:低年级学生具有初步的形象思维能力,可以根据具体事例来进行推理思考;由于他们尚不能用抽象的逻辑推理方法去思考和解决问题,其思维活动和思维过程不能脱离具体体验。因此,词典的收词应与相关教学大纲和教材联系起来,释义要有趣味性,可以通过图片、游戏、故事和具体事物的动态演示等与孩子们的生活经历相结合的方法,进入孩子们的世界,丰富孩子的心灵,寓教于乐。小学高年级的学龄儿童具备了一定的语言和词汇知识,形象思维活跃且具备了初步的抽象思维能力,求知欲望比较强,词典的收词除考虑教学大纲和教材外,还要注意覆盖相关教辅读物,释义也可以在图片的基础上辅以简单的文字解释。在中学年龄段,学生的感知能力和记忆能力较强、思维活跃、想象丰富,并具有较好的语言和文字能力,词典的收词不能再局限于大纲和教材,而应涉及文学、科普、社会文化和百科知识,词典释义应以文字说明为主,插图只能起辅助作用,但释义所用文字应该简单,宜限制在一定的基础常用词汇范围内。这类词典的例证丰富,用法规则描述得比较详尽。成人词典分为母语词典和外语词典。成人对母语认知的发展、情感的发展和人格的发展都比较成熟,他们对母语词典的需求大多来自阅读和工作中解疑的需要,这类词典的特点是收词多,覆盖面较宽,但释义简洁,例证较少,往往不提供用法规则。然而,由于成人"经验—知识型"的认知结构,他们在学习外语时可能会有一些母语负迁移的影响,这需要词典编者注意对中介语的研究,注意在词典释义中反映外语与母语之间的语言和文化差异。另一方面,成人的经验认知域较宽,联想能力、抽象思维能力和自我导向学习的能力比儿童和青少年强,词典释义应注意多用语言规则、概念联想、语义和语法比较以及构式语块等方式多角度、多层面地表现语义结构,以便成人用户在查阅词典的学习过程中能发挥其认知主体的作用,达到最佳的学习效果。

在西方国家,成人词典与儿童词典之间的划分在欧洲文艺复兴时期就已经确立了。随着语言和语言教学的发展,儿童词典的研究越来越受到专家的重视。在 20 世纪 30 年代,美国心理学家和词典学家 Thorndike 就细致地观察和研究了学童的特殊需求,并将心理学原则应用到词汇教学和词典编纂(Thorndike 1921,1923,1924,1931,1932a,1932b),他把处于学习阶段的少儿分为三个层次:小学(8—10 岁)、初中(11—14 岁)和高中(15—18 岁),并为他们编纂了系列桑戴克世纪词典:*Thorndike-Century Beginning Dictionary*, *Thorndike-Century Junior Dictionary* 和 *Thorndike-Century Senior Dictionary*。此外,他还有为正在识字的儿童们编写的各种层次的图解词典。这些词典通常会对其使用方法有详细的介绍(参见 Landau 2005:26)。少儿词典的特点可以概括为:精心选择、等级分明的词目,醒目的字体,简单而又富有情感的解释以及引人入胜的插图。最为重要的是,词典正文用主题编排方式要比字母排列更有助于儿童进行语义联想,更能促进词汇记忆和语言学习。

在 20 世纪 80 年代以后,词典学家对年龄层次的分类也越来越细,特别是对学龄前幼儿的每一年龄段都有针对性的词典推出。譬如,据不完全统计,近年来"朗文"借助语料库,编纂并出版了系列学习词典,仅幼儿学习词典就有 15 种,小学生学习词典有 12 种,中学生学习词典有 11 种,而针对成人学习者的各类词典就有 60 多种。

2.4.2 用户的语言层次与词典类型

从语言层次视角考虑,不同语言能力和知识水平的人对词典会有不同的期望。词典学家已经逐渐认识到,词典中语言信息的选择和检索信息的途径会随着用户对象的不同而变化(Dubois 1981)。就母语学习而言,语言层次与年龄层级有着密切联系,语言层次随着年龄的增加而增加;而外语学习的情况就不一样了,年龄与语言水平之间没有必然的联系,语言水平是建立在接受外语教育的程度上。然而,外语学习的方法和效果在不同的年龄层次是有区别的,低龄初学者的母语知识和经验较少,但认知敏感性强,容易接受异国文化和特有的表达方式,并能把外语与母语有机结合起来,兼容并蓄;成人初学者母语知识和经验丰富,母语的表达习惯和交际方式在大脑中根深蒂固,认知敏感性较弱,不容易接受异国文化和特有的表达方式,且常常把母语的认知习惯移植到外语中,增加了学习难度,造成外语交际的困难。因此,不同语言层次(含母语和外语层次)的人对词典收词和知识内容的要求也是不同的;词典信息选择和释义方式在很大程度上取决于用户受教育的程度和语言背景。

词典学家为了满足不同用户群的需求已经开发了种类繁多的词典系列。从语言层次看,有入门级词典(面向幼儿或成人初学者)、初级词典(面向小学生或具有初级水平的成人学习者)、中级词典(面向中学生或具有中级水平的成人学习者)和高级词典(面向大学生和同级自学者)。这些类别还可以有次类,如"初中级"、"中高级"等。尽管它们都为教学目的而编,但在词汇域、信息域、信息表述结构、信息表述方式等方面都存在差异。

2.4.3　用户的使用目的与词典类型

从用户使用目的考虑,不同的语言活动对词典信息的要求也有所不同。对于外语学习者来说,听、说、读、写、译是五项基本的学习活动;而对语言学者来说,他们主要从事的语言活动是教学和研究。说和写属于语言知识的活用,听和读属语言的接受性活动,译则是接受和活用两者的结合,而语言教学和研究则涉及语言的考证活动。这样,语言活动就可以概括为语言理解、语言生成、语言理解+语言生成和语言考证。

1)语言的理解是解码活动,要经历一个复杂的认知心理过程——通过对概念空间信息的语义结构的认知达到认识现实世界的目的,涉及交际双方的社会、文化背景知识和交际语境,因此也是一个"认知—推理"的动态过程。可见,理解不仅要有语言知识,而且还要有关于客观世界的知识。认知语言学认为,人们在大脑中储存的背景知识(心理词库)对语言所含信息的理解起着非常重要的作用,词汇的识别就是用视觉信息去触发心理词库的概念图式,以激活相关对应的词。当人们接受的新知识或新现象在大脑心理词库中缺失,又无法通过语境推理出来时,最有效的办法之一就是通过查阅词典来弥补这种缺失。这时就需要理解型词典。由于人们的社会交际和阅读内容繁多,大多是无法预期的,这就要求词典的语言和知识覆盖面要宽,能解决人们在阅读和工作中遇到的各种难题,因此理解型词典一般收词量大(收录大量“消极型词汇[①]”)、义项多、释义简洁、例证简短。从语言学角度讲,理解型词典一般是描写性的,即词典的收词和释义要反映语言应用的实际情况,俚语、俗语、行话、粗话、方言及古旧用法兼收,客观描写其实际意义和使用方法;从词典学角度讲,理解型词典的主要宗旨是解义,而对于使用规则和使用环境则不必去管,因为理解的对象往往已经处于一定的规则和语境之中,词典用户只需要结合其上下文在词典中找到相应的意义即可。这样说来,阅读语境就是对所查语词的词典语境的补充或延伸。

2)语言的生成是编码活动,其认知心理过程中的信息加工步骤与解码过程逆向对应——通过对现实世界的认知、抽象和归纳实现认知客体的概念化,继而通过空间语义结构来表征现实世界,涉及命题概念、命题意图、语言规则和语用规则。从语言学模型来看,语言的生成和理解是一对对偶概念,它们都有一个共同的知识基础,即语言系统的语法和语义规则。

当学习者进行语言生成这种主动型语言学习时,他们已有的知识与完成学习任务所需的知识之间往往会有一定的差距。要弥补这些差距,除应用一些诸如“近似法、概括法、迂回表达法和直接回避法”等策略或技巧外,最可行、最有效的方法还是查阅词典,而过多使用这些策略或技巧不利于学习者外语水平的提高。主动的语言活动完全不同于被动理解,有关词项的所有规则和语境都要靠说话人和写作者自己把握。对大多数学习者而言,成功的语言活用在很大程度上取决于学习者能否具备正确选择词汇,并按词法规则、句法规则和语用规则组织这些词汇的能力。事实上,现实中的主动言语活动比这更复杂,还包括语篇的连贯及不同文体的常规结构等。用于语言生成的词典一般收词量不大,主要收录“积极型词汇[②]”,义项相对较少,但释义详尽、例证丰富,主要内容包括:a)形态结构;b)语义结构;c)句法结构;d)搭配结构及各种选择限制条件;e)语用规则(包括语域及文体色彩);f)语义区别特征。从语言学角度讲,语言生成型词典一般是共时、标准—描写性的,即选择语言发展进程中的某一特定阶段的语言事实作为词典收录和诠释的对象,释义要反映语言应用的社会共时主流价值观,词目一般不收行话、粗话、方言及古旧用法,规范地描写其意义和使用规则;从词典学角度讲,生成型词典的宗旨是多角度、多层面地描写

① “消极型词汇”来自英语的“passive vocabulary”,指本族语者或语言学习者在进行阅读或翻译理解等语言解码活动中能认识的语词(参见 Hartmann & James 2000)。

② “积极型词汇”来自英语的“active vocabulary”,指本族语者或语言学习者在进行说话、书写或翻译生成等语言编码活动中能使用的语词(参见 Hartmann & James 2000)。

语词的语言属性，是大脑心理词库中的语言表征在词典中的具体反映。

3）语言的生成与理解是两个概念完全不同的语言加工方式，理解型词典和生成型词典的收词和编纂方法也有很大的差异，各自有着明确的分工和任务：理解型词典用于阅读理解，而生成型词典用于语言生成或文字写作。然而，在现实世界中，的确存在着一种集理解和生成于一体的语言学习活动——翻译，这种客观存在和客观需求为辞书工作者提出了新的任务或挑战：要编写兼顾语言理解和生成的学习词典。那么，要兼顾这两种功能，词典的宏观结构和总体篇幅是不是会大幅扩张呢？要回答这个问题，我们首先还是从用户的知识结构和潜在接受视野来考虑。

首先，大中学生心理词库中的语言知识和社会知识还处于初、中级阶段，其接受知识视野，即可能接触到的资料是可预期的；其次，英语专业教科书和参考书目所涉及的词汇量并不太大，况且教科书和阅读参考材料中的用词是可统计的；最后，大中学生学习阶段的翻译练习所涉及的词汇量要大大低于专业翻译。从上述三点考虑，学习词典覆盖学习者的潜在消极词汇是完全有可能的。但在词典的释义方面还需考虑以下几个问题：a）用于生成的积极型词汇按学习词典的方法详释，消极型词汇按理解型词典简释；b）义项的划分要细，但常用义项详释，而不常用义项简释。这种"兼顾型词典"可大幅增加收词量（可以是生成型词典的2—3倍），但其篇幅的增加是有限的，因为大量消极型词汇的解释都十分简洁，许多可以少配或不配例句。

4）语言研究是学者的一种学术活动。语言研究对词典的需求既不同于语言学习，也不同于一般的语言理解。学者为了调查和解决特定的语言问题往往会有计划、有目的、系统地进行词典查阅，查阅的过程也是语言研究的过程。因此，研究型的词典往往是大规模、多卷本的足本词典，对一种语言"全部"词汇的语言属性进行全面描写。例如，《牛津英语大词典》（*Oxford English Dictionary*）、《世纪词典》（*The Century Dictionary*）和《大拉鲁斯法语词典》（*Grand Larousse de la Langue Française*）等。从语言学的角度讲，研究型词典是历时描写性词典，即选择相当长一段历史时期内的语言演变和使用情况，进行词汇的动态历时描写。从词典学角度讲，历时性词典应该具备以下特征：a）历时性词典所使用的语料是语言在过去的发展过程中的书面材料，应该涵盖古旧的表达；b）历时性词典提供词源时应该注重历史描写；c）历时性词典的引证应该限制在语言以往发展中的一个或若干时段；d）历时性词典的义项安排应该体现前后继承的关系（见 Al-Kasimi 1977）。

2.5 小结

学习词典直接面向语言学习者用户，他们是词典使用最活跃的一个群体。学习者要从零开始学会用外语进行交际，他们在学习中会遇到方方面面的语言问题都要借助词典来解决。因此，学习词典的编纂必须有较强的用户意识，要设法走近用户，了解他们的学习特点和对词典的查阅需求，对不同需求的用户群体要编纂不同类型的词典。

词典的类型与用户的年龄、语言水平和词典使用目的有密切关系。此外，用户的国别特点对词典的编纂类型也有很大影响，这个问题在本书的其他地方做了说明（4.1.6，4.2.2，第6章），这里暂不赘述。但无论其年龄、语言水平、使用目的或国别如何，词典用户所进行的基本语言活动只有三种，即语言理解、语言生成和语言考证。语言的生成是积极型语言活动，而语言的理解是消极型语言活动，语言考证是一种学术研究活动。西方国家习惯把用于语言理解的词典称作“消极型词典”（passive dictionary），把语言生成的词典称作“积极型词典”（active dictionary），而把语言考证用的词典称为学院型或研究型词典。在积极型和消极型的基础上还可以分为“内向型”和“外向型”，前者是面向国内词典用户，后者是面向国外用户。这两对二元对分的词典在传统的词典类型研究中似乎没有引起太多的关注，然而它们却是词典设计和编纂中至关重要的因素，特别是从用户视角考虑词典使用问题时更是如此。

在双语词典中，积极型词典与消极型词典的划分会比单语词典更加复杂，既要区分用于从本族语到外语的语言活动或是用于从外语到本族语的语言活动，还要区分使用词典的人是本族语者还是外族语者。据此，如果其他选择项相同，理想的双语词典设计模式应该是每组语言中可以有八种词典。以英语和汉语分别做本族语和外语，可以设想有下列理想的词典类型框架：

编纂宗旨 用户类型		内向型	外向型
积极型	汉语为本族语用户	内向—积极型汉英词典	外向—积极型汉英词典
	英语为本族语用户	内向—积极型英汉词典	外向—积极型英汉词典

续表

消极型	英语为本族语用户	内向—消极型英汉词典	外向—消极型英汉词典
	汉语为本族语用户	内向—消极型汉英词典	外向—消极型汉英词典

对汉语为母语的用户来讲，内向型双语词典（譬如，无论是英汉还是汉英，积极型还是消极型）诠释的对象和重点都应放在外语；外向型双语词典（譬如，无论是英汉还是汉英，积极型还是消极型）诠释的对象和重点都应放在汉语上。明确这一点，对外向型汉语词典（含外向型双语词典）的编纂十分重要。

第三章　用户的词典查阅需求与查阅技能

语言学习者构成了词典用户中特殊而又活跃的一族，他们对词典所提供的信息有不同于传统词典的要求，因为学习者往往是为了一定的学习需求而有目的、有计划地查阅词典信息，希望从词典中获得有关语义、句法和语用等方面的系统语言知识及文化知识，而不是像一般用户那样只是因偶然的需要而即兴查阅。

语言学习的本质是获取新知识，了解新事物，学习者在学习活动中总会遇到他们没有见过的新词汇、新句型和新概念；这时，弥补其知识缺失的最可行、最快捷、最有效办法就是查阅词典。因此，在外语学习中，使用词典是一个重要的学习技能和学习策略，学生必须知道什么时候需要使用词典，如何使用词典（Hosenfeld *et al* 1981； Nuttall 1982；Barnett 1989）。前者是查阅需求，涉及用户喜欢用什么样的词典（双语还是单语），不同的语言活动（阅读、写作、翻译）对词典和/或词典信息（意义、拼写、发音、语法等）的需求有何差别等；后者就是使用词典的技能，涉及查阅策略、查阅方式和对词典信息的解读、应用能力。

3.1　用户的词典查阅需求

一般来讲，用户的语言活动主要有听、说、读、写、译五种，而对学习者用户来讲，还有预习或复习课文的语言活动。在听和说的活动中使用词典的概率比较低，词典的使用主要集中在读、写、译和预习、复习上；阅读理解是一种使用词典较多的语言活动，预习和复习则是使用词典最“系统”的语言活动。Al-khawaldeh（1994）调查了学习者在读和写的过程中使用词典的策略。研究发现，由于受试者的性别、专业方向、学业背景及具体的学习任务不同，他们在查阅词典时使用的策略也不同。

3.1.1 查阅词典的作用

关于查阅词典的作用问题，很多学者都做过专题研究。Knight(1994)曾做过阅读过程中词典使用的调查，他发现经常使用词典的学生比不使用的学生能记住更多的词义。Grabe 和 Stoller(1997)专门针对二语学习者使用词典的情况进行了研究，结果表明词典是帮助外语学习的有效工具，它不但能促进词汇记忆，而且还可以提高学生的阅读理解能力。测试对象在接受为期五个月的词典使用训练后，翻译练习的正确率从第一个月的 30% 陡然提高到最后一月的 90% 以上。

一般情况下，学生在实际阅读过程中往往会使用一些学习策略，查阅词典只是阅读策略的一个选项——最可靠、最可行的选项。学生为了理解阅读中的生词或不确定的意义，首先是根据上下文或句子结构进行猜测(或询问别人)，然后才是查词典。Knight(1994)认为，查阅词典会花一些时间，但阅读效果比不用词典者要好得多，因此应该鼓励多用词典，尤其是初学外语者。他们的语境推测能力很弱，其他策略对他们帮助不大，而且使用太多的学习策略不利于他们准确地记忆和扩展词汇。

3.1.2 查阅词典的策略

Hulstijn(1993)对查阅词典的策略进行了调查研究，结果发现学生查阅词典的频率与其学习任务和任务的相关性有密切联系。当学生认为他们所遇到的生词与其当前学习内容和语言活动的目的相关时，使用词典的频率就高；如果认为是不相关的，他们就不愿意翻词典。

查阅策略研究的另一方面是用户在什么情况下使用词典和使用什么样的词典，即用户在何种情况下需要查阅词典的何种信息，他们选择什么样的词典来查阅这些信息。对于二语学习者来说，词典用作解码(如阅读，L2 到 L1 的翻译)比用作编码(如写作，L1 到 L2 的翻译)时间要多(Béjoint 1981；Hartmann 1983)。在阅读过程中学习者遇到生词时最希望从词典中获得的信息便是该词的语义，尤其是符合上下文语境的意思(Tomaszczyk 1979；Béjoint 1981；Hartmann 1983)。他们并不关心语词的发音、句法模式、搭配结构等方面的信息(Barnhart 1967；Greenbaum *et al*. 1984)。Laufer 和 Kimmel 也支持这个观点，他们通过对 70 名外语学习者的调查发现，学生们倾向于查阅由一种语言(L1/L2)所提供的词义，词条内的其他信息似乎并无太大的实际用处，只有 13% 的受试者阅读了整个词条。而在写作过程中，用户主要查阅的信息是：拼写和语义、句法结构、搭配结构、例证、语域，其次是同义词和屈折变化；而词典学家精心设计的一些句法编码信息（如 Vadv/prep，N-SING 等）则很少有用户注意（Harvey，Yuill 1997）。随着语言能力的提高，二语学习者使用词典的频率会降低（Tomaszczyk 1979）。

3.1.3 查阅词典的偏好

也有研究者指出，用户查阅的偏好，即最经常查阅的信息范畴会随着各种因素的变化而变化，如用户的外语水平、阅读的文本类型及手头可使用的词典类型等。在许多情况下，例证、发音、拼写等也是用户阅读理解中查阅词典的常见选项。

在词典的选择方面，二语学习者在翻译和阅读过程中主要使用的是双语词典，使用单语词典的不多（Baxter 1980；Tomaszczyk 1983；Hartmann 1983）。我们的调查也表明，拥有双语词典的用户比拥有单语词典的用户更经常使用词典，如果同时拥有双语和单语词典，双语词典的使用率比单语词典要高得多。双语词典用于各个层次的解码活动中，而单语词典则更多地适用于外语水平较高的用户群。Atkins 和 Varantola（1997）曾以一组拥有词典使用技能的人员作为调查对象，观察他们如何利用词典来解决翻译中出现的生词和模糊语义问题。结果发现，大部分用户倾向查阅双语词典而非单语词典；只有在多次使用双语词典不能奏效时，他们才会转向单语词典。

3.1.4 查阅词典的问题

调查也发现，目前的学习词典与用户的需求方面还存在着一定的矛盾。大多数二语学习者都声称他们阅读中的主要障碍是词汇量的缺乏，他们经常需要停下来查阅词典或其他参考资料。尽管有时只想看个大意，但他们还是得查找一些关键词的意思。更令人烦恼的是，当他们查阅词典时，要么查不到，要么面对一大堆解释无从选择。单语词典的释义就是一个抽象的短语或句子，他们难以把相关义项与阅读语境联系起来；双语词典虽然是母语对等词，但往往会发现这些译语与语境不符。语料库有很多例子，可以较好地反映查阅对象的语境和分布结构，但这似乎更适合高级用户的写作参考，而不是阅读理解；因为一般用户还没有能力从相关语境和分布结构中抽象出目标词的意义。Liontas（2001）调查发现，一些研究阅读的学者和教师认为频繁使用印刷版词典会妨碍阅读的流畅性，因此应予以避免。由于印刷版词典查阅烦琐、速度慢，且经常不尽如人意，许多学习者在阅读理解中倾向于用掌上电子词典。的确，目前学习者群体拥有掌上电子词典的数量日益增长，特别是在课堂上的使用越来越普遍；因为比起印刷版词典，电子词典携带方便、查阅快捷。正如学者的研究（Aust *et al* 1993）所证实，学生在阅读过程中使用电子词典或多媒体词典比使用传统词典查阅的词汇要多一些，阅读的速度也快一些。邓琳（2006）的调查也表明，大学生使用掌上电子词典的比例达到58%，但她同时还发现，67%的学生认为印刷版词典才是对他们学习帮助最大的词典。这种矛盾的现象表明，电子词典方便、快捷、多功能等特点具有极大的吸引力，导致用户宁可牺牲信息的准确性和系统性也要使用它。同时，这也从一个侧面反映出学生对词典使用及其重要性并没有理性的认识。

3.2 用户的词典查阅技能

词典查阅技能是指用户应该拥有的，并通过习得获得的有效查检和充分利用词典信息的各项技能或能力（Cowie 1983；Hartmann，James 1998：117），能力越好查得率越高、查阅速度越快（Tono 1991；Neubach，Cohen 1988）。从语言认知的角度讲，词典查阅是一个复杂的心理行为过程，涉及发现问题、确定解决方法、选取词典、宏观检索、微观检索、微观信息识别、信息选取和应用等技能。这些技能的发挥最终取决于用户的一系列认知能力：感知能力、思维能力、想象能力。从词典使用的角度讲，感知指对相关语言文本的感知、词典类型的感知和词典宏观和微观结构的感知；思维指对问题的提出、检索、识别、领会的语言加工过程；想象指对相关知识信息的联想、推理和综合分析的语言加工过程。有关词典使用的研究较多（参见2.1.2），关于词典查阅技能方面的研究有：宏观层面技能（Hatherall 1984；Tono 1984，1989，1991；Atkins 1998；Scholfield 1982，1999）、微观层面技能（Hartmann 1987；Blachowicz *et al* 1990；Tono 1997）、词典知识技能（Tomaszczyk 1979；Herbst，Stein 1987）、查阅词典的认知过程（Tono 1988，1992；Winkler 2001；Nesi 2003）、用户技能与词典编纂（Tickoo 1989；Aust *et al* 1993；Lamb 1991）等。下面结合我们自己的调查研究对用户的词典技能加以概括说明。

3.2.1 阅读理解中的词典使用技能

词典查阅涉及两个大的阶段：一是宏观阶段，用来确定被查语词在宏观结构中的位置；二是微观阶段，用于确定所需信息项在微观结构中的位置。

关于用户宏观层面上的查阅技能的研究大多集中在二语学习者用户的解码活动上（Béjoint 1994）。这个层面的技能主要是找到目标词在词典中所处的位置。查阅成功的关键在于确定索引词和索引途径，特别是对于复合词、习语和一些固定搭配和表达方式，用户首先要确定选用哪一部分进行查阅。理解过程中的语义查询要经历复杂的认知过程。每一次查询都要经过对相关语词的辨识及其分布结构和语境的判断，需要背景知识和词典知识及查阅技巧的应用。一般来讲，用户查阅词典要经历以下的心理过程（Scholfield 1999）：

1）问题的提出：辨别或判断一个词汇单位（单词或短语、固定搭配或习语等多词单位）是你大脑心理词库中缺失的内容，影响你的阅读理解。

2）查阅词典的决定：运用学习策略（忽略、推测或请教他人）失败或没有把握，决定通过词典来解疑。

3）索引单位的确定：判断词汇单位的词类，推测屈折变化形式的原始单位（词位），选择多词单位中的索引词。

4）查阅技能和查阅策略的应用：用户应当了解词典的一般设计思想和体例，了解词典微观结构、宏观结构和中观结构体系，认识外索引和内索引的规则，并应用这些知识在宏观词表中寻找需要查阅的语词及其与其他词汇的相互关联。

5）词典信息的解读与选择：浏览微观结构中的信息项，根据阅读文本的语境选择词条所提供的相关信息，并把这些信息与所阅读的文章相匹配。

6）如果查询失败再尝试以下步骤（Scholfield 1982）：

a）判定所查阅单位是否非词，或是拼写错误，或是词典未收的词汇单位；

b）如果是短语或习语等多词单位，变换索引单位；

c）如果该词是复合词，查阅主要构词单位，通过构词单位的意义推测出词义；

d）如果该词有词缀（前缀或后缀），查阅其词干，通过词干和词缀的意义推测出其词义；

e）如果该词是不规则的屈折变化形式或是拼写变体，浏览一下附近的词条；

f）如果该词典附录中有补遗，需查一查补遗中的词条。

有证据表明，学习者对母语的认知要比对二语的认识深刻得多，因为母语词汇对学习者而言其意义联想更为丰富。然而，对个人查阅词典而言，并不需要如此深层的语言加工处理，因为在阅读过程中，词典所提供的信息是供学习者放在特定的上下文中来理解的。

3.2.2　语言生成中的词典使用技能

上一节对学习者在阅读理解过程中使用词典的步骤或技能做了简要的阐述,这些内容也大多适用于语言生成过程中的词典查阅。但由于语言生成过程的复杂性,词典查阅的技能也有其特殊的要求。

当学习者进行主动型语言学习(包括预习和复习)时,他们已有的知识与完成学习任务所需的知识之间往往会有一定的差距。如何填补这些差距呢?在语言的应用或用外语进行交际的过程中,学习者遇到问题首先会使用一些交际策略(communication strategy),而不是马上使用词典或语法指南等类似参考书。交际策略是指说话人在表达过程中遇到某种困难时所使用的系统性技巧(Corder 1983)。比较常用的有近似法、概括法、迂回表达法和直接回避等技巧。使用这些交际策略能够帮助学习者解决表达的临时问题,但同时也存在着负面影响,因为学习者没有扩大词汇量的需求,其学习新词的动力会下降。这样日复一日,他们的词汇量不但会逐渐减少,而且分辨词汇之间细微差别的能力也会慢慢丧失。最典型的结果是他们越来越多地倾向使用一些概括词和笼统的词,如用"thing, treatment, phenomenon, do, make, good, bad, big, happy, important"等来替代一些有个性特色的词,而不懂得词汇的多样性、生动性及文体适应性等。因此,查阅词典才是他们从根本上解决问题的最佳选择。在预习和复习的过程中,学生一般很少使用交际策略,大多会主动利用词典来查阅相关词汇的系统意义和用法规则。一般情况下,语言生成与阅读理解中词典查阅技能的差异体现在以下的认知过程中:

1)遇到词汇问题:在二语(L2)学习中,由于用户外语能力或语言运用能力的限制,表达一定命题概念所需的语词或短语在自己的目标语(L2)心理词库中暂告阙如,写作或表达进程受到阻碍。

2)确定查阅单位:即选定需查阅语言单位的词目词(词位)形式。如果该词在用户目标语(L2)心理词库中完全缺失,就要选择母语(L1)词汇单位作为查阅索引词;如果只是拼写模糊,可以直接用 L2 词汇单位作为查阅索引词。

3)选定查阅词典:在目标语完全缺失的情况下,要通过 L1—L2 词典查出目标语的词位形式;如果 L1—L2 词典的释义缺乏足够的信息,还需查阅 L2 词典。在拼写模糊的情况下,可以直接在 L2 词典或 L2—L1 词典中查找。

4)查阅技能和查阅策略的应用:由于宏观结构中的信息构造复杂,同一词形因词类不同或词义不同(同形异义词)会多次反复地出现在词表中;用户要经过一系列的认知思维过程和查阅策略的应用才能找到目标词的相关词目。

5)词典信息的解读与选择:语言生成过程所查得信息的选择要比阅读理解过程中的信息选择复杂得多,一般会涉及以下几个方面:

a)首先浏览相关词条的所有义项,根据写作的命题概念和命题意图用排除法排除同形异义词或/和多义词的其他义项,最后初步选定所需信息项。

b)通过句法结构、搭配结构、语用标签和例证,最终理解并确定能满足表达或写作意图的 L2 语词的确切意义、分布结构和用法规则,并应用到 L2 的相关话语中。

c)检查所查得词项在 L2 话语中是否表达了预设的命题概念和命题意图,语境是否切合,语义是否连贯。如果有问题,则需根据源语的语境进行查阅修正或重新查阅。修正的步骤如下:

ⅰ)认真阅读 L2 目的语词的相关释义或/和对等词,分析例证的句子结构和语境,查看同义辨析、语言提示、语法说明等信息项,找出更符合用户意图和语境的义项。

ⅱ)利用学习型词典中提供的同义词、联想词、比较词和参见词等弄清候选词或义项之间的关系,辨别它们之间的区别特征。

ⅲ)扩展浏览与 L2 相关的语词或/和义项,或相关词目词的派生和屈折变化形式,或查阅类义词典,找出理想的目标语词。

使用这些查阅策略对词典用户的语言能力和词典查阅技能的要求都比较高,但查阅过程本身也是一种语言学习和词典技能的训练过程。只要用户明确了查阅的方法和步骤,随着词典使用技能的熟练,其查阅速度和语言水平会同步得到显著提高。

3.3 用户查阅词典的技能缺陷

单语词典和双语词典对语言学习、阅读理解以及写作和翻译的帮助是不容置疑的,特别是二语学习者更是离不开词典。好的词典似良师益友,随时准备为我们不倦地解疑释惑,但我们必须要了解这个“老师”的性格特征,懂得如何与它打交道,从它那里获取自己所缺失的知识。这就是词典使用的技能。许多研究结果(罗思明等 2004;邓琳 2006;田志强,郑翠玲

2007;刘军 2007;黄广芳 2008;王文渊,徐福文 2008;张荷 2008;邓燕萍 2008)表明,我国的词典用户对词典的认知和使用还存在很多问题,词典使用技能还比较低下,导致词典的很多信息没有得到充分使用。

3.3.1　词典的认知和知识缺陷

由于语言词典,特别是学习型语言词典的结构和体例都比较复杂,微观结构中的信息项较多,有些常用词的释义多达好几页,因此一般都在前置页对词典微观结构中的义项划分与排列、释义方法、注释内容及信息功能区的格式安排等做了较为详细的介绍。然而,词典使用者并不是先学得一定的词典知识后再进行词典查阅的,而是受需求的直接驱动凭感觉在词典中盲目寻找自己所查信息。调查显示,词典用户普遍缺乏对词典的认识,缺乏查阅词典的基本知识,具体表现在以下几个方面:

1)不愿意阅读词典的凡例或用法说明,对词典的宏观和微观结构缺乏完整的认识,对词典语言,包括注释、标签和专栏的功能不太清楚。

2)对词典期待过高,认为词典应该包括使用者所需的一切信息,一旦词典不能满足某种需求,就对词典失去信心。

3)对词典提供的释义和用法规则等信息依赖性太强,认为词典信息是绝对真理,生搬硬套,不管使用的语境、语域和语词的分布结构。

4)对自己的外语能力缺乏信心,图方便省事,尽量使用双语和双解词典,不愿劳神使用外语单语学习词典,失去大量的研读外语和学习的机会。

5)对“外语—本族语”双语词典,过分相信母语对等词和注释;对双解词典则只看母语对应词,不愿再读外语的释义,对两种语言释义中可能存在的差别认识不够。

6)简单认为词典中多义词词条所提供的常用或“重要”义项都放在前面,在查检时倾向于选择第一个或列在词条前面的义项,缺乏根据语境来挑选词典中合适的意义和用法的意识。

7)许多学生对印刷版词典和掌上电子词典的功能和性质特征缺乏全面的认识,不能合理地、理性地使用词典。对电子词典过于偏爱,对其局限性认识不足。

8)过度地偏爱单一类型词典、对词典信息断章取义,这些不良习惯会造成用户对词汇知识的一知半解,限制其思路,产生负面影响。

如果对上述这些认识误区不解决,学生用户就不大可能关注词典的体例和结构特点,会误认为词典就是一个词对应一个解释。这样盲目地使用词典往往是事倍功半,直接影响词典的使用效果。查得率低最终会导致用户慢慢失去查阅词典的兴趣。

3.3.2 词典使用的技能缺陷

用户要想熟练地使用或查阅词典,一是要具备一定的词典知识,二是要有较好的查阅技能(参见 3.2)。但许多研究发现,词典用户的词典使用技能并不高。用户查阅技能问题主要表现在以下几个方面:

1)在确定具体检索词形方面缺乏准确性,对词汇屈折变化形式和多词单位的查询通常无从下手,找不到正确的查询单位。

2)在查阅词典的认知过程中缺乏必要的联想、推导和归纳能力,因此获取显性信息能力较强,而获取隐性信息的能力较弱。

3)单纯地查阅词义,不明白同一概念的词因其附加语义、分布结构、使用规则和语域的差异会造成使用错误;对词的拼写、用法、语境、语体、词源等信息不重视。

4)对词典中的词汇关系和语义关系结构不甚了解,不善于利用词典信息全面掌握语词的语言属性,在找到所需的部分信息后,就不愿再继续查找,从而导致信息残缺。

5)在查外汉双语或双解词典时只看母语解释,不管外语释义和注释;似乎为查而查,不善于把词典查阅行为变为词汇复习和巩固的过程,丧失了词典辅助学习的功能。

6)信息提取和应用过程中缺乏语言加工能力,存在概括过度或概括不全的问题,既不知道如何使抽象的释义或注释具体化、个性化,也不知如何从具体的例证语境中抽象出一个概括的意义。

上面列举的是外语学习者在词典使用中常见的一些技能缺陷。下面结合词典查阅的宏观和微观阶段,说明二语(L2)学习者在语言生成和理解活动中查阅词典存在的一些典型问题:

在宏观查阅阶段:a)缺乏外语语感,在用 L2 写作中用 L1 思维,需要先查阅 L1—L2 词典,再查 L2—L1 双语词典或 L2 单语词典;有时难以从 L1—L2 词典中找到理想的 L2 对等词;或用错误的 L2 对等词来查阅 L2—L1 双语词典或 L2 单语词典。b)在阅读理解中,不能很好地理解或不善于应用 L2 文本的文体和语境,难以准确地查阅和判定同形异义词;有时无法根据语词的屈折变化形式或变体推测其词位形式,从而无法找到应查的词条。

在微观阶段和应用阶段:a)在查阅词典时无法清楚辨识微观结构中各信息项的类别、用途和相互之间的关系,有时只阅读和/或选用第一义项。b)不善于应用 L2 文本的文体和语境,仅凭义项排列的先后次序在 L2—L1

双语词典或 L2 单语词典中找对等词或释义，难以符合源文本语境。c）不善于利用微观结构中义项的内索引标志，如引导词、提示语、标签等内容快速检索，而是以通读词条的办法来寻找所需信息。d）在提取和应用所查信息时难以确定语词的屈折变化形式（如果需要的话），往往把 L2 的原形用在需要有形式变化的语境中。

3.4　用户词典知识和查阅技能的培养

在众多的语言活动中，二语学习与词典的关系最为密切，因为学生在学习阶段遇到的大部分词汇理解和使用问题都可以在学习词典中找到答案。有鉴于此，一些外语教师甚至把词典的使用当作其外语教学的一部分，在课堂上利用学习词典辅助其二语教学。如果学生能够在课堂或课后充分利用学习词典学习外语，将会取得很好的效果。为此，教师有必要对学生进行词典知识和查阅技能的培养，正如 Thompson（1987）所说，如果我们希望词典能够得到有效使用，我们必须教授词典知识和使用技能。

1）教师要负责学生词典知识的启蒙教育。要发挥词典在二语教学中的作用，首先任课教师应该提高对词典辅助教学作用的认识，把词典的使用纳入到教学计划中来，结合教学实际讲解词典知识，逐步引导学生提高查阅词典的兴趣和技能。只有这样，才能取得应有的效果。正如 Béjoint（2001：168）所说，教授学生使用词典最有效的方法无疑就是把它作为日常教学计划的一部分，通过课堂教学来进行。

2）教师要负责培养学生使用词典的兴趣。词典中有各种“词典语言”，包括句法结构、语法注释、语用标签、义项划分、参见系统、信息项的分隔以及各种专栏所使用的编码、符号和术语，这些词典专用语言或符号往往会成为学生使用词典的障碍。教师要针对这些问题，以查阅示范、课后布置词典查阅作业、课堂学生互相检查查阅结果等方法引导学生消除词典语言的障碍，在实际查阅中理解和掌握词典的体例结构，并不断获得查阅成功的成就感，以此不断加强他们查阅词典的兴趣，在遇到困难时能主动地、自觉地去通过查阅词典来解决难题。

3）教师要注意学生词典查阅技能的培养。教师在课堂语言教学中要不失时机地教授学生运用词典对生词进行语义解释，对其变体或形态变化进行辨识，按词典提供的句型结构进行造句，根据例证和有关说明进行同义词辨析等练习；还可以经常在课堂或课后组织词典查阅竞赛，如借助词典限时阅读难度较大的短文,或给出一些语词借助词典进行造句或写作训练,或给出一组同义词借助词典进行语义辨析,等等。这样,在不断的训练或竞赛中逐渐加深对词典的理解,提高其词典查阅技能,同时也能有效地强化和规范学生的外语运用能力。

4)教师要引导学生养成经常使用词典的习惯。教师除在课堂上讲解词典知识外,还要引导或督促学生主动地通过凡例或词典用法说明等来认识词典的体例结构,不断进行自我查阅训练,在阅读练习中遇到不确定的词时,尽量不要用回避或猜词的策略,要用词典准确理解这些词的意义;在学习或预习中也要多用词典、善用词典,如让学生列出课文中的一些重要语词或词组,通过查阅词典了解其典型意思和用法,根据词典的例证和用法提示用这些词进行造句练习;也可以让学生自己设计语境,将课文中关键词的语法、语体、语用等方面的特征通过所造例句体现出来,培养自己运用外语进行交际的能力。

3.5 用户需求与词典使用之间的关系

学习词典对二语学习的辅助作用是不容置疑的,外语学习者几乎都离不开词典。一部好的学习词典能给外语学习者带来极大的方便,同时也会得到他们的信赖。但对词典的信赖必须要有科学的态度——信赖而不能过度依赖,更不能唯词典是从;不发挥人的主观认知和思维是学不好外语的。为此,我们必须了解词典信息的性质特点,认清用户需求与词典使用之间的关系。

1)词典释义反映的是语词超语境的抽象意义。这里的意义或义位只是一个语义潜势(meaning potential),即它来自被释义词众多的用法实例,又不直接指向任何语言实在(指称对象)。词典用户有自己的语言和文化背景,其心理词库存储着个人经验的知识世界和语言交际模式,当词典释义与用户先备知识在认知心理空间发生碰撞,触发并匹配成功相关交际模式时,语词的潜在意义才会得到实现。换句话说,语义潜势实现的前提是词典用户必须明白或解读词典中的提示(clue),从而根据这个提示进行联想,并有效调用自己心理词库中的先备知识,完成抽象意义转化为特定指称内容的语言认知过程。

2)语词具有多义性,汉语和英语中的大多数语词都不止一个意义。一个脱离语境的词既可以说是没有具体意义,也可以说有很多意义。在学习词典中有些语词的义项达到十几个，甚至几十个，足本词典中的义项就更多了，如Murray在《牛津英语大词典》中就给"take"一词区分了300多个不同的义项。这充分说明，词义在使用中随语境或使用意图的变化而灵活多变，词典用户对词典义项的判断和选择要依赖所阅读或使用的具体语境；否则，凭感觉选择义项就很容易发生理解错误和用词偏误。

3）词典释义具有抽象性和概括性，它描述的是语词一个特定的义位；而语词在特定语境中具有个性或独特性，它描述的是一个特定指称对象或指称功能。语词的使用语境是开放的，从理论上讲是无限多的；而词典的义项和释义是封闭的，在词条中呈现义项和释义信息都是十分有限的，也就是说，词典释义不可能把每一个词所有的语境义都概括进来。因此，经常会出现词典义与用户所查的意义无法准确匹配的现象。这时，用户应该根据所查语词的使用语境解构或延伸词典释义的义位，从而推测出一个适合的"新"意义来。

上述词典信息的特点说明：a）词典所提供的信息并不是万能的，它只是语言学习的一个重要参考项，词典参考功能的实现需要用户的参与；b）词典所提供的信息并没有指称针对性，用户必须根据语词的使用语境和使用意图来选择词典信息项；c）词典所提供的知识是有限的，二语学习不能完全依赖词典，用户要发挥自己认知的主观能动性，创造性地使用词典。

3.6　小结

在二语学习与教学中，无论是学生还是教师都离不开词典。特别是二语学习者，一方面他们有很多新的语言知识需要学习，另一方面又缺乏能支持他们学习这些语言知识的背景知识，这种矛盾的双重特征决定了他们是使用词典最活跃的一族。学习词典就是专门为语言学习者设计和编纂的，包含了用户所需要的各种语言知识，它像一个恪尽职守的良师，随时准备为学习者解惑释疑，帮助他们弥补语言学习中背景知识的缺失。

由于语言蕴涵着一个民族对世界万事万物的认知经验，蕴涵着丰富的地缘文化和生活习惯，它的属性特征和结构体系十分复杂。词典为了清楚、系统、全面地描述语言现实，采用了特有的体例结构和词典语言；这种结构和语言既用于描写语言，但又不同于自然语言，从而构成了特有的词典知识。然而，词典用户或是怕"麻烦"，或是出于"懒惰"，大多不愿主动地了解词典知识，很少有人去阅读词典正文前的用法说明，完全凭感觉去查阅词典。由于缺乏必要的词典知识和查阅技能，二语学习者在使用词典中存在很多问题，他们要么对词典希望太高，盲从、机械地接受词典所提供的信息，造成很多理解和使用错误；要么经常不知道如何查找所需信息，或查阅路径不对，经常查不到所需信息，慢慢对词典感到失望，失去使用词典的兴趣。正如 Hartmann（1987）所说，词典编纂的复杂性与词典用户技能低下之间存在较大差距，这一差距对词典信息的组织方式提出了挑战，我们既要增加词典各类信息项的凸显度，又要同时提高词典用户的使用技能。只有这样才能最大限度地发挥词典的使用效率，回报词典编者的艰辛劳动。

Hartmann 的上述观点说明，提高用户的查阅技能应该从两个方面入手：一是词典编者，二是词典使用者。词典编者应尽量顺应词典用户的自然查阅习惯，要用适当的方法在词典微观结构中划分各种信息功能区，对各种信息项进行较为明显的区隔，同时还应凸显一些主要或关键的语言属性，从直观上方便用户的查阅和信息识别。同时，词典用户也应该提高对词典的认识，自觉主动地去了解词典的体例结构和词典语言。在这方面，外语教师应该扮演重要的角色。他们应该把词典作为自己外语教学的辅助工具，有意识地讲授词典知识，并利用适当的方法引导学生多使用词典，让他们能用词典来还原语词在自然语言中的语言形象，用词典来感受语言环境、体味语言情感、理解语词所蕴涵的各种属性，以便他们能正确、得体地使用外语进行交际。

第四章　对外汉语词典的使用调查

国际汉语热带动了对外汉语教学的蓬勃发展，同时也对外向型汉语学习词典——对外汉语词典的研究和编纂提出了更高的要求。编纂适合各国留学生使用的对外汉语词典已经成为一个亟待解决的问题。为了使词典能更好满足用户的要求，辞书工作者必须了解用户，了解他们的学习状况、学习规律和学习策略的应用，最终了解他们对词典的查阅需求。为此，我们对暨南大学华文学院的对外汉语教师和来自世界各地的留学生进行了相关调查。之所以选择暨南大学，是因为该校被教育部确定为"国家对外汉语教学基地"、"支持周边国家汉语教学重点院校"，被国家汉办确定为"汉语作为外语教学能力证书"的考试点，并与教育部语言文字信息管理司共建"海外华语研究中心"等，其对外汉语教学在国内处于领先地位，具有一定的代表性。

4.1　教师视角的词典用户需求调查

教师在留学生的汉语学习中起着重要作用，他们对留学生学习情况和使用词典的情况都比较了解，熟悉学生对词典的认知和态度，我们可以通过他们从另一角度进行用户的需求调查。调查对象是暨南大学华文学院的对外汉语教师，调查的内容主要是留学生对外向型汉语学习词典的选择和需求情况，涉及《现代汉语学习词典》、《汉语 8000 词词典》、《HSK 汉语水平考试词典》和《现代汉语常用词用法词典》等。为了更加充分地了解留学生使用汉语词典的总体情况，我们还把两本有影响的内向型汉语词典——《现代汉语词典》和《新华词典》纳入调查范围之内。

4.1.1　调查对象的选择及其基本情况

针对汉语教师的特点，我们采用多种形式的调查方式，包括访谈、交流和问卷。对用户需求的分析和研究就是建立在这些调查数据和结果基础上的。调查中共发放问卷 30 份,回收 29 份,回收率达到 96.7%。其中,女教师 22 名,男教师 7 名;从学历上划分有博士 8 人,硕士 17 人,本科 3 人,其他 1 人。表 4—1 列出了他们的职称和从教时间等基本情况。

表 4—1 接受调查的对外汉语教师的基本情况

职称\年限	1—5	5—10	10—15	>15	总计	百分比
助教	3	3	0	0	6	20.70
讲师	7	3	4	3	17	58.62
副教授	0	0	3	2	5	17.24
教授	0	0	0	1	1	3.4

这些教师从事对外汉语教学的时间大多超过 5 年, 有 6 人已经超过 15 年。他们对各国留学生的母语文化特点,及其在学习中遇到的问题和可能采取的学习策略等都有比较清楚的了解,对学生使用词典的情况大多有过体验或专门的观察。更重要的是,他们有兴趣参加这次调查,对所提供的信息也比较慎重,调查数据可靠,具有参考价值。

4.1.2 留学生使用对外汉语词典的情况

在 29 位参与调查的教师中,79.31% 的人发现留学生使用的是他们从本国带来的汉外词典或外汉词典,且 82.75% 的教师注意到多数学生使用的是电子词典,而使用我国出版的汉语或对外汉语词典的学生较少(参见 4.2.4)。

近 20 多年来,我国对外汉语词典已经有了长足的发展,一些长期从事对外汉语教学的专家和词典学家都参与了对外汉语词典的编纂,面向外国留学生学习汉语用的各类词典有几十种之多,《现代汉语学习词典》《汉语 8000 词词典》和《HSK 汉语水平考试词典》等都很具有代表性,在对外汉语教学界影响较大。那么,这些词典在对外汉语教学中起了多大的帮助作用?它们是否经常出现在留学生的学习或教师的教学辅导中?我们就这些问题对教师做了调查。结果显示,65.51% 的教师在教学过程中不常用这些词典,甚至有些教师根本不知道这些词典的存在,只有少数教师发现有学生使用国内出版的对外汉语词典。与之形成对照的是,多数人对于 HSK 考试大纲都比较熟悉，但有48.27%的人认为现有的HSK考试大纲已经比较陈旧，存在很多的缺漏（如有些常用词考试大纲没有收录），不能很好地满足教学的需求，他们都要求编一本较好的对外汉语词典，收词量应该多于HSK考试大纲。

4.1.3　教师对学生词汇量的认识与词典使用的引导

尽管接受调查的教师从教年限相对都比较长，多数教师都教授过不同语言程度的留学生，但是对于“初、中、高三种等级的学生到底掌握了多大词汇量？”的问题，他们大多表示“不太清楚”。有17.24%的教师认为初级留学生的词汇量大概在500条以下，34.48%的人认为在1000—1500条左右，而有17.24%的人认为可能超过1500条以上。所以教师在给留学生推荐词典方面存在着认识上的差别。在回答“是否会向学生强调词典的使用？”时，只有3.4%的教师表示十分强调，37.93%的教师只是一般性地强调，34.48%的教师只是偶尔提出过使用词典的要求，但有20.68%的教师表示从未向学生提出过要多使用词典，所有的教师都没有向学生介绍过词典知识和使用技巧。由此可见，留学生在使用词典方面得到的引导相对有限，这在一定程度上影响了对外汉语词典的推广和发展。这也说明，教师对外向型汉语学习词典的认识有待提高，对其在教学中的推广意识有待加强。另外，教师们对于汉语词典在教学中的作用也反映不一。有55.17%的人认为汉语词典对其教学有一定帮助，13.79%的人认为词典对于他们的教学帮助很大，但有6.8%的人认为帮助较小，甚至还有6.8%的人认为根本没有什么帮助。总的说来，对外汉语词典对留学生的教学还是有所帮助的。至于为什么帮助不是想象的那么大，原因可能是多方面的，但词典本身的质量及其解决教学或学习问题的作用方面可能还存在一些待改进的地方。

调查表明，教师对汉语学习词典不太熟悉、不太了解以及较少引导学生使用词典，可能是目前国内对外汉语词典没有在留学生中得到广泛使用的重要原因之一。

4.1.4　教师向留学生推荐汉语词典的情况

在中国的外语类院校，教师们一般会建议学生利用词典来辅助其外语学习,有时会向他们推荐好用的词典。那么,对外汉语教师是否也向留学生推荐词典呢?我们针对此问题做了调查。对于“您会向不同汉语程度的留学生推荐什么样的词典?”的问题,许多教师在回答时对推荐使用的词典按其语言水平不同在类型上有所区别。具体情况如下:

表 4—2 教师为各等级留学生推荐词典的情况

初级学生			中高级学生		
推荐词典名称	人次	百分比	推荐词典名称	人次	百分比
双语电子词典	16	55.17	双语电子词典	5	17.24
汉语常用词用法词典	5	17.24	汉语常用词用法词典	7	20.70
现代汉语常用词用法词典	5	17.24	现代汉语常用词用法词典	8	27.59
现代汉语词典	4	13.79	现代汉语词典	8	27.59
HSK 汉语水平考试词典	2	6.8	HSK 汉语水平考试词典	6	20.70
现代汉语学习词典	1	3.4	-	-	-

表 4—2 显示,55.17% 的教师为初级程度的留学生推荐双语电子词典,因为他们认为初级学生缺乏词典知识,使用电子词典查检更方便。其中有 4 位教师推荐了两种以上的词典。但另一种情况值得注意,像《汉语 8000 词词典》这种专门为外国人、华侨、中国少数民族学生学习汉语和准备 HSK 考试用的词典没有人推荐,而为母语用户编写的《现代汉语词典》(下简称《现汉》)却出现在推荐表中,而初级程度的外国学生是难以有效使用《现汉》的。这在某种程度上说明教师们对这两类词典的性质特征还不太了解。

对于中高级程度的留学生,教师们推荐的词典呈多样化分布,其中有 5 位教师推荐了两种以上的词典,但推荐用法词典的较多,没有人推荐学习词典。这是因为他们认为,掌握了一定基础知识的留学生应通过词典等工具多了解汉语的用法,而这些词典的用法讲解详细,且释义通俗易懂,例句也十分丰富,便于学习汉语的用法知识。

调查还显示,51.72% 的教师认为应该针对留学生的汉语程度编纂不同的对外汉语词典,31.03% 的教师认为对外汉语词典应该大而全才能满足留学生学习的需要。对于“编纂什么类型的词典能更有助于留学生汉语水平的提高?”这个问题,79.31% 的教师认为外向型汉外或者外汉双语词典更加适合。

调查还发现,有些教师对于三个等级的留学生所推荐的词典都是一样的。通过访谈,我们了解到,老师们对这些词典的了解也比较少,所以只是选择了他们自己所知道的一两个选项。这在一定程度上也说明我国对外汉语词典的推介还有很大的改进空间。

4.1.5　留学生对词典多元信息的需求

传统的内向型汉语词典是为母语用户编纂的，其释义一般只关注语词的概念描述，而对语法、语用和附加语义信息则不会过问。而对外汉语词典是为没有或缺乏汉语语感的外国人编写的，因此它的一个重要特征就是要提供有关语词语言属性的多元信息，注重描写概念义以外的其他附加语义信息和语法、用法信息。为了证实这个观点，我们也针对这些内容进行了调查。首先，教师们在教学中发现留学生对汉字笔顺的把握存在较多的问题。那么，在对外汉语词典中到底应不应该提供汉字的笔顺呢？表4—3便是对外汉语教师的回答。

表4—3　教师对词典是否应提供汉语笔顺的意见

问题选项	选择人数	百分比
十分有必要	5	17.24
有一定必要	14	48.28
可有可无	1	3.4
没有必要	8	27.59

表4—3显示，教师们对是否应该在对外汉语词典中提供汉字笔顺的意见并不一致，有的教师对此项问题未做回答，但大多数还是认为有必要提供。值得注意的是，教授不同级别留学生的教师对这一问题的答案有显著差异，初级班的教师大多倾向于肯定的意见，如在5名认为“十分有必要”的教师中，有4人的教学对象是初级程度的留学生。这与留学生的实际需求是吻合的，初级汉语学习词典不妨考虑提供汉字的笔顺信息。

由于汉语语法结构与其他国家的语言有巨大的差异，因此外向型汉外学习词典应该提供丰富、实用的语法信息。那么，以什么方式提供这类信息才能有效帮助留学生的学习呢？陈楚祥（1997）在谈到积极型汉外词典时认为：“词典中提供语法知识的途径大致有：（1）标注词性（最基本的语法信息）；（2）根据语法因素立条（包括词素、前后缀、词头、词尾等）；（3）用括注（指出词的特殊用法）；（4）提示词的句法功能（如组合关系、句型等）；（5）附录（如常用名词、量词搭配表）。”调查发现，有72.41%的教师认为提供例证才是最好的方式，其次有34.48%的教师认为提供语词的常见语法结构形式或语词搭配结构也是比较有效的方式之一。对于一些关于用法、文化和语用等多元信息的问题，教师们也表达了他们的意见（见表4—4）。

表4—4　教师对词典应提供多元信息的意见（可多选）

调查问题选项	推荐人数	百分比
语用和文化信息	14	48.28
同义辨析	12	41.38
用法说明	19	65.52
语词惯用搭配	18	62.07
词源信息	4	13.79
语法提示	4	13.79

表4—4显示，教师们比较认可在词典中提供用法说明和惯用搭配，选择这两项人都超过了60%，对于语用文化信息和同义辨析也有近半的人认可。他们认为，这几项信息对留学生学习汉语非常重要，词典应该提供这些信息。值得注意的是，教师们对描写正确用法的语法提示信息关注度不高，这有些出乎意料。

4.1.6　留学生对词典释义方式的需求

对外汉语词典的释义方式对留学生学习汉语有着重要影响，因为它直接影响着用户对被释义词的认知。教师们认为，结合他们自身的教学经验，只提供汉语词目的英语对等词的方法是最不可取的。44.82%的教师认为最好的方式应该是“汉语释义＋汉语释义的英语译文”，有34.48%的教师选择了“汉语释义＋英语对等词”的方式。

另一方面，留学生在学习汉语的过程中常常会犯各式各样的错误，曾有不少学者就留学生比较容易出现的错误进行过详细的研究，程美珍的《汉语病句辨析九百例》（华语教学出版社1996）就是其中一例。这里，我们就词典释义是否应该涉及留学生在学习汉语中的常见错误的分析或提示进行了调查，25人回答了这一问题。结果如下：

表4—5　留学生对汉语常见错误分析的需求

调查问题	选择人数	百分比
十分必要	15	60.00
可有可无	5	20.00
没有必要	5	20.00

表4—5显示,大部分教师认为提供错误分析或提示是十分必要的,这与留学生的实际需求相吻合(参见4.4.1)。此外,还有不少教师认为,因为不同国家的留学生在学习汉语中常见的错误并不一样,所以释义的形式或方法也应该有国别针对性,应以不同国家目的用户的母语文化特点来进行错误分析或提示。因此,应该分别编纂不同的汉语—民族语词典,否则将无法在同一本词典中针对不同的国别特征进行释义。

4.1.7 文化信息的必要性及表述方法

文化是语言的基石,语言是文化的反映。作为文化载体的语言,具有丰富的文化内涵。一种特定的语言符号系统除了能反映世界各民族的共同文化之外,还突显了使用这种语言符号系统的民族特有文化;而不同民族的文化差异又直接反映在语言的形态构造和表达方式上。对外国人来讲,要学好汉语,就必须学好汉语所承载的文化。因此,对外汉语词典的收词和释义应注意文化特色义和文化象征义的呈现;一要特别注意收录汉语文化特色词和增设有文化信息的义项,二要尽量揭示语词所包含的文化信息,使用户在学习语言的同时学到丰富的中国特色文化知识。在对外汉语教学中,教师经常遇到文化特色词难教、学生难以掌握的问题。为了提高教学的效果,教师们根据其教学经验设计和使用了很多辅助方法,包括图解法(占44.82%)、故事梗概法(占37.93%)、注解法(占24.13%)和举例法(占13.79%)来解释文化负载词,这些方法对对外汉语教学中的文化阐释起到了很好的促进作用。对外汉语词典(包括汉英词典)可以从对外汉语教学中借鉴这些经验和做法,通过收词、释义、例证、插图、专栏注释和附录等方法表现文化信息,为留学生的汉语学习营造一个良好的文化氛围。

4.2 用户视角的对外汉语词典需求调查

在当代辞书界,词典的用户意识不断加强,用户视角的词典学研究和词典编纂越来越受到重视。用户意识是指词典学家在词典的设计和编纂中要以用户的需求为中心,树立为用户着想、为用户服务的思想。章宜华在《语义·认知·释义》(2009)一书中专辟一章论述了“词典释义与用户的接受视野”,从用户需求与释义互动关系的角度阐明了用户视角研究的重要性。

为了进一步了解对外汉语词典的用户需求,以及他们对词典知识的接受视野和期望视野,我们对留学生用户群进行了调查。

调查对象是暨南大学华文学院来自 22 个国家操 16 种母语的留学生。调查共发放问卷 200 份,回收 143 份,得到有效问卷共 128 份。需要说明的是,由于调查对象涉及初、中、高不同汉语等级或程度的学生,有些学生只是有选择地作答。为了提高调查的可靠性,我们以问卷题目为单位来统计每个题的回答人数和结果,以保证统计数据的相对完整性。通过对答案的分析,我们可以了解留学生对词典知识的掌握情况,以及其汉语的知识背景和知识结构。

4.2.1 调查对象的基本情况

接受调查者有学位留学生和非学位留学生,年龄分布较广——在 12—70 岁,其中 12—30 岁的占 90.63%,31—50 岁的占 7.03%,51—70 岁的占 2.34%。他们来自不同的国家,其文化和母语特征都有显著的差异。为了直观、清楚地描述学生的基本情况,我们以图表的形式加以概括。

表 4—6 调查对象的国别及其母语语种

国别	人数	母语	百分比	国别	人数	母语	百分比
印度尼西亚	50	印尼语	39.06	法国	2	法语	2.34
美国	6	英语	6.25	马达加斯加	1		
英国	1			土耳其	2	土耳其语	1.56
尼日利亚	1			俄罗斯	1	俄语	0.07
泰国	17	泰语	13.28	巴拿马	3	西班牙语	6.25
韩国	16	韩语	12.5	秘鲁	2		
日本	4	日语	3.13	厄瓜多尔	2		
缅甸	3	缅甸语	2.34	墨西哥	1		
马来西亚	1	马来语	0.07	瑞典	2	瑞典语	1.56
越南	3	越南语	2.34	以色列	1	希伯来语	0.07
菲律宾	1	菲律宾语	0.07	也门	1	阿拉伯语	0.07

表 4—6 共列出 121 名留学生,另还有 7 人由于没有填写国家与母语的种类未计入该表。总的来说,讲印尼语的学生占有较大份额,达到总人数的 39.06%,其次是泰语、韩语、英语、西班牙语,日语、法语、缅甸语和越南语也占有一定比例。这种母语分布基本反映了我国南方大学招收国外留学生的国别特点。

4.2.2　调查对象的汉语水平与词汇量

调查对象的汉语程度高低和词汇量大小与他们的汉语语感或语言交际能力成正比,而汉语语感的强弱又与其学习策略的应用密切相关,从而直接影响到他们对词典的需求。也就是说,不同等级的留学生对词典需求的内容和程度不尽相同。为了更加全面、准确地了解留学生使用词典的状况,我们按他们学习汉语的年限和掌握汉语的程度将他们分为初、中、高三个不同的等级,以便对相关数据进行分级分析和研究。

表4—7　调查对象的汉语水平的分布情况

汉语程度	人　数	百分比
初　　级	56	43.75
中　　级	54	42.19
高　　级	12	9.38
其　　他	6	4.69

从调查结果来看,尽管我们从形式上对他们分了等级,但有些学生对自己的汉语程度把握不准,不清楚自己应该属于哪个级别,我们把这部分学生归入"其他"来统计。在问及他们的词汇量时,128名学生中有93人没有作答。在给出答案的35名学生中,初、中、高三个级别中同一级学生给出的词汇量也有很大的差异。例如,初级程度学生的词汇量从50到3000不等,而在具备3000词汇量的学生中,有的认为自己还处于初级水平,有的认为是中级或高级水平。这在某种程度上说明,词汇量并不是决定留学生汉语交际能力的唯一因素,掌握了词的不同含义、不同用法、不同搭配结构和使用语境才能说真正懂得了该词的系统意义。

4.2.3　不同等级的学生拥有词典的情况

不同汉语程度的学生对词典的需求和选择是不一样的。初级学生从拼音开始学起,从笔画和偏旁部首开始认识汉字,他们的重点放在识字和写字上,对以解义为主的词典的需求并不是很强烈。学生沿学习汉字→生词→成语→习惯表达以及语词所蕴涵的文化信息这个轴线逐步提高其汉语水平,而随着汉语水平的提高,他们拥有词典的数量越来越多。为了证实这个观点,我们从学生拥有的全部词典与汉语词典的数量、比例,及其对汉语词典的熟悉程度等多个方面对初、中、高三个等级的留学生进行了调查,有123人回答了这个问题。

表 4—8 不同汉语等级的留学生拥有词典的情况

汉语等级＼拥有词典		0 本	1 本	2 本	3—5 本	未作答	其中汉语词典数量	所拥有的汉语词典类型
初级（57 人）	人数	11	32	12	2	0	2	新华字典、四角号码词典
	比率	19.29	56.14	21.05	3.51	0	3.51	
中级（54 人）	人数	0	18	13	11	12	10	现代汉语词典、新华词典、汉语成语词典
	比率	0	33.33	24.07	20.37	22.22	18.52	
高级（12 人）	人数	0	1	3	3	5	3	现代汉语词典、辞海
	比率	0	8.33	25	25	41.67	25	

尽管在初、中、高三个等级的留学生中对“你所拥有词典的数量和名称?”这个问题都有部分学生没做回答,但现有的数据也大致能反映学生拥有词典的基本状况。从表 4—8 可以看出,“学生拥有词典的数量会随其汉语水平的提高而增加”的观点是正确的,特别是国内出版的汉语词典的拥有量增加明显,中高级的学生甚至用到了内向型的《现汉》和《辞海》。但值得注意的是,在所有接受调查者中无一人拥有我国近几年出版的各类对外汉语学习词典,这无论是对于对外汉语教学还是对于对外汉语词典的发展都是一件遗憾的事情。

调查还显示,留学生对待词典的态度也随着其汉语水平的提高而不断变化。几乎 100% 的初级学生都认为他们目前所使用的词典能满足他们学习的需要,而在 66 名中高级程度的留学生中,有 23 人(34.85%)认为他们目前所使用的词典不能满足其学习需要,其中 14 人(21.21%)想得到更好的词典,但却不能如愿。实际上,国内学者已经编出了不少对外汉语词典,只是留学生对这些词典知之甚少。这一方面说明我们在词典推广方面做得不够,另一方面也说明教师需要加强对留学生选择和使用词典的引导。

4.2.4 留学生的学习动机与词典的选择

一般认为,学生的学习动机会对他们选择和拥有词典有较大的影响。为了检验这个假设,我们就这个问题进行了调查,对他们的学习动机与其拥有词典的类别进行了对比分析。这项调查是多重选择,即一个学生在回答问题时可以根据自己的实际情况选择一个以上的答案。另外,有部分留学生来自在华工作人员或是在各自国家从事与汉语有关的工作,更多的则是专门来华学习汉语的,以便将来在各行各业中获得优势,因此他们学习汉语的动机呈多样性。我们针对这种多样性设计4个选项(见表4—9)。

表4—9 留学生学习汉语的动机与拥有词典情况

学习动机	人数	百分比	拥有词典名称
喜欢汉语	41	32.03	精选英汉汉英词典、电子词典、汉泰词典、新华词典、印汉汉印词典等
工作需要	36	28.13	精选英汉汉英词典、电子词典、汉泰词典、现代汉语词典、现代西汉汉西词典等
学习需要	28	21.87	精选印汉汉印词典、现代西汉汉西词典、电子词典等
方便交流	53	41.41	精选印汉汉印词典、精选英汉汉英词典、汉韩韩汉词典、电子词典等

通过对比分析发现,留学生的学习动机对他们选择词典并没有太大影响。需要指明的是,“拥有词典名称”一栏所列出的词典包括了具有这一动机的人员所有词典的种类,并非是每一个人都拥全部这些词典,如在具有“喜欢汉语”这一动机的学生中,有的学生拥有《汉泰词典》,有的则拥有《精选英汉汉英词典》等,当然也不乏拥有多部词典的学生。值得注意的是,在103人的答案中选择国内出版的对外汉语词典的人并没有想象的多,许多人拥有从其本国带来的汉语—本族语词典或者本族语—汉语词典,具体情况如表4—10所示。

表4—10 留学生拥有词典的种类调查①

词典数	人数	百分比	拥有词典的名称	数量	百分比
1	53	51.46	电子词典	26	49.06
			精选英汉汉英词典	16	30.19
			汉语—本族语词典	10	18.87
			汉语词典	1	1.89
2	27	26.21	汉英英汉词典、汉语词典	3	11.11
			汉语—本族语词典、电子词典、英汉汉英词典	24	88.89
3—6	14	13.60	其中4人有汉语词典,占28.57%。14人全部拥有电子词典		
0	9	8.74	8.74%的人没有任何词典		

① 说明:拥有两部词典的学生分两种情况,一部分人拥有汉英英汉词典和汉语词典两部;而另一部分人则拥有汉语—本族语词典、电子词典和英汉汉英词典的其中两部。为了列表方便,没有细分。

表4—10显示，国内出版的汉语词典在留学生中的拥有量非常少，只占6.8%，而拥有国内外出版的双语词典（包括学习者母语的双语词典）和电子词典的人较多，分别有61.17%和62.14%。这些数据再次验证了4.1节所述的教师的观点。

为了进一步弄清留学生实际学习中使用电子词典与印刷版词典的相对比例，我们又就这个问题进行了专项调查，有104人做出了回答。调查发现，64.43%的学生都有电子词典，这与表4—10所示电子词典占有率的数据（62.14%）基本吻合。在没有电子词典的留学生中，有12.5%的人想或将要买电子词典。可见，电子词典目前在留学生中的使用越来越广。

表4—11 使用电子词典与印刷版词典情况对比

使用词典种类	数目	百分比
电子词典	43	41.35
纸质词典	37	35.58
两者都用	24	23.08

留学生之所以喜欢使用电子词典，是因为它具有体积小且功能多样、收词多且检索方便的特点。此外，它还具备词汇发音、句子翻译以及各种练习和测验等多种人机互动的功能。然而，这些电子词典在内容上并不太适合留学生语言学习的需要，是它们的"方便性"和"友好性"使学生用户忽视了词典的知识性和适用性。此外，电子词典的收词并不是越多越好，功能也不是越强大越好，而应该根据不同的用户需求有所侧重。目前，我国在计算词典学方面的系统研究和词典语料库、数据库的建设方面仍处于初级阶段，我们的词典编纂方法还未完全走出传统的操作模式，辞书出版社很少介入电子词典的开发。而要编纂真正适合目前留学生使用的对外汉语电子词典，必须从用户的视角出发，真正了解留学生学习汉语的需要，特别是要了解不同汉语程度留学生学习汉语的需要。

4.2.5 留学生对国内汉语词典的了解

来自世界各地的留学生到中国来学习汉语，他们许多都从自己的国家带来我们认为并不太好的汉语—本族语词典（参见表4—10），而国内许多对外汉语教学专家精心为他们打造的学习词典却不为他们所认识和接受。这种情况值得对外汉语教育界、辞书界和出版界的思考。为了弄清留学生对国内汉语词典的了解情况和对待汉语词典的态度，我们以《现代汉语学习词典》《汉语常用词用法词典》《汉语8000词词典》《HSK水平考试词典》

《现代汉语词典》和《新华词典》为例，就留学生是否了解这些词典的问题做了调查，有112人对这个问题做了回答。

表4—12　留学生对汉语词典的了解情况(可多选)

调查问题选项	人数	百分比
现代汉语学习词典	28	25
汉语常用词用法词典	8	7.14
汉语8000词词典	3	2.68
HSK水平考试词典	6	5.36
现代汉语词典	39	34.82
新华词典	14	12.5
没听说过上述词典	45	40.18

调查显示，40.18%的留学生不知道这些词典的存在，只有部分中高级的留学生对其中的部分词典有所耳闻，只有很少的人选择和使用其中的某些词典。从对教师的访谈也证实，留学生对于这些词典的内容知之甚少，有些学生的了解只限于知道其中一些词典的名称——可能是曾经听老师或同学说过而已，并非自己购买或使用过。相比较而言，有34.82%的人知道为本族语用户编写的(内向型)《现代汉语词典》，而较少人知道那些专门为非本族语学习汉语编写的(外向型)学习词典。这是什么原因呢？这需要从用户需求角度来审视，正如Barnhart(1967)所说，一部真正受欢迎的词典应当满足用户的要求，而一部词典在市场上是否会畅销则取决于它能在多大程度上满足用户的需求。我们目前为留学生编纂的词典能在多大程度上满足留学生的需要呢？从调查结果来看，满足的程度还不是很高。这其中的原因是复杂的，除有些词典的编纂没有考虑用户的接受视野和期望视野、词典本身存在一些不实用的问题外，还有词典的市场宣传和推广的问题。譬如，出版社没有设法让教师了解这些词典，这在很大程度上影响了留学生对汉语词典的了解及选择；因为留学生在汉语学习中多少有依赖教师的心理，教师的话在他们的心目中具有一定的引导性和权威性。调查显示，有33.63%的学生会根据教师的推荐来购买词典。看看我们周围学习英语的中国学生，他们大多使用英国版的英语词典，如《牛津高阶英汉双解词典》《朗文当代高级英语词典》和《麦克米伦高阶英语词典》等，教师的推介对他们购买这类词典起了重要作用(参见4.2.7)。据调查，这些词典的出版社都会为自己的辞书产品进行主动宣传，如在高校或有关学术会议上举行推介活动，在书店或词典内部附有宣传资料，或在特定的日子进行优惠促销活动等，这些对学生都有很大的吸引力。此外，还有7.08%的留学生在购买

词典时会以广告宣传为依据,而目前我国的对外汉语词典在教师推介和广告宣传这两个方面做得都不是很好。这在一定程度上影响了对外汉语词典的普及和发展。

4.2.6 留学生使用词典的偏好及原因

不同的人群对选择和使用词典都有一定的偏好,如学英语的人大多选择“牛津”和“朗文”系列的学习词典。那么,外国留学生使用词典有没有偏好,他们一般会选择什么样的词典使用呢?影响他们使用偏好的原因是什么呢?我们对此做了调查,只有25人回答了这个问题。

表4—13 留学生使用词典的偏爱及其原因

喜爱的词典	人数	百分比	原　因	人数
汉—汉词典	8	32	汉—本族语词典释义不全面	1
			汉—汉词典解释更全面	2
			汉—汉词典有助于学习新词	3
			汉—汉词典有助于培养语感	3
汉—本族语词典	13	52	汉—汉词典难查难懂	7
			汉—本族语词典有丰富的对等词	4
			汉—本族语词典解释更全面	2
未表态	4	16		

许多人对这一问题没有回答。经过交谈发现,多数留学生对词典的好坏认识模糊,没有明确的统一标准,他们没办法给出明确的答案。有的学生在答题时特别指出,找不到合适的词典是他没有使用汉语词典的主要原因,如初级阶段的学生对拼音的要求特别高,所以他们就希望词典能体现汉语拼音的一些规律及变调的规则等。总的说来,使用汉语—本族语词典的留学生比使用汉—汉词典的要多得多。

为了进一步了解留学生使用汉语词典的情况,我们又就这一问题对121名学生做了问卷调查。结果显示,从来不用汉语词典而只用自己从其国内带来的汉外双语词典的留学生多达48.76%,偶尔使用汉语词典者占30.58%,常用中国国内出版的汉语词典者只有20.66%(25人)。其中,使用《现汉》的有8人,使用《现代汉语学习词典》的7人,使用《新华词典》的5人,使用其他汉语词典的5人①。但即便是这些经常使用汉语词典的留学

① 这里,学生使用词典的情况与表4—10拥有词典的情况有较大的差异:学生拥有汉语词典的很少,但使用词典的数字要高于拥有词典者,因为学生在图书馆阅览时可以较容易获得汉语词典。

生，多数人还同时使用自己从国内带来的汉语—本族语词典，只有在这些词典不能满足其查阅需要时才会使用汉—汉词典。

4.2.7　留学生选择和购买词典的参考因素

汉语词典在留学生中的使用率不太高，除了辞书的编纂质量（微观和宏观信息）和宣传、推介的原因之外，词典的总体特点、开本、价格、品牌影响和外在形式等也会对留学生选购词典产生较大的影响。为了证实这个假设，我们就影响留学生购买对外汉语词典的内在和外在因素做了专项调查。首先我们调查了词典的收词、释义和价格等问题，这个问题比较直观，有109 人提供了答案（见表 4—14 左 1 栏）。

表中的相关数据表明，留学生选购词典所考虑的重点是词典收词量是否适中，释义是否详细，例句是否丰富，有 61.74% 的学生认可这一点。当然，受调查者的选择会随其汉语水平的提高而有所变化，在初级程度的留学生中，有 78.57% 的学生选择“收词适中”，7.14% 的人选择“收词量大”；在中级程度的学生中，有 62.16% 的学生选择“收词适中”，24.32% 的选择“收词量大”；而在高级程度的学生中，选择“收词量大”的人要多于选择“收词适中”的。这表明，学生对收词量的要求会随着汉语程度的提高而增强。高级汉语程度的学生既要求词典收词量大，也要求词典释义详细、例句丰富。这一结果符合二语学习的规律和实际情况。对价格和方便携带两个因素，学生们似乎考虑得不多，各个层级的学生选择都不多，在 4%—8%。那么，词典的外形对留学生有什么影响呢？对这一问题有 104 人做了回答（见表 4—14 左 2 栏）。

尽管“携带方便”的选项结果与“收词、释义和例证”比较起来微不足道，但仅从外部形式来考虑，这一因素还是对用户选购词典的决策有较大的影响，因为表 4—14 的另一栏显示大开本的词典因携带不便少有人选择。留学生普遍认为，大型词典虽然信息量相对全面一些，但是这些多出来的信息使用频率较低，并且还可以通过其他途径获得，不一定都要收入词典。因此，如果词典的信息量差别不大的话，携带方便就是他们考虑的重要因素。目前的中高级对外汉语词典的开本都较大，大多采用大 32 开，携带稍显不便，而电子词典不仅信息量大，携带起来也非常方便，所以电子词典已成为留学生们的主要选择对象（参见 4.2.4）。关于词典价位的问题，有 102 人提供了答案（见表 4—14 右 2 栏）。

用户选购词典的理想价位是 50—100 元，能接受这个价位的占 46.08%；对于低于 50 元的词典，许多用户会觉得其内容或质量不能满足他们的需要，因此持谨慎态度；而100元似乎是一个心理底线，超过这价位，绝大多数用户会选择放弃，能接受这个价位的只有23.53%。总的来说，选择词典的价位与留学生的国别和语言层次的关系不大，他们所选答案并没有显著差异。最后，对于词典品牌影响这一问题，有113人提供了答案（见表4—14右1栏）。

表4—14 影响留学生选购词典的各种因素

词典总体特征			词典规模或开本			词典价位（单位：元）			词典评价因素		
说明	人数	百分比	说明	人数	百分比	说明	人数	百分比	说明	人数	百分比
收词量大	30	27.52	袖珍型	34	32.69	20－50	31	30.39	广告宣传	8	7.08
收词适中	67	61.47	长条型	37	35.58	50－100	47	46.08	教师推荐	38	33.63
价格便宜	10	9.17	32开的	31	29.81	>100	24	23.53	自己判断	51	45.13
携带方便	2	1.83	16开的	2	1.92	–	–	–	机构声誉	16	14.16
总数	109	100	总数	104	100	总数	102	100	总数	113	100

说明："收词适中"一栏的附加条件是"释义详尽，例句丰富"；"机构声誉"指辞书出版社的名声。

一般来讲，教师在留学生的学习中起着举足轻重的作用，学生在选购词典时受其意见的影响较大。这次调查显示，对外汉语教师不太重视对留学生使用词典的指导。从对教师的调查也可以看出，他们在教学中基本上不谈词典对汉语学习的重要作用，对学生购买词典进行指导的情况就更少之又少。如前文对教师的调查结果（参见4.1.3）所示，在问及各位教师是否就使用词典给予学生必要指导的时候，29位参加调查的教师中只有1位（3.4%）会在教学中向学生强调词典的使用，而有6位（20.68%）表示从来没向学生提出过多使用词典，其他人则是偶尔提及。这在很大程度上削弱了教师意见对学生选择词典的影响力。如果教师能加强这方面的工作，其推荐意见对留学生购买词典的影响力会大幅提高。另一项涉及全国多个省市近20所高校，针对我国学英语的学生词典使用情况的调查显示，按教师推荐意见购买词典的学生高达44.1%①。由此可见，提高教师对词典的认

① 笔者于2007年9—12月就20多项有关英语学习词典的问题，在国内10多个省市，20多所高校进行了词典用户的需求调查。

识，加强教师对留学生在词典使用方面的指导，对汉语学习词典的推广和使用具有重要的意义。

4.3　对外汉语词典具体使用情况的调查

词典编纂要考虑词典用户的需求和接受视野，接受视野反映为一个人现有的语言能力和理解新事物的潜能。在词典学中，接受视野指用户查阅词典所具备的背景知识、语言经验和对词典信息的理解能力。前者是用户的已知信息，后者是接受新知识的潜能；前者是后者的决定因素。因此，要编纂出真正适合用户需求的对外汉语词典，首先要了解外国用户的语言背景知识及其母语文化与汉语学习之间的关系。这不但需要了解用户大脑双语心理词库的知识内容，而且还需要知道这些知识的组织结构和功能特征。为此，一要研究词典潜在用户的母语语言文化特色，二要从不同的方面调查这些用户目前学习汉语语言的认知机制和查阅词典的心理过程，从其学习汉语和使用词典的情况入手来了解他们的接受视野及其对汉语词典的需求。

4.3.1　留学生词典查阅技能的自我训练

词典编纂重视用户需求，实际上是因为词典的编纂和查阅也是一种交际活动——是编纂者与使用者之间的一种信息交际，而释义是双方进行交流的媒介。词典编者必须首先研究词的实际使用状况，根据各种各样的实际用例，经过梳理、归纳、抽象、概括等信息加工过程来揭示语词的每个义项的认知语义结构。这种交际活动是否成功，两个方面的因素都会有影响作用，即理论和实用。理论是指词典信息的组织是否符合人的语言认知规律，实用则是指词典能否让用户高效、快捷地查询到所需词条和相关词汇信息，而且还能轻松地理解。除了词典本身的因素之外，词典交际活动是否能够实现还取决于用户对词典信息感兴趣的程度或需求的程度。留学生在学习汉语的过程中，对于词典的需求应该是毋庸置疑的，而如何引导他们对汉语词典感兴趣则是编者应该十分注意的问题。就词典而言，一方面要提供通俗易懂且全面的“使用说明”或“导言”，另一方面所提供的信息应该简洁实用、层次分明、知识系统、易查易解。这些都关系着词典交际能否顺畅地进行。对于使用者来说，是否愿意阅览“导言”和相关说明则关系着用户是否愿意主动地了解词典知识、进行词典查阅技能的自我训练，关系到词典交际能否有效地进行。为了弄清词典用户对词典查阅技能的自我训练情况，我们对留学生在使用词典前对"导言"和相关信息（如标签）关注的情况进行了调查，共有105人提供了答案。接着，我们又对答案中阅读过词典导言的59位留学生就词典标签问题做了进一步调查，以了解们对标签（如〈口〉〈方〉〈书〉〈褒〉〈贬〉等）的关注和识解程度。具体情况如下表所示。

表4—15　留学生对词典导言和标签的关注情况

对导言的关注			对标签的关注		
调查选项	人数	百分比	调查选项	人数	百分比
认真通读	19	18.09	很清楚	3	4.8
一般浏览	24	22.86	了解一大部分	22	34.92
按需要选择阅读	16	15.24	了解一小部分	22	34.92
从不阅读	46	43.81	全部不了解	12	19.05

从表4—15可以看出，词典使用者并不太重视查阅技能的自我训练，有近一半人不关注词典的"导言"，而关注词典语用标签等一些查阅词典必备知识的人就更少了。调查还发现，经常使用汉语词典的学生比不常用的学生对这些标签的熟悉程度高一些。但总体来说，留学生的词典知识和词典使用技能都还有待提高。这在一定程度上也印证了前面的调查结果，即留学生对汉语词典的熟悉程度及使用率都不是很高。因此，为了扩大汉语词典的使用率，加强对留学生汉语词典使用的指导是非常必要的。大量证据表明，看似简单的"词典查阅"过程隐藏着许多技巧。我们的调查也印证了Li Lan（1997）的调查结论，即用户对词典的认识越多，对词典使用所持的态度就越积极。

4.3.2　留学生的二语学习与词典的使用

外国人学习汉语，像所有其他二语学习者一样，必然会应用各种各样的学习策略。学习策略表现为学习者有效处理影响学习的各种可控因素以及建构认知结构的方法或技巧，而查阅词典则是外语学习的重要策略之一。在听、说、读、写、译，以及预习和复习等几项二语学习的基本活动中，"听"和"读"属接受性活动，"说"和"写"属活用性活动，"译"则是接受和活用两者的结合。接受和活用分别属于解码和编码活动，而预习和复习则是系统的理解和记忆活动，涉及解码和编码的复合认知过程，各自需要不同类型的知识技巧或学习策略，或多或少都离不开词典的使用。为了弄清学生的语言学习与词典使用的关系，以及他们在这些语言活动中使用词典的情况，我们对这个问题做了调查，122 名学习者回答了这个问题（见表 4—16）。

这项调查数据反映了对外汉语教学或学习过程中学生使用词典的状况，与 Tomaszczyk（1979）和 Béjoint（1981）所做的词典使用调查的数据基本吻合。一般来说，阅读和翻译是使用词典最频繁的语言活动，其次是写作，而借助词典进行听说训练和有目的的系统学习或扩展词汇（含预习和复习）是持续使用词典时间最长或最平凡的活动，但使用这种学习策略的人相对较少。至于写作过程中使用词典的频率少于翻译和阅读，是因为写作可以使用更多的学习策略，甚至可以回避疑难问题、迂回表达，而阅读和翻译无法使用这样的策略。无论是“接受性”还是“活用性”的学习活动，词典的使用大多集中在书面语的活动上。因此，编纂词典时应该多从书面语言活动的特点来考虑方能更切合留学生学习的需要。口语词典则是普通学习词典的延伸和辅助，是留学生训练汉语口语交际能力的工具。

除了上述学习活动外，学生还可以利用词典系统地学习新词。这种学习活动与预习和复习一样，使用词典的特点与阅读、写作或翻译活动有较大的差异，后者是遇到生词才去查阅词典，前者则是完全借助词典有目的、有计划地学习新语词或新的表达方式、新的用法，也是一种积极的、系统的词典使用过程，查阅词典的目的是要把词典知识的输入系统地转化为摄入（intake）存储在大脑的长期记忆中。这与在阅读等活动中单纯为识别词义或满足临时需要（临时识解、临时记忆词典知识）的即兴查阅有根本的不同。从经验角度来讲，有一部分学生会通过词典进行新词的学习或词汇扩展。对他们来说，使用词典就变成习得词汇的一种重要手段。为了验证这一经验性假设，我们对留学生学习新词的方式进行了调查，有 92 人回答了这一问题（见表 4—16）。

表 4—16　留学生的二语学习与词典使用情况（多选）

学习活动与词典使用			新词学习与词典使用		
调查选项	人数	百分比	调查选项	人数	百分比
阅读练习	55	46.61	教师讲解	59	64.13
翻译练习	56	47.46	大量阅读	47	51.09
写作练习	38	32.20	系统查阅词典	23	25
听说练习	18	15.25	借助网络	11	11.96
系统学习/扩展词汇	19	16.10	-	-	-

调查结果显示，确实有一部分学生用系统查阅词典的方法来习得词汇。这种系统性的词典查阅不是单向的心理活动——单向的接受或产出，而是

心理和行为双向作用的认知活动，涉及语言认知的全过程。因此，从认知角度研究词典使用和用户的认知心理活动将为词典学领域开辟新的研究视角。

4.3.3 留学生对汉语词典各种检字法的要求

在现代词典中，音序检索法是十分流行的查检方式，但在不认识或不知道语词读音的情况下，部首和笔画检字法就成了查阅汉语词典的重要途径，是实现词典交际活动的关键所在；而义序检索则是根据词头的语义属性按主题编排的查检方法，适合于按义场和概念范畴查检的词典。那么，不同汉语程度的用户对检字法的要求是否一样呢？弄清这个问题可以对不同词典有针对性地使用不同的检字法提供参考，进而提高词典的使用效率。有122人回答了这个问题，其中初级学生56人，中级54人，高级12人。

表4—17 留学生对汉语词典各种检字法的要求

程度＼选项		部首法	音序法	笔画法	义序法	未作答
初级	数目	11	8	6	4	27
	百分比	19.64	14.28	10.71	7.1	48.21
中级	数目	20	12	9	1	12
	百分比	37.04	22.22	16.67	1.85	22.22
高级	数目	3	5	2	1	1
	百分比	25	41.66	16.66	8.3	8.3

表4—17显示，回答问题人数的比例随着汉语程度的提高而提高，这是因为汉语程度低的学生对于几种不同的检字法并不清楚，导致许多人无从选择。从选择的过程来看，初级学生对检字法的理性认识不足，主观选择的程度相对较高；而汉语知识水平较高的学生对各种检字法有了比较清晰的认识，理性选择的程度较高。从调查结果来看，部首检字法、音序检字法和笔画检字法已经被留学生普遍接受，可义序或主题检字法则较少被选择，甚至还有不少学生不了解这种检字法。进一步分析发现，初、中级学生偏爱部首法，因为他们最先接触和最熟悉的就是汉字的结构和偏旁部首。而对于汉语的音系，特别是四声和变音则需要相当长的时间才能掌握。高级学生对汉语的音系知识掌握已经比较熟练，加之音系检索比较快捷，因此他们大多选择了音序检字法；但在不知道发音时他们只能借助部首法查阅，因此也有较多的人选择了部首法。笔画法需要记住汉字的笔顺和笔画数，这对外

国人来说比较难,故选择的人较少。

至于义序法,尽管由于认识不足而选择的不多,但从用户语言认知的角度讲,它更有利于学生系统学习和写作查考。因为它是按词汇的概念范畴和语义场来组织和排列词目的,便于他们联想记忆、扩展词汇或选择适当的用词。

4.3.4　留学生对词典提供汉字笔顺的态度

汉字是音形义一体的文字,以形最为复杂。它笔画多、笔顺难以掌握,正确书写是外国学生学习汉字的难点。留学生(尤其是初级汉语程度的学生)常常将汉字视为随意书写的图形,因此他们不按照笔顺书写,常常是随心所欲,左右开弓,还会对汉字进行主观性的“美化”改造。有些人还会受其拼写文字的母语影响,发生笔画粘连的错误。除此之外,汉字结构的复杂性常常会让留学生摸不着头脑,他们有时会对汉字部件不规则地或错误地解构,如改动、丢失、增添笔画或者自行造字等。因此,在词典中提供汉字的笔顺有一定的必要性,对外汉语教师,特别是教授初级汉语的教师对这一点也持肯定态度(参见4.1.5)。那么,留学生对这一问题持什么样的态度呢?有107人对这一问题做出了回答。

表4—18　留学生对词典提供汉字笔顺的态度

<table>
<tr><th>调查选项</th><th>总人数</th><th>程度</th><th>选择人数</th><th>百分比</th></tr>
<tr><td rowspan="3">非常希望</td><td rowspan="3">52</td><td>初级</td><td>32</td><td rowspan="3">49</td></tr>
<tr><td>中级</td><td>16</td></tr>
<tr><td>高级</td><td>4</td></tr>
<tr><td rowspan="3">可有可无</td><td rowspan="3">33</td><td>初级</td><td>10</td><td rowspan="3">30.80</td></tr>
<tr><td>中级</td><td>19</td></tr>
<tr><td>高级</td><td>4</td></tr>
<tr><td rowspan="3">没有必要</td><td rowspan="3">22</td><td>初级</td><td>4</td><td rowspan="3">20.56</td></tr>
<tr><td>中级</td><td>14</td></tr>
<tr><td>高级</td><td>4</td></tr>
</table>

从统计的数据可以看出,对在词典中提供汉字笔顺的需求会随着留学生汉语水平的提高而减弱。初级学生对了解汉字笔顺的要求比较强烈,在46名回答此问题的学生中有32名初级学生表示非常希望词典提供汉字笔顺,达70%之多。这同时也验证了我们在教师中所做的调查结果,即教授初级汉语的教师认为十分有必要在词典中提供汉字的笔顺。

4.4 留学生对词典释义方法和表述形式的要求

词典释义是对语言意义属性的综合描写。根据基于认知语言学的多维释义理论(章宜华 2006,2008,2009:233—271),语义是个复杂的认知知识体系,意义表征是语言认知的各种形象化图式的集合,语法形式各表征层面的图式,包括语音、形态和句法等都是意义的表征手段,语用规则和各种选择限制规则是概念化过程中语义投射为正确句法结构和句法功能的保证条件。因此,词典多维释义涉及对语词形态、语法、概念结构、句法结构和语用规则的综合描写。

对外汉语词典的释义是为非本族语用户学习汉语服务的,而二语学习属于积极性语言活动,涉及语言认知、词汇习得和学习策略的应用等问题。词典要想对二语学习提供有效的帮助,就要从词典用户二语习得的视角来考虑词典的释义问题,调查用户对释义的各种需求以及用户期待的释义内容和形式。

4.4.1 留学生对词典基本注释和错误提示的态度

对外汉语词典的基本注释包括词类注释和语法注释。词类问题一直是汉语语法学界的老大难问题(见陆俭明 2005:1.1),《现代汉语词典》虽修订过多次,直到 2005 版才开始标注词类,可见词类标注的难度。尽管如此,汉语词类一直是语法学界和辞书学界研究的热点问题,特别是面向二语学习的汉语词典和外向型汉外词典对汉语词类的关注尤为突出,因为准确的词类标注是外国人认识汉语、确定汉语句法功能和语义特征的前提条件,不标注词类会使语词的功能特征和语义特征变得模糊,不利于学习者语言信息的有效输入。那么,留学生对于在词典中提供词类信息持什么态度呢?表 4—19 左栏便是 107 位受试者提供的答案。

表 4—19 留学生对词典基本注释和错误提示的态度

对词类信息的态度			对语法和搭配信息的态度			对错误提示信息的态度		
调查选项	人数	百分比	调查选项	人数	百分比	调查选项	人数	百分比
有必要	81	75.70	有必要	81	72.97	应该提供	56	50.91
可有可无	25	23.36	可有可无	24	21.62	可有可无	46	41.82
没有必要	1	0.93	没有必要	6	5.41	没有必要	8	7.27

调查结果表明，留学生十分重视词类的学习，无论是初级还是中高级程度的留学生，他们对于在词典中提供词类信息都有非常清晰的认识和较强的要求。对于如何在词典中进行词类注释问题，很多学者和词典编纂者已经在这个方面做了很多努力，如王仁强（2006：30—52）在其博士论文《认知视角的汉英词典词类标注实证研究》中对汉英词典译义过程中的词类识别现状、词类标注对汉英词典译义准确性的影响，以及词类标注的依据进行了深入调查。又如《现代汉语语法信息词典详解》建立了面向信息处理的词类系统，并给出了每一类词的鉴别准则，值得我们借鉴。

语法是二语学习的重要手段，要学好一门外语必须掌握它的语法规则，因此语法是留学生课堂学习内容的重中之重。在词典编纂中，语法是意义的一种表征形式，反映为语词按一定规则组合而产生的意义，是学习语言交际的重要手段。在对语义的描写形式上，语法常常表现为句法或句型结构、搭配结构等。语词搭配是组织句子的基础，是一个词在构句过程中与其他词（或短语）组合所体现出来的语法结构关系，是一个词语法功能和语义功能的集合表现。那么，留学生对于在词典中提供语法信息和搭配信息持什么样的态度呢？表 4—19 中栏便是 111 位受试者提供的答案。

表中的数据显示，词典用户对词典提供语法信息有很强烈的需求。在 81 名选择“有必要”的留学生中，初、中、高三个等级学生的人数比例是不同的。在初级学生中，认为有必要的为 80%；在中级和高级学生中，认为有必要的比例分别为 69% 和 83%；还有 27.36% 的人特别强调在汉语词典中提供语法信息对他们的汉语学习非常重要。对于语法搭配应该以什么样的方式出现在对外汉语词典中，许多学者也进行过不少的探讨。譬如，章宜华（2002：196—198）将搭配分为固有搭配、特别搭配、期望搭配、优先搭配、可能搭配、自由搭配六种，杨同用和司敬新（2007）将搭配分为语法搭配、逻辑搭配、习惯搭配、高频搭配与个性搭配、固定搭配和超常搭配七种。在汉语搭配中，量词和不受语法规则制约的限制性搭配（如习惯性、固定性搭配等）是外国人学汉语的难点，因为中外语言中相同概念的语词可能因为隐喻系统、语义韵和文化习俗的不同而有不同的搭配结构和共现成分；而母语的负迁移极容易引起外国学习者的搭配偏误（骆琳 2007；黄洁 2009；王西平 2009）。

由于文化背景和知识结构的不同，作为母语的汉语学习者和作为二语的汉语学习者的认知特点或认知障碍也大不一样。那些本族语使用者可凭语感下意识理解，或词典不必解释的语言现象也许正是二语学习者的学习难点和容易出错的地方，因此我们需要在这些地方多下一些工夫，在词典释义中对留学生容易出错的语词进行错误提示或分析。那么，留学生是否需要这类信息呢？我们也对这个问题进行了调查，有 110 人做了回答（见表 4—19 右栏）。

表中的第三栏数据显示，学生对错误提示的需求没有我们预期的那样强烈。通过访谈发现，一些人没有选择“错误提示”，是因为现有词典没有这项信息，他们不了解其功能。总的说来，对容易出错的语词提供警示信息是多数留学生所期待的。但在教学实践中，来自不同国家的学生所常犯的错误并不一致，正如陈晨（2005:1）在调查留学生使用趋向动词时的发现一样，“汉语趋向补语使用上偏误较高，偏误类型多种多样，并且泰国学生的偏误与日韩、欧美其他国家和地区学生的偏误相比，具有不同的特点”。因此，对外汉语词典释义的错误提示应该表现国别性特点。

4.4.2 留学生对词典释义方式的要求

词典释义要尽量提供用户二语学习所需的知识信息，释义方式也要符合其语言认知规律，否则词典将无法有效向用户传递这些信息。因此，就需要了解留学生用户的语言认知特点，要根据他们的接受视野、接受能力和接受期望来确定释义的形式和语义的表述方式。对于这一问题的调查有 110 人做了回答，其中初、中、高级的学生分别为 46、51 和 13 人（见表 4—20）。

表 4—20 留学生对词典释义方式的要求

释义形式	等级	人数	百分比	总人数	总百分比
只提供英语对等词	初级	5	55.56	9	8.18
	中级	2	22.22		
	高级	2	22.22		
只提供汉语释义	初级	2	5.56	36	32.72
	中级	30	83.33		
	高级	4	11.11		
汉语释义 + 英语对等词	初级	11	50	22	20
	中级	7	31.82		
	高级	4	18.18		
汉语释义 + 汉语释义的英语译文	初级	28	65.12	43	39.10
	中级	12	27.91		
	高级	3	6.98		

表 4—20 显示，所有等级的留学生对“只提供英语对等词”的释义方式

认可度最低，高级学生对另外三种释义形式的认可度没有显著性差异①，但初、中两个级别的学生对这三种释义形式显示了明显的不同态度。三个等级的学生对“汉语释义＋汉语释义的英语译文”的释义形式认可度最高，达39.1%，其中初级学生占此选项总人数的65.12%，占初级学生总人数的61%。其次是“只提供汉语释义”的释义形式，占32.72%，其中中高级学生占此选项总人数的94.44%，而初级学生只有5.56%。这个结果说明：a）“只提供英语对等词”的释义形式类似一对一的汉英词表，不能准确全面地反映被释义词的语义结构和语法规则；而且不同语言文化间词汇层面上的对等是十分不可靠的，所以三个级别的学生都不太认可。b）初级学生的汉语程度较低，汉语的语感和阅读能力都还不足于支持他们顺利读懂汉语释义，因此他们十分倾向于“汉语释义＋汉语释义的英语译文”。c）中级程度的学生已经具备了一定的汉语阅读能力和理解能力，大多倾向于“只提供汉语释义”的释义形式。d）对于“汉语释义＋英语对等词”的释义方式，总的选择人数不多，但细细分析仍能反映一些问题：部分初中级学生会认为，英语对等词的意义和用法并不能等同于汉语被释义词，且他们对汉语释义的理解可能还不十分深透，在释义中列几个不准确的对等词容易引起误导；而高级程度的学生汉语能力较强，对汉语释义理解比较深透，释义后的英语对等词能作为有效的参考，因此他们对这种释义方式有较高的认可度，占高级学生总人数的30.79%，与“只提供汉语释义”选项人数相当。不过，对“汉语释义＋英语对等词”的调查结果多少有些出乎预料，在我们的设想中，对它的选择人数应该不会太低于“汉语释义＋汉语释义的英语译文”，起码要高于“只提供汉语释义”的释义方式。但事实并不是这样，我们对教师的调查结果也基本是如此（参见4.1.6）。

用户视角的释义研究告诉我们，对于不同汉语程度的留学生，释义方式上应该有所区别，对于初级程度的留学生来说，母语是他们理解汉语的主要辅助方式，所以在释义中应采用双语双解释义，而对于高级程度的留学生来说，汉语单语释义有助于他们学习地道的汉语。但这并不是说，内向型汉语单语词典就适应他们的需要。

4.4.3　留学生对词典例证现状与需求的意见

在二语教学中，举例讲解语词的用法是最常见，也是最有效的方法之一，因为例句能同时反映语词的分布结构、语义结构和使用语境。同样，例

---

① 用T－test检验，$p=0.889>0.05$。

证作为语义的集合表征形式也是词典释义的重要组成部分。但配置多少例证,需要根据词典的编纂原则、读者对象以及词典类型和规模而决定。总的说来,学习词典涉及语言活动功能最强的词汇群,需要较多的例证支持,而理解型词典不需要考虑语词活用,例证比较简单。目前,留学生使用较多的是汉语—本族语词典和部分汉语单语词典;那么,他们对自己所使用的词典的例证有什么看法?他们认为词典是否应该提供例证?词典所提供的例证对他们理解被释义词有多大帮助呢?我们就这些问题做了调查,分别有110 人、117 人、117 人回答了这几个问题。

表 4—21　留学生对词典例证现状与需求的意见

对例证的需求			对例证现状的认识			对例证作用的认识		
例证需求	人次	百分比	例句现状	人次	百分比	帮助的程度	人次	百分比
有必要	87	79.09	非常丰富	32	27.35	有很大帮助	74	63.25
可有可无	13	11.82	有,不充分	67	57.26	有较大帮助	40	34.19
没有必要	10	9.09	没有	18	15.38	帮助较小	3	2.56
–	–	–	–	–	–	没有帮助	0	0

表 4—21 的数据显示,近 80% 的人认为词典有必要提供例证,72.64% 的人对目前所使用的词典的配例状况不太满意,而 100% 的人认为词典例证对他们理解词义是有帮助的,其中认为有很大帮助和较大帮助的达到 97% 以上。学生对词典例证不太满意并不是完全针对对外汉语词典的,因为许多人使用汉语—本族语词典和电子词典,这些词典的配例都不是很完善。

调查结果表明,词典例证对外国人学习汉语确实十分重要,而现有词典在配例方面还有待改进之处:一是现有词典例证不足;二是现有词典例证不太实用、认知难度较大。受调查者认为,每一义项应配 2—3 个例,且要从不同角度反映语词的功能或用法,不要简单重复例;应该多用基于学习者语料库的改编例,要能反映语词的多种属性。对于例证的功能,历来都是词典学家讨论的热点问题,大多认为例证要服务于释义。Toope(1996:52—86)和 Szende(1999)从表征意义、语法和文体信息的角度探讨了例证的功能,章宜华和雍和明(2007:130—138)从语义、语法、语体、语用文化和翻译参考等五个方面阐述了例证的十二种功能,指出选择例证要能从这十二个方面来表征被释义词的意义。这些对改进对外汉语词典的配例都有参考价值。

4.4.4　留学生寻求同义辨析的途径及对词典同义辨析的态度

现代汉语中有些同义词在一定语境内是可以相互替换使用的,但更多的同义词则存在着附加意义和用法上的差别,是不能等同或替代的。这一方面使汉语的表达方式更加多样化,而另一方面也给同义词的准确运用带来不小的困难,因此同义词的辨析对汉语学习者来说显得尤为重要。在留学生学习汉语的过程中,同义词辨析一直是其学习的难点,也是教师在课堂上重点讲解的内容之一。汉语水平考试(HSK)试题的第一部分就是重点考查留学生的词义辨析,可见它在对外汉语教学中的重要性。除了教师的讲解外,在留学生自学和预习的过程中,最有效的参考工具就应该是词典了。那么,留学生寻求同义辨析的途径是什么?他们对于在词典中提供同义词的辨析信息持什么样的态度?我们就这两个问题也做了调查,分别有121 人和 115 人提供了答案。

表 4—22 留学生寻求同义辨析的途径及对词典同义辨析的态度

寻求同义辨析的途径			对词典同义词辨析的态度		
调查选项	人数	百分比	调查选项	人数	百分比
查阅词典	65	53.72	有必要	67	58.26
请教别人	36	29.75	可有可无	36	31.30
借助网络	11	9.09	没有必要	12	10.43
查阅书籍	9	7.44	–	–	–

从表 4—22 可以看出,大部分人在遇到同义词时会在词典中寻找辨析信息,有些人只是在词典不能提供理想的答案时才选择其他途径。因此,有58.26%的人认为有必要在词典中提供同义词辨析的内容,这也比较符合留学生学习的实际需要。在外向型学习词典中,同义词的辨析信息应该成为一个重要的内容。正如郭志良(1988)所说:"汉族学生学习汉语,由于语感丰富,对意义上接近而并非同义的异义词一般不会发生词义上的混淆。外国学生情况就不同了。由于不同语言的语义系统不完全一致,他们学习汉语时对这类异义词则有可能分辨不清。特别是有的词群在另一种语言中是同义词。"因此,由于教学对象的不同,对外汉语教学中的同义词辨析与我们语文教学中的同义词辨析又是不同的;这个不同主要表现在辨析的范围和方法上,且要根据留学生不同的母语认知特点来决定。一般来说,对外汉语教学中的同义词辨析范围更宽泛、更细微一些,对于那些从学习者母语角度上来看在意义上或用法上有联系但常常会发生混淆的汉语语词都应该进行辨析,特别要注意同义词或近义词中相异语素的辨析,多用语词的典型搭配和例句来辅助辨析。不少学者曾对同义词辨析做过研究,如张博(2007)根据影响因素对汉语中介语中易于混淆的词进行了分类,并提出了研究易

混淆词需要注意的几个问题。她认为,"易混淆词"与"同义词"、"近义词"之间有交叉关系,而非包含关系或并列关系,因为它们是研究者站在不同的立场,以不同视角和不同标准归纳出来的。具体而言,"同义词"、"近义词"是从语言本体视角划分的,着眼于语词的意义并根据其相同或相近的程度归纳出来;而"易混淆词"则是以中介语的视角划分的,着眼于目的语理解和使用中的语词混淆现象,并根据混淆的普遍程度归纳出来的语词类聚。同义词之间不一定会发生混淆,而易混淆词则常常发生在第二语言的理解和使用两个层面上,区别同义词和易混淆词对外向型汉语学习词典的编纂具有实践意义。从这一观点出发,对外汉语词典的语义辨析应该以"易混淆词"为基础。赵新和李英(2002)就对外汉语近义词典的收词范围,释义原则、例句选择、释义语言以及辨析方法等进行了探讨,值得借鉴。

4.4.5 留学生的汉语等级与其对待词典文化信息的态度

每种语言都有属于自己的文化。学习语言的人都有一种普遍的认识,要真正掌握一种语言必须掌握这种语言的文化。现代语言学和外语教学理论认为,要在不同文化之间进行成功的交流,一个外语学习者的文化能力同语言能力一样重要。许多因为文化而产生的错误也引导人们认真思考要在外语教学中引入文化信息,以及引入的内容和方法。词典是传承文化信息的重要手段之一,如何让词典承载更丰富的文化信息一直是词典学家关注的重要问题。对于不同汉语水平的留学生来说,汉语文化信息在他们的二语学习中占什么样的位置呢?在词典编纂中对不同水平的留学生在文化信息的处理上是否应该有所区别呢?我们就这些问题进行了调查,122 人就此做了回答,有效答案 108 条,其中初级水平学习者 49 人,中级 48 人,高级 11 人①。

表 4—23 留学生的汉语等级与其对待词典文化信息的态度

选项 / 程度	应该		可有可无		没有必要	
	人数	百分比	人数	百分比	人数	百分比
高级	6	55	5	45	0	0
中级	23	48	20	42	5	10
初级	24	49	14	29	11	22

① 为了较客观地比较各等级留学生对待词典提供文化信息的态度,表 4—23 换算出了各个观点在各等级学生中所占百分比;同时,表 4—24 也是以该比率为依据求得的相关性结果,因此所显示的"观测值"为 184。

表 4—24　留学生的汉语等级与其对待词典文化信息态度的相关性

			汉语等级	态度
斯皮尔曼秩相关分析(Spearman's rho)	汉语等级	相关系数	1.000	.334(*)
		显著性概率(双尾)	.	.000
		观测值	184	184
	态度	相关系数	.334(*)	1.000
		显著性概率(双尾)	.000	.
		观测值	184	184

表 4—24 的相关性分析显示,留学生汉语等级与其对待词典文化信息的态度之间的相关系数为 0.334,而两者之间显著性为 0.000 < 0.05;所以,留学生的汉语等级与其对待词典文化信息的态度之间存在一定的正相关性,他们对词典的文化信息的重视程度会随其汉语水平的提高有所增强。

初学者接触到的语言和文化知识有限,对文化在语言学习中的作用认识不足,但随着学习的深入,他们对文化因素重要性的认识逐渐加深,从而对文化信息的需求也不断增加。因此。没有一个高级汉语学习者认为文化信息是没有必要的。总的说来,留学生对在词典中引入汉语文化信息的态度并不如我们想象的那样迫切,甚至还有不少初级学生认为没有必要在词典中引入文化信息。我们认为,除了留学生们对语言与文化之间的重要关系,以及母语负迁移对他们二语学习的负面影响认识不足外,他们对词典的体例结构也不太熟悉,并不了解文化信息是以什么样的方式融入词典的,所以在回答这个问题时带有很强的主观想象性或随意性。根据接受理论,用户的阅读经验构成了接受视野,接受视野又反过来影响用户的接受能力。随着语言知识的增加,用户接受文化信息的能力和要求也会不断增加,学习者会随着对汉语语言经验的积累或丰富,经常调节语言学习与文化信息的需求关系。而另一方面,教师也有必要凸显文化知识对语言学习的影响,培养学生积极接受文化输入信息的意识。

通过对比教师调查问卷结果发现,教师们在文化这个问题上显示出了不容置疑的肯定态度,这与多数高级留学生的态度是一致的。由此可见,在对外汉语词典中加强文化信息是符合留学生学习汉语需要的。晏丽芝(2006)考察了七本外向型汉英词典中的文化信息后认为,文化应该在词典的宏观结构和微观结构上都有所体现,如在收词与立目、插页、附录、释义、例证、插图、词源、文化特辑与文化注释、标注、语言说明、语用评论和用法说明等方面都可以表现文化信息。

4.5 小结

通过对近29名对外汉语教师和128名来自不同国家留学生的问卷调查和分析,我们初步了解到他们对外向型学习词典的态度,知道了留学生用户拥有和使用词典的情况,以及国内出版的对外汉语学习词典在留学生心目中的位置等。

1)大部分对外汉语教师认为,对外汉语词典对留学生的教学还是有所帮助的。但另一方面,无论是老师还是学生,都不太重视词典查阅技能的训练,还有少数教师对词典的作用持怀疑态度,他们本身对汉语学习词典也不甚了解,更谈不上引导学生使用词典。

2)对于词典的释义方式和信息项问题,学生和教师都对双解释义的方式认可度最高,对只提供外语对等词的外汉双语词典认可度最低,汉语单语词典居中。大部分教师对例证的作用给予了高度的评价,学生和老师对句法结构、搭配结构、用法说明、惯用表达,以及语用文化信息和同义辨析信息等都有比较强的要求。

3)大部分教师认为,词典有必要提供错误分析或错误提示,因为一些用词偏误是受母语负迁移影响而产生的,稍作提示即可避免。有不少教师认为,错误提示的语词和方法要有国别针对性或国别差异,有条件的话可以为不同国家、不同语言程度的汉语学习者编纂不同的学习词典。

4)留学生大部分使用国外版的汉外词典和电子词典,拥有汉语词典者很少,没有人购买近几年国内出版的对外汉语词典,而且有近半的人不知道这些词典的存在。使用汉语词典的人要多于拥有汉语词典者,他们只是在汉外词典查不到所需信息时才会求助于汉语词典。

5)留学生在选购词典时主要考虑的因素是好用,即收词不一定太多,但释义要详尽、例证要丰富、语法标注要实用。对于价格和携带方便的问题,相对于词典释义人们关注的并不多,但在内容不变的情况下,他们会倾向于方便携带的词典。

通过上述分析,我们可以清楚地发现两个不可忽视的问题:一是留学生十分需要一部能满足他们汉语学习的词典,二是国内编纂和出版的对外汉语词典在留学生中的认可度很低。这说明,一方面,对外汉语词典的需求是客观存在的，而且这种需求会越来越强烈；另一方面，现有的对外汉语词典无论是在编纂质量还是在市场推广方面都还存在一些问题，这需要辞书工作者不断努力去解决这些问题。

第五章　二语学习与中介语的调查分析

我们在前面几章讨论了用户在词典学研究和实践中的重要性、用户的词典查阅需求与查阅技能，以及用户使用词典的现状和对汉语学习词典的认识。研究表明，非本族语汉语学习者对汉语学习词典的需求日益强烈，而国内出版的大量对外汉语词典又难以为他们广泛接受，因为这些词典所提供的知识内容和这些知识的结构形式不能很好地满足他们二语学习的需求。那么，了解二语学习者的语言认知规律，以及中介语的特点和产生偏误的原因，并针对这些特点和原因来提供和组织词典信息就成了解决这些问题的有效途径。

二语学习者在语言学习的初中级阶段没有或缺少外语语感，他们在这种情况下会采用各不相同的学习策略和方法，但有一种方法几乎是每个人都无法回避的——借助于母语的语感或规则来认识和吸收二语的语言规则或概念，使自己原有知识与新知识交织、融合在一起，从而构建一套过渡的、具有目的语特色的二语语言系统——中介语（interlanguage）。研究这个语言体系对认识二语学习者的语言认知机制和认知特点，拟定有效的二语教学和学习方法具有重要作用。目前，中介语的不少研究成果已在二语教学中得以应用，并发挥了积极的作用，对外汉语教学领域也较早地引入了中介语理论，这对于对外汉语教学以及对外汉语词典的编纂都具有重要的现实意义。

5.1　中介语理论的提出与启示

中介语从提出到发展成为研究二语习得的一种重要理论已经有40余年的历史。早在上世纪60年代，Corder（1967）就在分析二语学习者的语言偏误中指出，偏误可以作为观察学习者语言习得过程的窗口，通过对偏误的观察和分析可以了解学习者是如何学会语言规则的。他认为，二语学习者的语言能力在学习过程中尚无法达到目的语的语言水平,这就是“过渡能力”(transitional competence)。他们在这个相当长的过渡能力期会形成自己独特的语言习得机制,二语习得研究应该把目光放在对学习者语言系统的考察上,从中发现二语习得的规律。不难看出,Corder 已经意识到二语学习者有着自己独特的语言系统。

Selinker(1969)在其论文《语言迁移》(*Language Transfer*)中明确提出了中介语(interlanguage)的概念,随后又发表了题为《中介语》(1972)的论文,他在该文中把中介语定义为:“二语学习者的一种独立的语言系统,其结构形式介于母语与目的语的中间状态。”中介语这一术语表达两层意思:一是指二语学习者在学习语言的认知阶段所形成的目的语知识系统;二是指这个系统有其独特的语言特点和发展过程。Richards(1974)把中介语解释为:“二语学习者通过学习策略以及某些启发的作用在目的语输入的基础上,形成一种变化的、逐步趋于成熟的语言系统。” Brown(1987/2001)认为,中介语将第二语言学习过程看作是一个创造性地建立一种语言系统的过程。这一过程基于人们所掌握的对自己本族语的认识、对语言交际功能的认识、对语言总体的认识以及对生活、人类以及宇宙的认识(黄锦章,刘炎 2004:92)。现在,中介语作为外语学习者特有的语言体系被普遍认可,也由此被视为一种独立的语言系统加以研究。中介语这一概念的提出和定义的形成标志着二语习得开始作为一门独立的学科而存在。

在我国对外汉语学界,鲁健骥于 1984 年首次在其论文《中介语理论与外国人汉语学习的语音偏误分析》中引进了中介语的概念,并把它看作是“一种新的分析外语学习中的偏误的理论”。他认为:“中介语指的是由于学习外语的人在学习过程中对于目的语的规律所做的不正确的归纳与推论而产生的一个语言系统,这个系统既不同于学习者的母语,又区别于他所学的目的语。”可见,中介语理论把二语习得的过渡状态视为一种特殊的语言系统,该系统虽然含有不正确的成分,但它有其自身的发展规律。这里需要指出的是,中介语并不完全是“由不正确的归纳与推论”所产生的语言系统,它还包含正确归纳和推论所获得的语言成分。只是在不同的习得阶段,正确和错误的比例不同而已。从整体看它其实是一个由不正确向正确逐渐靠近的动态过程。正如 Selinker(1972)所说,中介语本身是一个阶段——过程的双重系统,反映为“母语—中介语—目标语”系统的一个必然发展趋势,即学习者从母语出发不断向目的语靠近的必然路径和过程。孙德坤(1993)从“共时”和“历时”的角度来说明中介语的两层意思:第一层意思是指学习者语言发展的任何一个阶段的静态语言状况;第二层意思是指学习者从零起点开始不断向目标语靠近的渐变过程，也就是说，学习者语言发展的轨迹是个动态的过程。

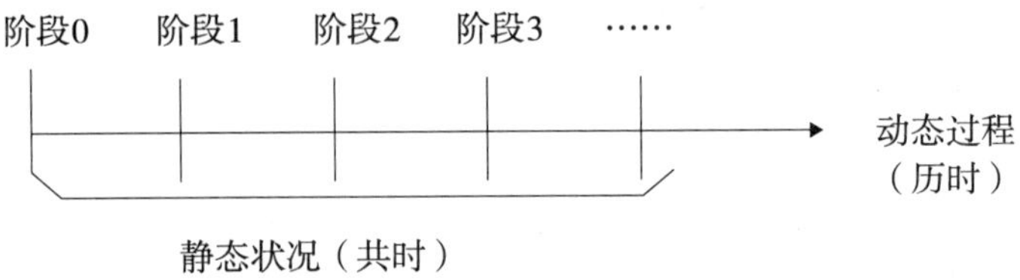

静态的语言状况相当于“共时”，动态的发展过程相当于“历时”，历时的研究必须建立在共时描写的基础上。因此，对于中介语的动态研究要从不同阶段的静态观察入手，在弄清静态语言特点的基础上揭示各语言认知阶段之间的关系和发展规律。

综上所述，中介语是二语学习者在语言习得过程中通过一定的学习策略，在目的语输入和母语迁移的相互作用下形成的一种过渡性的动态语言系统。在语音、词汇、语法、语义、语用等方面有其独自的特点，是一种既不同于其母语也不同于目的语，或者说既像目的语又有其母语特征的特殊语言系统。中介语理论对我们至少有三点启示：一是中介语是在第二语言习得中产生的，它的产生受目的语规则和母语迁移的双重影响；二是中介语是动态的、过渡性的语言系统，它会随着学习者语言能力或交际能力的提高而不断丰富和完善，并逐渐向目的语靠近；三是中介语是一个特殊的、独立的语言系统，它的偏误是有原因、有规律的，研究中介语可以引导我们从认知视角来观察第二语言的习得过程，分析二语习得的机制，为解释二语学习者在学习过程中所产生的偏误提供理论依据，为对外汉语词典的编纂提供实用的素材。

5.2 早期的二语习得与中介语研究

在20世纪40—50年代，国际上关于儿童语言习得的理论研究多是以行为主义心理学为理论依据，结构主义语言学也是以这种心理学理论为基础的，它认为语言学习是一系列重复的刺激—反应（stimulus-response）行为，语言习得由习惯形成（habit formation）。在二语习得的过程中，母语习惯会不断影响、干扰目的语习惯，即常说的语言迁移现象（transfer）。学习一门外语就是克服母语习惯、养成新的目的语习惯的过程。因此，二语学习者的主要学习困难之一来源于一语对二语的干扰，把二语同一语语言系统进行对比分析,找出两者之间的异同便可预测二语学习者可能犯的错误。与母语相似程度高的部分会受到母语的积极影响,从而促进学习者提高学习效率,这就是母语对目的语学习的正迁移(positive transfer)作用。而相似程度低的部分会受到母语的消极影响,从而会阻碍学习者的外语学习,这就是母语对目的语学习的负迁移(negative transfer)作用。正如Lado(1957)所说,外语学习的难易关键就在于学习者的母语与外语的异同。为此,有学者还提出了难度等级(hierarchy of difficulty),即根据二语与一语差异的大小,把习得难度具体分级,然后根据不同的难度级别来制定二语教学方法或学习策略。这样一来,二语学习者容易犯的错误就可以得到预测,学习中的坏习惯就可以得到针对性的预防和避免。

总的来说,对比分析法建立了一套较为严密的研究分析方法,收集了丰富的语言素材,发现了许多新的语言现象,在一定程度上促进了外语的教与学。但是,对比分析法亦有其自身难以克服的重大缺陷:

1)习得理论基础片面。把二语学习与机械的刺激—反应过程等同起来,不能真实地反映学习者复杂的语言认知过程。实际上,学习需要客观外界的刺激,但更需要学习者的知识联想、修正和创新。

2)习得障碍归因片面。把外语与母语的差异(difference)和外语习得的难度(difficulty)等同起来,认为语言习得障碍完全由语言差异即母语的负迁移造成,忽略了母语负迁移以外的许多学习方法和策略的应用问题。

3)范畴对比缺乏可比性。但凡对比都必须建立在一定的可比性基础之上,而建立在不同文化基石上的语言无论是在形态结构、语法体系和语义范畴方面都有很大的差异,在两种不同语言系统中寻找分类范畴的广泛一致性是不切实际的。

4)预测效果难以满足需求。结构主义认为,用对比分析的方法可以预测外语学习中的错误,从而可以避免这些错误的发生。但由于二语学习中错误的形成要涉及社会、文化,以及学习者的认知心理机制和学习策略等多方面因素,仅靠比较两种语言的结构差异难以全面预测学习者可能要犯的错误,预测结果自然无法满足二语教学的需要。

虽然对比分析法有以上重大缺陷,但它至少看到了母语和目的语的差异是干扰二语习得效果的一个重大因素。从词典学的角度讲,对比分析法仍然有较大的现实意义。虽然母语负迁移不是造成二语习得障碍的唯一原因,但无疑是一重要原因,对外汉语学习词典的编纂也因此可以有选择地吸收利用相关研究成果,帮助外语学习者克服部分语言学习困难。此外,对比分析法从一个侧面为词典编纂提供了丰富的素材,其详细的结构描写方法有助于加深编纂者对语言的认识。另外，值得一提的是，对比分析法中用到"迁移"这一心理学概念也具有理论和现实意义，被人们广泛接受和研究。

20世纪50年代末，乔姆斯基语言学理论的诞生对行为主义构成了巨大挑战。乔姆斯基肯定了心理和一些先天因素对语言学习的作用，认为语言受制于一组内化的、高度抽象的规则系统；这些规则的高度抽象性使其具有普遍的适用性，也为中介语的研究提供了解释其特定结构的基本参数。在内化语言研究的促进下，认知心理学也重新得到了发展，二语习得过程中的心理因素因此得到了重视。人们转向直接分析二语习得者语言错误的本身，以期发现隐藏在这些错误背后的规律。

随着二语习得理论的不断发展，人们越来越重视语言习得的认知心理过程，中介语理论无疑为研究语言习得规律和认知机制提供了十分有效的方法。中介语理论从一种崭新的角度来研究第二语言习得，是目前外语教学和对外汉语教学中用于分析和解释二语学习者偏误的重要理论依据。中介语研究成为国内外二语习得理论的一个热点问题，用于研究的二语学习者中介语语料库也应运而生，发展迅速。国外学者关于中介语的理论研究较多，观点各异，归结起来大致有以下几种：a）近似系统观，认为中介语是一个系统的、不断变化的连续体，它按一定规律从母语为出发点逐渐向目的语靠近（Corder 1967；Nemser 1971）；b）自主系统观，把中介语看作在语音、词汇、语法和语义等方面都自成一体的语言系统（Selinker 1969，1972）；c）共时—历时观，按学习者二语发展的特定阶段从横向和纵向两个维度来构建中介语的结构系统（Corder 1981；Ellis 1985）；d）天赋能力观，用乔姆斯基的理论来解释中介语的本质，认为语言能力是一种纯语言知识，具有同质性，学习母语与学习第二语言的能力没有区别；中介语所出现的可变性仅仅反映了学习者语言运用的特点而已，并不是其语言能力发生了变化（Adjemian 1976）；e）可变能力观，认为同质语言能力范式否认语言能力的可变性，不能令人信服地解释语言认知的规律，主张把中介语看成由不同的语体风格构成的、能反映学习者能力变化规律的连续体，以便从语言认知的角度解释中介语的可变性（Ellis 1988，1990，1999；Tarone 1983，1988，1990）。

不管中介语理论如何解释中介语，它实际上是二语学习者构建在母语认知基础上的、不成熟的目的语，其表达方法既似目的语但又偏离目的语，在语音、句法、语义和语用层面上都存在不符合目的语规范的错误现象。研究发现，有的错误是偶发的、随机的，而有的错误是能反映二语习得者语言发展阶段水平的规律性错误。Corder（1967）把前者叫作失误（mistakes），把后者称为偏误（errors），以示区别。"失误"属于语言应用（performance）的错误,是非系统性的,往往不会反复出现;而"偏误"则属于语言能力(competence)范畴,是系统性的,往往会反复出现。因此,学习者语言偏误的产生不仅是学习过程中的消极现象,也是他们不断克服各种外界因素的影响、积极向目的语靠拢的习得过程。认识到这一点对于揭示中介语的规律,促进中介语偏误向正确的目的语转化具有重要的意义,对二语学习词典的编纂具有很强的理论指导意义。

5.3 中介语偏误产生的原因

根据 Selinker(1972)的观点,与中介语产生有关的认知过程和原因有五种,即语言迁移(language transfer)、训练迁移(transfer of training)、二语学习策略(strategies of second language learning)、二语交际策略(strategies of second language communication)和目的语过度泛化(overgeneralization of TL linguistic material)。Corder(1973)、Richards (1974)和 Ellis(1995)等都对中介语产生偏误的原因做过类似的论述。后来,Selinker(1992:171—214)又提出中介语构建的三个认知过程,包括语言迁移、简化和过度泛化,并特别强调语言迁移对中介语形成的重要影响。

5.3.1 中介语中的语言迁移

语言迁移指外语学习者在试图掌握第二语言的整个学习过程中,由于没有或缺乏目的语语感和有关语言规则的概念而下意识地借用母语的语感和规则来认识、理解、使用目的语的一种现象。母语与目的语之间既有共同点也有差异点,与目的语有共同特点的母语迁移对二语学习有促进作用,称作正迁移;而与目的语有差异的母语规则的迁移对二语学习有干扰作用,称作负迁移。譬如,"The price of the car is too expensive./这部车的价格太贵。"和"according to his opinion/根据他的意见"都属于搭配错误——学习者受汉语表达习惯的影响,没有意识到汉语与英语之间的差异,因为在英语中"price"不能与"expensive"搭配,"according"习惯上不能与"opinion"和"view"等表示观点或看法的语词搭配使用。同样,以英语为母语的人在学习汉语中也会通过其母语的联想思维来理解汉语的概念和用法,譬如,他们看到"厚"时就很容易联想到英语中的对应词"thick",并将"thick"的所有概念和用法都和"厚"等同起来,从而产生了"一支厚铅笔"、"他独自穿过厚树林"、"很厚的奶油"和"很厚的雾/烟"之类的错误。英语的"thick"有"粗的、浓的、稠密的、茂密的”等意思，所以可以分别用来修饰“pencil/铅笔”、“forest/树林”、“cream/奶油”和“fog, smoke/雾，烟”，而“厚”在汉语中则没有这些意思和相应搭配。

一般说来，处于初级阶段的学习者更多地依赖于母语的认知模式来进行外语的思维和表达，中介语中的一些特殊语言规则、语言现象等大多是在学习者母语迁移的作用下形成的。迁移会发生在语言的各个层面上，包括词汇形态、语法规则、语义结构和使用方法。另外，不同母语与目的语之间的语言、文化，以及交际方式和话语结构的差异情况不尽相同，学习者母语的语言习惯必然会以不同的方式，在不同的场合、不同程度影响着其目的语词汇语义、话语结构和交际方式的习得。比如，就学习英语冠词和时态来讲，德国人和法国人要比中国人的能力强得多，因为他们的母语都有这种语言现象，用法上也大同小异；而汉语没有这些内容，因此英语的冠词和时态对中国学生来讲一直是教学的重点和难点。对于学习汉字来说，韩国人和日本人要比西方人的认知能力强得多，因为前者的语言中有汉字，他们比较熟悉汉字的结构特点，而后者则难以弄清其笔画的顺序、种类和界限，常常发生笔画粘连的错误。研究表明母语为汉语的学生在学习英语中所犯的错误有51%来自母语干扰（束定芳 1996:52），而欧洲人学英语的母语负迁移影响就小得多。同样，以日语、韩语等东方语言为母语的学生与以英语和法语等西方语言为母语的学生在学习汉语中的母语迁移程度也是不一样的。

5.3.2 中介语中的过度泛化

过度泛化指二语学习者在学习过程中（尤其是初中级阶段），根据所学目的语的某些构词结构、句型结构、搭配结构和概念结构等语言规则推测出目的语中并不存在的语言变体现象。准确地讲，是学习者过度注意外语的语法现象、结构特征和用法规则，在学得有限的、片面的目的语知识，但还未完全掌握其在使用上的特别限制时，就用类推的方法把某些范畴特征不适当地强加在“类似”的语言单位上，如把语言中的一些个别规则当作普遍规则来使用，把一个词与另一词个别义项的对应当作整个词位的对应，把同一概念范畴中某一语词的共现特征和使用语境移植到其他语词等。结果是将目的语中复杂的语言结构和语言现象简单化，从而形成语言偏误，造成中介语的产生。过度泛化可以发生在语音、词法、语法及句法层面上，譬如，英语二语学习者会把名词复数标记形式“-s”直接加在“child”、“knife”、“foot”之后，会把动词的过去时标记形式“-ed”加在“go”、“buy”、“catch”之后，甚至经常会在如“smoke”、“knowledge”和“information”等不可数或只有单数形式的名词后加复数标记“-s”，生成英语中不存在的词汇和语法结构变体。在汉语二语学习者中，学习者已学过的汉语知识和语言规则也会成为其过度泛化的背景。例如，汉语中的量词是比较难掌握的，留学生在习得汉语量词的过程中会逐渐树立“汉语数词与名词间应加量词”的观念，由此规则的泛化造成的偏误比较多，特别是“个”几乎成了万能的量词，他们把该加或不该加量词的名词前都加上一个“个”，在他们的话语和作业中经常会出现“一个桌子、一个窗子、一个动物、一个笔、一个字典、一个树”，还有“一个天、两个年、三个米，四个公里”的泛化偏误（过国娇，王文丽 2006；唐淑宏 2008）。再如，离合词重叠也常常被过度泛化。留学生先学到的是双音节动词重叠，当他们接触到离合词时就想当然地将双音节动词重叠规则套用过来，并且还把一部分可重叠的离合词类推到全部的离合词上，由此产生许多离合词重叠变体的偏误，其中介语中会出现诸如“散步散步”、“游泳了游泳”、“他正在睡睡觉”之类不符合汉语习惯的离合词变体（时建 2008）。

5.3.3　中介语中的训练迁移

训练迁移指二语学习者的认知方式受到教学媒介的影响甚至是制约而产生中介语的认知现象，如教师的教学方式、教学材料、教学环境、教学训练强度以及学习者所使用的词典等。训练迁移有三种表现形式：a）正迁移：学习者的前期教学训练或学习经验对学习目的语的新技能或解决目的语的新问题起到了促进作用；b）负迁移：学习者的前期教学训练或学习经验对学习目的语的新技能或解决目的语的新问题起到了干扰或阻碍作用；c）零迁移：学习者的前期语言训练或学习经验对学习目的语的新技能或解决目的语的新问题既无促进也无阻碍作用。其中负迁移对中介语的产生有显著的影响。此外，二语教学方法或教材内容不当都会引起负迁移，如教师的某些音素发音或话语语调不准就会导致二语学习者这些音素发音不准或说出怪腔怪调的外语来；过分强调某一结构或规则也会引起学习者过度使用这些结构或规则而忽视一些特别的或约定俗成的语言现象，从而产生相应的中介语形式。如果在英语课堂上老师过多强调“形容词加-ly 后缀构成副词”这一规则，英语学习者就会把所有以“-ly”结尾的词当作副词，造出“ *She sang lovely. ”“ *He spoke very friendly to me. ”“ *The old man lives lonely. ”之类的句子来。同样，如果老师只告诉汉语初学者“方便”表示上厕所，那么他/她会在面对“能在你方便的时候见一面吗？”的问话时感到迷茫。如果对外汉语教材或老师在对外汉语的课堂上只讲人称代词

"我"能指自己一方，相当于"我们"，而不讲清楚其后接搭配成分的特点和限制，那么学生就会造出"我国家……"、"我学校……"、"我书本……"等结构来。

可见，外语教师的一些"片面"的解释，或某些不地道的语言表达，或拘泥于某种形式、生搬硬套、与现实生活脱节的教学方法，都会使学习者对外语产生错误的理解，并留下错误的语言经验印象，对他们以后的学习造成负面影响。词典在二语教学中起着举足轻重的作用，词典释义或注释的不当同样会对外语学习者造成负面影响。

5.3.4 学习者的学习策略

学习策略是一套较为有效的认知系统，表现为学习者有效处理影响二语学习的各种可控因素，通过一些技巧或方法促进语言认知过程的顺利发展。查阅词典就是外语学习的重要策略之一。正确地运用学习策略可以有效解决学习中语言输入的问题，提高学习效果。然而，处于中介语系统形成初级阶段的二语学习者，由于对目的词汇和语法规则掌握不足，还没有达到熟练驾驭外语的能力，就试图应用诸如概括(generalization)、推理(inference)、简化(simplification)、缩减(reduction)、迁移(transfer)、省略(omission)和模仿(imitation)等对该语言进行策略性处理，从而发生偏误，导致中介语的产生。比较容易造成偏误的学习策略是迁移、过度概括、简化、替代、回避和推理。负迁移会使学习者在缺少二语语感或背景知识的情况下求助于自己的母语去理解并运用目的语；过度概括会使学习者从一个偶然事例得出一种普遍的观念，并将之不适当地扩大化；简化会让学习者不当地减少他们认为的外语的冗余部分，或对涉及多个构成成分的系统规则、语义规则进行不当缩减或归并；推理会让学习者在遇到新的语词时，根据母语或目的语已知的相关词项猜测性地理解和应用该词的全部语义和用法。这些不同的学习策略往往交织在一起，使用不当常常产生语言偏误。比如，学英语的中国学生在学习"advise/劝告、建议"时记住了这样一个句型"advise sb to inf"(The doctor advised me to give up smoking.)，当他们遇到类似概念的"suggest"时，便自然会用推理的方法把"advise"的句型当作一种普遍的结构，造出"*The doctor suggested me to stay in bed."这样的句子来。同样，外国人学习汉语也是如此。譬如，英语常在谓语动词后用不定式结构(to inf)表示目的，相当于"in order to"、"so as to"，因此以英语为母语的汉语学习者常常会利用这个母语规则推测汉语的句子结构，造出"*老师是一个中国人，他从澳大利亚来到广州为了访问我们俩(赵成新 2006)。"这样的句子。

再如,知道了汉语的“开”与英语的“open”对应,便想当然地推测出“开信”、“开嘴”、“开书”之类的错误搭配,因为“open”可以与“letter(信)”、“mouth(嘴)”、“book(书)”搭配。

5.3.5　学习者的交际策略

交际策略指学习者遇到交际困难,无法用目的语现有词汇准确地表达自己的思想时,有意识或无意识地使用一些语言或非语言手段或技巧来完成交际任务。二语学习者选择交际策略的方法随其语言水平的发展而不断有所变化,即逐步从以母语为基础的策略转向以目的语为基础的策略。交际策略具有潜在的可意识性,是学习者为了完成某些无法完成的交际任务的权宜之计,常用的手法有回避(avoidance)、替代(substitution)、改述(paraphrase)等。由于学习者所掌握的目的语知识有一定的局限性,他们往往对这些策略把握不准、使用不当,从而产生语言偏误。回避指学习者在遇到较难的或没有把握的语词时,通过使用近似或迂回的表达方式绕过应该使用的词项来表达其交际思想的一种策略;替代指以简单的句式代替复杂的句式,以泛指词替代具体词,以上位词替代下位词等策略;改述指学习者在遇到记忆模糊或对其用法没有把握时,借用其他词或短语来表述该词的意思的策略。可以看出,回避是一个总策略,为了回避一些难点或复杂的表达方式,就不得不用替代或改述的方式做迂回表达。譬如,他看书,睡着了(句型回避:他看书时睡着了)。你帮了她,她很谢谢你(近似替代:她很感激你)。全家周末一起吃兔菜(上位词代替下位词:……一起吃兔肉)我今天买了一个很臭的大水果(同义改述:我今天买了一个榴莲)。

研究表明,当二语学习者在掌握了一定的词汇量和语言水平后,就会试图用外语进行交际。由于其词汇和语言能力的局限,他们常常会使用回避、替代和改述等交际策略来实现交流的目的。如果学习者过多使用交际策略,其学习动力就会减弱甚至会停止对新概念、新句型和习惯用法的学习,有时只是被动地增加一些词汇而已。长此以往,就形成语言使用方面的僵化,难以学到地道的目的语。针对这些交际策略,词典可以多提供一些能解决替代和改述的语词和短语,如增加一些专栏和用法说明来介绍必要的同义词、反义词、上下位词和联想词,以及日常交际常用的固定或半固定的短语和习惯表达,以便用户能够通过查阅词典增加其语言输入,逐渐提高和改善他们的交际能力。

5.4 中介语的性质和特点

研究中介语的性质和特点有利于我们把握二语学习者的语言特点和知识结构，有利于词典编纂者了解他们的学习需求，以便寻求对策，改善词典的体例设计和释义方式。

关于中介语的性质特征，国外的研究文献很多（Selinker 1972；Corder 1976，1977；Adjemian 1976；Bialystok 1978；Brown 1987/2001；Selinker, Lashmanan 1992；Yip 1995；Ellis 1999；Selinker, Han 2001），各自的观点也不尽一致。国内这方面的研究也不少（鲁健骥 1993；吕必松 1993；郑银芳 2003；吴丁娥 2001；彭宁红 2004；赵萱 2006；于海军 2007；白凤欣 2007；Zheng 2008），他们有些是介绍国外的相关研究成果，有些是结合英语和汉语作为二语教学所出现的中介语现象提出了一些看法。下面结合自己的体会就这些观点做一综述，以期从中得到对词典学的一些启发。

5.4.1 中介语的系统性

从国外学者对中介语的定义可以看出，二语学习者在相当长的学习阶段形成了自己独立的语言系统。二语学习者的语言偏误不是单纯的语言错误，而是他们在学习过程中受母语迁移和目的语规则泛化的共同影响，对目的语的现象做了不太规范或不地道的理解而产生的特色语言。由于这些语言有其自身的语言规律或语法规则，而且这些规则又已经内化在学习者的大脑记忆（心理词库）中，具有内部一致性和可预测性，因此可以把它看成具备一套独特的语音、语法和词汇规则的语言系统。正如 Corder（1976）所说，在中介语中同时存在着许多语法假设，致使二语习得者头脑中"并存着一系列近似的语法体系"。二语学习者就是运用这个语言系统和语法体系来学习和扩展目的语知识，并进行语言交际的。随着学习者语言能力的不断发展，这个语言系统也逐渐变得复杂，但同时也变得更加清晰，更加有规律可循。这就是中介语系统具有一定普遍性的原因所在。

5.4.2 中介语的可渗透性

中介语是一个开放的系统，随时都在进行着一些调整及变化，因为二语学习者在学习过程中需要不断输入、吸收和内化新的语言表达形式和规则，不断修正前一学习阶段所产生的偏误，逐渐建立正确的语言体系，这就是中介语的可渗透性特点。如果二语学习者的中介语在某一学习阶段失去了这种可渗透性,就会完全僵化,他的语言能力也就停滞不前了。在中介语的定义中我们已经谈到,中介语是一种有学习者的母语特征,不同于目的语的语言系统。这就是渗透性对学习者认知思维的影响所造成的。对中介语的渗透来自两个方面,一是学习者母语的迁移或干扰,二是学习者对已学过的目的语的概念、形态和规则的过度泛化。在外国人学习汉语的初级阶段,即他们还没有获得足够的汉语语感,掌握的汉语习惯表达和语言规则也还很有限时,迁移和泛化对中介语的渗透影响是很大的。

5.4.3　中介语的动态性

正是由于可渗透性,中介语从一开始就沿着"母语→中介语→目的语"的轴线不断发展、不断丰富、不断完善,逐渐向目的语正确的语言系统靠近,最后合二为一。中介语的动态性主要表现在不同的发展阶段上——从一个阶段缓慢地向另一阶段发展。Brown(1987/2001)从二语学习者语言偏误的角度出发,把中介语的动态发展划分为四个阶段:a)系统形成前或随机偏误阶段(pre-systematic/random-error stage):学习者还没有目的语语感,缺乏系统的语言知识,其目的语输出中出现的偏误无规律可循;b)系统初生阶段(emergent stage):学习者开始掌握并内化目的语的某些规则,并能辨认目的语系统中的一些基本成分,语言输出逐渐变得前后一致,但还不稳定;c)系统形成阶段(systematic stage):学习者比较系统地掌握和内化了目的语的语言规则,语言输出已经有些连贯,比较接近目的语系统;d)系统形成后或稳定阶段(post-systematic stage/ stabilization stage):学习者已基本掌握了目的语的语言系统,语言输出比较流利、语义连贯,出现偏误的概率相对比较少。

5.4.4　中介语的僵化性

语言僵化(fossilization)现象指外语学习者中介语中的一些语言单位、语言规则和系统性知识逐渐呈现固化状态,其年龄增长和学习量的增加都无法改变这种状态(Selinker 1992)。僵化的发生意味着学习者的二语学习在还未达到目的语的规范模式之前就永久地停止了(Selinker, Lakshmanan 1992)。Selinker 和 Han(2001) 概括了僵化现象的六个特征:a)发展的停滞;b)发生在中介语的各个层面,包括语音、音位、词法、句法、语义、篇章和语用等;c)具有持久性与顽固性(persistent and resistant);d)可发生在成人或儿童二语学习者中;e)常表现为语言退化(backsliding)、学习高原,会出现各类固化的、典型的、习惯性的错误，长期无法输出地道的目的语等；f）具体的、持久的中介语特征可以通过实证研究揭示出来。由此可见，僵化可使中介语整个系统都停止发展，最终会导致学习者语言能力的僵化。Selinker（1972，1992）的研究表明，只有 5 % 的二语学习者能最终达到目的语的水平，而绝大多数人尽管一生都在学习或使用外语，但他们一直处在中介语系统中，无法到达这个连续体的终点——目的语。从我们对周围二语学习者的观察来看，僵化就是学习者学到了一定程度就再也无法进步了，其中介语处于永久的停顿状态。僵化的形成是由一定的内外因素造成的，除了学习者生理、心理以及认知方式和认知情感因素外（如达到学外语的临界年龄、失去继续学习的兴趣、缺乏用外语进行交际的动机等），一些外部环境（如教学的水平、教材的难度、学习的语言环境和客观需求等）也是僵化产生的重要因素。

5.4.5 中介语的反复性

在外语学习过程中，随着外语水平的不断提高，中介语逐步摆脱母语的迁移和目的语过度泛化的影响，一步一步地向着地道的、规范的目的语运动。但这种运动并不直线前进的，而是经常出现反复，表现出明显的曲折变化。这就是中介语的反复性。中介语的反复性表现为某些已经得到纠正的偏误又重新有规律地反复出现。外语（包括对外汉语）教师会经常遇见这一现象，刚刚纠正的错误，学生可能会马上再犯，或者过一段时间后又重犯。反复性从另一个角度说明了中介语的顽固性。出现反复性的原因是多方面的，包括母语干扰、目的语规则过度泛化、教学训练失误、学习者学习策略不当等。从认知心理学的角度来讲（Carroll 2000），信息来源于外界环境刺激，处理过程分为感觉存储、工作记忆和长期记忆三个阶段，学习中得到的输入信息经暂时保存后还需要调出做进一步加工。加工的容量与信息输入的难度和先备知识有关，如果信息是全新的或与长期记忆中的母语迁移、目的语规则泛化以及其他偏误的僵化等发生冲突，输入信息就难以转化成摄入信息而不被吸收，也得不到长期记忆的支持，这样，处在长期记忆中的偏误就会占据上风，在被纠正后不久又会重新出现。

总的来说，中介语的反复和曲折只表现在语言的局部层面，并发生在某些特定语言发展阶段，中介语作为整体系统仍然不断向目的语运动，除非故意终止学习行为或全面发生僵化现象。词典研究和编纂者应该把中介语的调查作为用户调查的重要内容之一，要弄清学习者用户中介语发展的特点和规律，并根据这些特点和规律进行词典的结构设计和释义，使二语学习词典能更有效地解决中介语中出现的问题。

5.5 小结

综上所述,中介语是二语学习者在学习过程中形成的独特语言系统,是二语习得理论和实践的重要组成部分。中介语既不同于学习者的母语,也不同于其目的语,它的起点是根植于母语之上,但又要不断地摆脱母语、逐渐向目的语发展,并最终靠近第二语言。因此,中介语的形成和发展具有系统性。但在中介语漫长的发展过程中,学生的语言习得会不断受到母语负迁移、目的语规则过度泛化、训练和学习方法失当等因素的消极影响,使得中介语具有较强的渗透性、动态性和反复性。如果学习者的二语习得达到了一个临界点而又无法或不努力去突破时,中介语就会发生僵化,无法完成向目的语转化的最终目标。

无论怎样,随着学习者二语水平的不断提高,以母语为基点的语际负迁移会逐渐减少,而目的语规则的过度泛化则有可能增加,但只要学习者不断地习得更多、更细的规则,这种泛化会逐渐趋于理性。用理性推理可以掌握目的语更多的语言规律,最后获得真实的二语语感。可见,二语学习的过程是一个创造性的语言习得过程,只要词典编纂者能够把握好中介语发展过程中的“创新”规律,就能编纂出符合中介语认知特点的词典来,从而对目的语的教学和学习起到积极的推动作用。

第六章　二语学习中的中介语偏误的实证研究

中介语是二语学习者在语言习得过程中形成的一种独特的语言体系，有其自身的特点和规律。这个语言系统在语音、语法、语义和语用等方面都有着既不同于母语，也不同于目的语的地方。研究中介语以及中介语偏误①产生的原因、类别和特点对第二语言习得和教学有着重要的指导作用，对外向型汉语词典的研究和编纂具有重要的实践意义。

中介语的研究需要大量的真实语言素材，而中介语语料库正是这类语言素材的集合，能综合体现二语学习者应用外语的能力和语言特点。因此，中介语语料库能准确、快速地提供二语学习者在语言应用各个层面的真实信息，是分析和研究外国人在学习过程中二语偏误的有效工具。许多学者（鲁健骥 1993；周小兵 1996；James 2001；王瑛 2007；石琳 2008）都做过基于语料库的中介语偏误研究，各自对偏误的分类也有所不同，有四类、五类和六类之分，包括错位、错序、多用、漏用、误代、误加、误用、遗漏和杂糅等，归纳起来为：词汇错误（错词、多词、缺词）、用词错误和句式错误。张博等（2008）出版了《基于中介语语料库的汉语词汇专题研究》的专著，从词汇、语义和词法的角度对中介语的偏误进行了系统的研究。本研究也将借助语料库对外国留学生的汉语中介语进行系统的分析。

6.1　中介语语料的抽样及样本情况

本研究语料取自北语的“HSK 动态作文语料库”，它是非本族语汉语学习者（外国人）参加高等汉语水平考试（HSK 高等）的作文答卷语料库，

① 虽然学术界有“错误”、“失误”和“偏误”之分，但本章为了行文的需要以及与北语语料库保持统一，如没有特别说明，本章中出现的“错误”、“失误”和“误用”都等同于“偏误”。

收录了1992—2005年的部分外国考生写的作文,共计10740篇,约400万字(http://202.112.195.8/hsk/index.asp)。本研究的主要目的是考察英美国家汉语学习者中介语偏误情况,但为了进一步考察东西方文化背景下非本族语汉语学习者的学习特点及其差异,还抽检了日本学习者的作文。

"HSK动态作文语料库"对字、词、句、篇等方面的偏误都进行了标注,为我们的分析研究提供了方便。但由于该库的语料容量很大,我们无法也没有必要把所有的文章都纳入分析。为了能有效而又系统地了解非本族语学习者汉语中介语用词偏误情况,我们采取了随机抽样的方法,从语料库中抽出英国学习者的文章99篇(其中A证的10篇,B证的32篇,C证的30篇和无证的27篇),美国学习者的文章100篇(其中A证的3篇,B证的16篇,C证的33篇和无证的48篇)和日本学习者的文章100篇(其中A证的3篇,B证的10篇,C证的40篇,无证的47篇)。

语料库在词汇层面上共标注了五类词的偏误情况,包括错词、缺词、多词、离合词和外文词(用外文词代替汉语词)。我们按这五个方面对抽出的中介语作文进行了统计,主要词误数据如表6—1所示。

表6—1 美、英、日学习者的词误情况

项目	美国	英国	日本
错词	398	470	403
多词	149	133	158
缺词	136	152	158
离合词	0	0	3
外文词	0	0	0

从表6—1可以看出,英、美、日学习者的词误主要有三种:错词、多词和缺词。其中错词占整个词误的60%左右,缺词和多词的比重也不可小视。为了进一步弄清这些词误的特征和原因,我们将这三个国家的学习者的语料在原标注的基础上重新赋码,以《现汉》(第5版)和《现代汉语规范词典》为依据,标出词误部分的词类和错误特征类型,然后再分别分析"错词"、"缺词"和"多词"的词类分布和属性特征的分布。

这里需要特别说明的是,从表6—1提供的偏误数量来看,似乎英、美、日学习者的错误并不是很多,每100篇作文中总共只有700个。其实不然,真实语料的偏误要比这高得多,造成这个结果的主要原因是:a)这里只统计了原语料库标注为词误的部分,其他许多错误被纳入句法或语篇失误中去了,超出了我们的研究范围,故没有计算在内;b)所选作文样本都比较短小，平均在200词左右，偏误的绝对量虽然不高，但平均比例并不低。

6.2 关于中介语错词偏误的分析

按照语料库设计人员的解释，错词指语词和成语的使用偏误，或使用错误的语词或成语。包括四种情况：a)错序，即词序颠倒。b)错用，即该用甲词而用了乙词；这种情况类似别字，但属于用词层面上的错误。c)生造词，指学习者自造的或某些外语中可能有而汉语中不存在的词。d)词语搭配错误，包括词类、音节等方面的搭配错误。

6.2.1 错词偏误中的词类分布

词类是指词在语法功能上最基本的分类，它反映了语词的分布特征，是二语学习者最先接受到的外语语法信息之一。在汉语词典和汉外词典中标注词类，是多年来词典用户和词典编者共同的愿望，也是信息时代对汉语辞书提出的新要求。因此，对中介语偏误词类分布的调查具有重要的词典学意义。在对语料进行词类标注后，我们分别统计出了英、美、日学习者所有错词偏误的词类分布情况，具体数据分别列举如下。

表6—2 美国学习者错词偏误的词类分布情况

等级 \ 词类	A 证		B 证		C 证		无 证		总 计	
	3篇	频次	16篇	频次	33篇	频次	48篇	频次	100篇	频次
动 词	0	0	13	0.813	51	1.545	72	1.5	136	1.36
名 词	0	0	13	0.813	37	1.121	41	0.854	91	0.91
助 词	0	0	9	0.563	13	0.394	12	0.25	34	0.34
副 词	0	0	3	0.188	8	0.242	20	0.417	31	0.31
形容词	1	0.333	2	0.125	6	0.182	12	0.25	21	0.21
介 词	1	0.333	2	0.125	10	0.303	13	0.271	26	0.26
连 词	0	0	0	0	9	0.273	11	0.229	20	0.2
代 词	0	0	1	0.063	7	0.212	12	0.25	20	0.2
量 词	0	0	0	0	4	0.121	5	0.104	9	0.09
数 词	0	0	0	0	0	0	3	0.063	3	0.03
方位词	0	0	0	0	1	0.030	2	0.042	3	0.03
短 语	0	0	0	0	1	0.030	3	0.063	4	0.04
总 计	2	0.667	43	2.688	147	4.455	206	4.292	398	3.98

表 6—3　英国学习者错词偏误的词类分布情况

等级 词类	A 证		B 证		C 证		无 证		总 计	
	10 篇	频次	32 篇	频次	30 篇	频次	27 篇	频次	99 篇	频次
动 词	15	1.5	49	1.531	32	1.067	51	1.889	147	1.485
名 词	10	1	28	0.875	25	0.833	39	1.444	102	1.03
助 词	3	0.3	3	0.094	11	0.367	3	0.111	20	0.202
副 词	5	0.5	10	0.313	16	0.533	19	0.704	50	0.505
形容词	2	0.2	12	0.375	5	0.167	12	0.444	31	0.313
介 词	0	0	9	0.281	15	0.5	8	0.296	32	0.323
连 词	2	0.2	9	0.281	7	0.233	9	0.333	27	0.273
代 词	1	0.1	7	0.219	6	0.2	5	0.185	19	0.192
量 词	1	0.1	2	0.062	4	0.133	1	0.37	8	0.08
数 词	1	0.1	0	0	0	0	1	0.37	2	0.02
方位词	0	0	3	0.094	4	0.133	5	0.185	12	0.121
短 语	1	0.1	11	0.344	6	0.2	2	0.074	20	0.202
总 计	41	4	143	4.469	131	4.367	155	5.741	470	4.737

表 6—4　日本学习者错词偏误的词类分布情况

等级 词类	A 证		B 证		C 证		无 证		总 计	
	3 篇	频次	10 篇	频次	40 篇	频次	47 篇	频次	100 篇	频次
动 词	0	0	11	1.1	36	0.9	70	1.489	117	1.17
名 词	4	1.333	10	1	39	0.975	51	1.085	104	1.04
助 词	1	0.333	2	0.2	7	0.175	7	0.149	17	0.17
副 词	0	0	2	0.2	19	0.475	21	0.447	42	0.42
形容词	0	0	5	0.5	12	0.3	14	0.298	31	0.31
介 词	0	0	3	0.3	12	0.3	10	0.213	25	0.25
连 词	0	0	1	0.1	8	0.2	10	0.213	19	0.19
代 词	0	0	1	0.1	3	0.075	7	0.149	11	0.11
量 词	0	0	0	0	8	0.2	11	0.234	19	0.19
数 词	0	0	1	0.1	3	0.075	1	0.021	5	0.05
方位词	2	0.667	1	0.1	1	0.025	3	0.064	7	0.07
短 语	1	0.333	1	0.1	1	0.025	3	0.064	6	0.06
总 计	8	2.667	38	3.8	149	3.725	208	4.426	403	4.03

从表 6—2 至表 6—4 可以看出，实词在各国学习者的错词偏误中占有绝对大的比重。三个表依次所示实词偏误是 367 个、350 个和 310 个，分别占各自错词偏误总量的 76%、75% 和 77% 左右。英、美、日国家的学习者都是在动词和名词上错误最多。这提醒我们在词典编纂中要特别注意对实词的释义和同形、同音、同义词辨析。

同时,表中的数据还反映出了不同语言水平学习者的错词偏误分布。HSK 汉语水平考试证书共分 ABC 三个等级,其中 A 级为最高水平。通过一定汉语语言水平测试者才能获得相应的等级证书。由于本次所抽取的语料篇数有限,而且是在随机抽样后再进行等级分类的,所以各等级人数的分布不均,如美国和日本的 A 级学习者的文章仅有 3 篇,而无证者则分别是 48 和 47 篇,所以仅从偏误的绝对数上看难以做出科学的评价。为了便于比较,我们按每一组的偏误数据换算出了每一汉语等级学习者的篇均错词频次;通过对这些数据的分析,可以初步得出以下结论:

1)从总的趋势来看,随着学习者语言水平的提高(证书级别的提高),各种词类的错词偏误有所减少。但每个国家的学习者都有个反常的阶段,如美国的 C 级学习者平均每篇文章有 4.455 个偏误,高于无证者的 4.292,也远远高于总体平均水平;英国的 B 级学习者平均每篇有 4.469 个错词,高于 C 级的篇均 4.367 个;日本的 B 级学习者平均每篇有 3.8 个偏误,也高于 C 级的篇均 3.725 个。这一现象看似反常其实有其合理性,这可能反映出 B 级或 C 级学习者处于词汇量增加的活跃阶段,但由于对新增词汇的意义或用法掌握得不牢固,尝试性的使用导致了错词偏误数目的增加;另一方面,也印证了中介语学习与错词偏误具有反复性或曲折性的特点,但总体是进步发展的。

2)从偏误比重来看,实词特别是动词和名词的错词偏误占整个错词偏误量的绝大部分,因为动词和名词是构成语言交际概念框架的主要成分,用得多失误也相应地多;但是随着学习者汉语水平和交际能力的不断提高,其实词失误的比重也相应明显减少。

3)从偏误的发展态势方面看,虽然虚词失误只占各国学习者偏误总量的一小部分,但是虚词失误的比重往往并不是随着学习者水平的提高而降低。这是因为初学者使用实词的机会比较多,而对于难学难用的虚词,他们接触的并不多,且学习者在交际(包括写作)中往往会利用交际策略故意回避使用虚词。但随着学习者汉语水平的提高,交际内容不断丰富,虚词失误的比重反而会节节上升。

6.2.1.1 错词偏误中实词的词类分布

汉语实词包括哪些词类说法不一,但较统一的有六类说和八类说,后者是在前者"名词、动词、形容词、数词、量词、代词"的基础上加上副词和叹词两类。本文所谈的实词是根据对外汉语教学的特点,在八类的基础上去除量词和叹词,并把这两者归为虚词来处理。为了进一步观察不同水平学习者错词偏误的词类分布,我们分别绘出了各个汉语等级的实词失误篇均频次和虚词失误篇均频次的柱状图。下面我们先来比较一下实词偏误的分布情况(动:动词;名:名词;副:副词;代:代词;数:数词)。

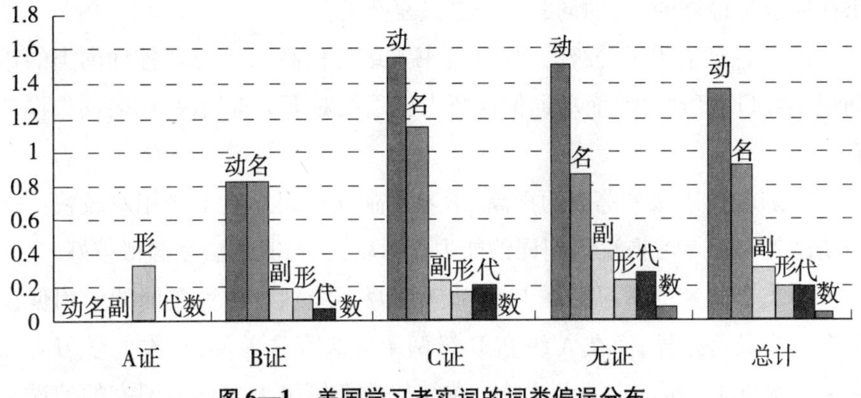

图6—1　美国学习者实词的词类偏误分布

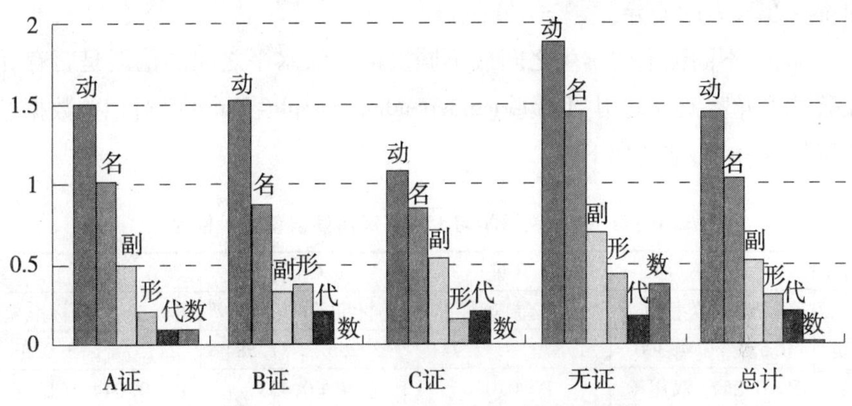

图6—2　英国学习者实词的词类偏误分布

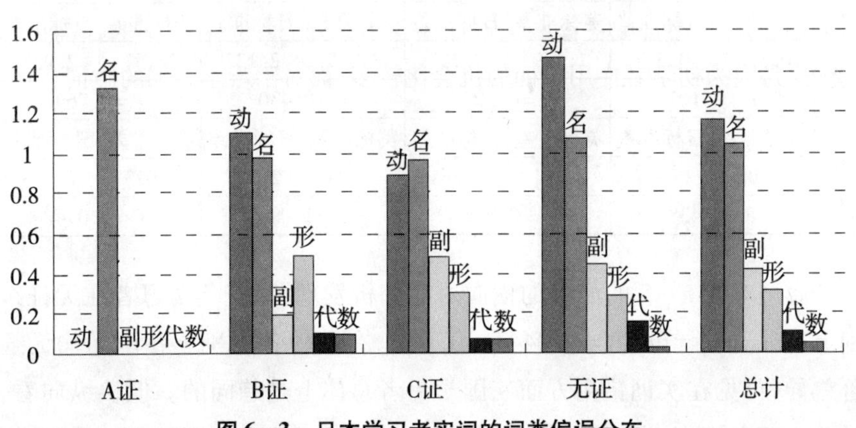

图6—3　日本学习者实词的词类偏误分布

图6—1至6—3显示出三个国家汉语学习者实词偏误的词类分布情

况，通过对比分析可以看出：

1）总体上看，错词频次最高的词类是动词，然后是名词、副词、形容词、代词和数词。这种结果是符合常理的，因为动词和名词在写作中所占的比重往往也是最高的，且动词的用法是最复杂的。

2）随着汉语水平等级的提高（证书等级的提高），学习者各种词类的错词偏误数目有所减少，而动词偏误所占比重相对下降得较快，而名词失误却有所上升。

3）随着汉语水平等级的提高，学习者副词失误比重下降相对较快。这说明国外学习者习得汉语副词的能力相对较强，对其用法掌握得较好。

4）英美国家的学习者在 C 级和无证两个级别对各种实词的使用偏误分布没有显著差异，而在 A 级和 B 级两个等级存在差异；日本的学习者除在无证级别上与英美国家一样外，在其他几个等级上与英美国家的偏误分布都存在较大的差异。

那么，不同国家留学生之间或不同汉语等级水平之间的偏误是否存在显著性差异呢？我们用“T 检验（Independent-samples T test）”对相关数据进行了统计分析，结果如下：

表 6—5　各国汉语学习者实词错用偏误差异 T 检验

国别	A 证		B 证		C 证		无证	
英美	美标准差	英标准差	美标准差	英标准差	美标准差	英标准差	美标准差	英标准差
	0.577	4.300	1.879	2.741	3.255	1.584	2.157	3.023
	P = 0.257（双尾检验，下同）		P = 0.078		P = 0.433		P = 0.044 有显著差异	
日美	美标准差	日标准差	美标准差	日标准差	美标准差	日标准差	美标准差	日标准差
	0.577	0.577	1.879	2.261	3.255	2.127	2.157	2.933
	P = 0.101		P = 0.207		P = 0.430		P = 0.769	
日英	英标准差	日标准差	英标准差	日标准差	英标准差	日标准差	英标准差	日标准差
	4.300	0.577	2.741	2.261	1.584	2.127	3.023	2.933
	P = 0.438		P = 0.746		P = 1.000		P = 0.094	

通过对表 6—5 的 P 值的横向对比分析发现，除美英学习者在无证级别上有显著差异外（P = 0.044 < 0.05），在其他各级别上各国间均无显著差异，可见在实词错用方面三国学习者总体上是趋同的。但从纵向看，随着学习者语言水平的提高，美英学习者的差异概率逐渐缩小（P 值由无证的 0.044 上升到 A 证的 0.257），而美日和英日学习者的差异概率逐渐

扩大(美日 P 值由无证的 0.769 降低到 A 证的 0.101,英日 P 值由 B 证的 1.000 降低到 A 证的 0.438),产生这些变化的主要原因可能是,随着语言水平的提高,文化差异因素对中介语的影响开始凸显出来。在学习的初级阶段带有普遍性的低级错误往往掩盖了文化差异带来的冲击,而随着语言水平的提高,文化因素对语言的影响也会越来越大,所以文化相近的美英国家差异逐渐缩小,而文化差异较大的英日、美日国家的差异逐渐增大。

6.2.1.2　错词偏误中虚词的词类分布

在表 6—2 至表 6—4 的比较中,我们已经发现虚词失误的比重总体上随着语言水平的提高不降反升。可见,在汉语作为外语的习得中,克服虚词偏误的耗时要比实词习得长得多。下面的柱状图可以为我们提供更直观的信息(助:助词;介:介词;连:连词;量:量词;方:方位词)。

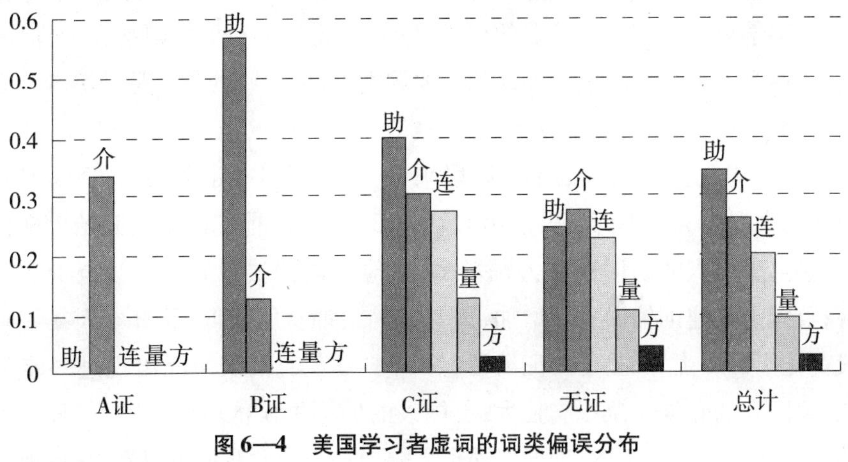

图 6—4　美国学习者虚词的词类偏误分布

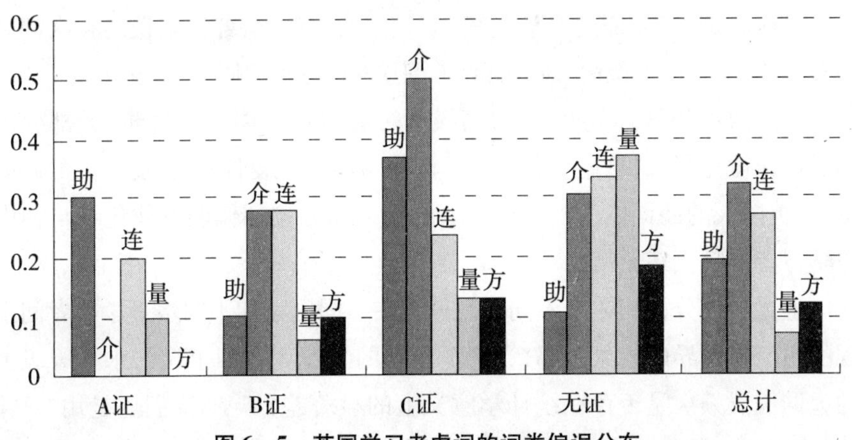

图 6—5　英国学习者虚词的词类偏误分布

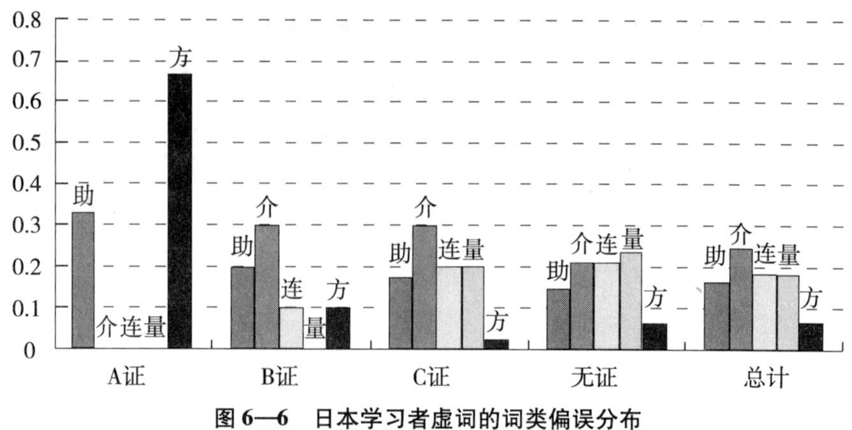

图 6—6　日本学习者虚词的词类偏误分布

观察图 6—4 至 6—6 可以看出，美、英、日三个国家汉语学习者虚词偏误的词类分布情况如下：

1）总的来看，在虚词的错词偏误方面，虽然各国学习者的表现不尽相同，美国学习者虚词失误最多的词类是助词，而英国和日本则是介词，但助词、介词和连词是各国虚词偏误的主要词类，说明这些词类也是学习者二语习得的难点。

2）从虚词失误发展的不同阶段来看，由无证到 C 证阶段，各国学习者虚词的失误率大多不降反升。由 C 证到 B 证阶段，他们的偏误开始出现较大差异，美国人的助词偏误大幅增多，其他虚词偏误明显减少甚至少到没有；英国人的连词偏误有所增加，但其他偏误都有所降低；而日本人在该阶段变化不大。由 B 证到 A 证阶段，各国学习者的偏误情况出现进一步分化，美国人的介词失误一支独大；英国人的助词失误依然居高不下；日本人的方位词失误突然激增，助词失误也大幅增加。由此我们可以看出，各国学习者在初级阶段（无证到 C 证阶段）有较强的相似性，各种偏误的频次都呈上升趋势，但在中高级阶段（B 证到 C 证）表现各不相同。

3）从最终的习得结果来看，高级学习者取得了明显的进步，大部分虚词的偏误被克服，但总还会有那么一两项啃不下的硬骨头，如美国人的介词偏误，英国人的助词偏误以及日本人的助词和方位词偏误往往比各自初中级学习者的频次还要高。

上述对比分析阐述了不同词类偏误在不同国家和不同水平学习者间出现的相似或相异的现象。那么，三个国家的学习者在四个汉语水平等级上的虚词偏误频次是否存在统计学意义上的显著差异呢？我们还是用“T 检验”来对相关数据进行分析，结果如下：

表 6—6　各国汉语学习者虚词错用偏误差异 T 检验

国别	A 证		B 证		C 证		无证	
英美	美标准差	英标准差	美标准差	英标准差	美标准差	英标准差	美标准差	英标准差
	0.577	0.966	0.793	0.808	1.166	1.402	1.016	1.160
	P = 0.664		P = 0.528		P = 0.451		P = 0.795	
日美	美标准差	日标准差	美标准差	日标准差	美标准差	日标准差	美标准差	日标准差
	0.577	1.732	0.793	0.675	1.166	1.172	1.016	1.013
	P = 0.561		P = 0.967		P = 0.424		P = 0.910	
日英	英标准差	日标准差	英标准差	日标准差	英标准差	日标准差	英标准差	日标准差
	0.966	1.732	0.808	0.675	1.402	1.172	1.160	1.013
	P = 0.606		P = 0.614		P = 0.134		P = 0.726	

通过对表 6—6 中 P 值的纵向和横向对比分析发现，美、英、日三国学习者在虚词的偏误频次在整体上没有统计学意义的显著差异，除英日学习者在 C 证有较高的差异概率外，在其他各阶段各国不仅没有太大差异，反倒有很高的相似度（P 值在 0.424 到 0.967 之间）。结合前文虚词偏误词类分布的对比分析，我们可以发现以下的问题：

1）从宏观层面上讲，各国学习者在汉语习得方面首先存在着一些普遍的共性，表 6—6 就反映了这种共性在虚词偏误中的存在，但在这共性的外衣下包裹着形形色色的个性特征，通过对虚词词类细致的比较可以清楚看到各国学习者特别是高级学习者所表现出的偏误差异，如果能把各类虚词分析具体到某个词的话（如“的、得、地”的用法等），可能会发现更多的偏误差异。

2）汉语虚词的学习对各国学习者来说都是个难题，当他们的汉语水平达到了较高等级后，国别文化差异就会逐渐显现出来，从而给二语习得造成更多的干扰。

6.2.2　各国学习者错词偏误的属性分布

如前所述，错词是指语词和成语的使用偏误，包括错序、混淆、生造和搭配四种失误。但在语料的实际标注中，语料库的建设者并没有把这几种情况区别开来，而是把它们统一注为错词。为了考察错词偏误语言属性的具体分布情况，发现引起这些失误的原因，这里对错词类型进行了重新标注，共分了九种类型：a）语法失误，指由于词类等使用不当造成的句子成分或句法结构失误；b）搭配失误，即一个词与其他词的不当搭配或共现；c）语义失误，包括对词义的错误理解和同、近义词的词义混淆；d）生造词，指汉语中没有，学习者自造的词；e）错序，即词序颠倒；f）单、双音节混淆，即混淆了汉语单音节词和双音节词；g）语用失误，这里仅指语体使用不得当；h）音近混淆,即语词读音相近所造成的混淆;i)形近混淆,即语词书写形式相近所造成的混淆。需要说明的是,由于汉字是形音义结合的统一体,有时对一种失误很难判断是义近混淆,音近混淆还是形近混淆。我们只能根据平时经验来判断形音义这几个因素中哪个干扰性最大,选取造成失误的最大干扰项作为偏误的原因。具体统计数据如下:

表6—7 各国学习者中介语错词偏误的属性分布

国别	语义	语法	搭配	造词	单双	语序	语用	音近	形近	总计
美国	138	51	108	39	19	12	8	20	3	398
英国	137	30	159	82	17	9	20	14	2	470
日本	162	38	125	37	17	10	5	8	1	403
总计	437	119	392	158	53	31	33	42	6	1271

注:表中"单双"是指"单、双音节混淆",下同。

表6—8 各国学习者错词偏误类型与总偏误数的比率

国别	语义	语法	搭配	造词	单双	语序	语用	音近	形近
美国	0.347	0.128	0.271	0.098	0.048	0.030	0.020	0.050	0.008
英国	0.291	0.064	0.338	0.174	0.036	0.019	0.043	0.030	0.004
日本	0.402	0.094	0.310	0.092	0.042	0.025	0.012	0.020	0.002
总计	0.344	0.094	0.308	0.124	0.042	0.024	0.026	0.033	0.005

从表6—7和6—8可以看出:a)各国学习者错词偏误都主要分布在语义和搭配层面上;b)日本和美国人的语义失误最多,而英国人的搭配失误最多;c)英、美、日三国学习者的作文中都有较大数量的生造词。

6.2.2.1 不同词类错词偏误的属性分布

如上所述,学习者的错词偏误可发生在语言属性的各个层面上,尤其在语义、搭配和语法层面上。另一方面,不同错词偏误可能与语词的词类有一定的联系,不同的词类发生偏误的原因和特征会有一定的区别。为了验证这个假设,我们将英、美、日三国学习者在不同词类所出现的偏误特征进行了统计分析。

表6—9 美国学习者不同词类错词偏误的属性分布

词类	语义	语法	搭配	造词	单双	语序	语用	音近	形近	总计
动词	60	4	37	11	11	2	2	8	1	136
名词	41	1	13	18	7	4	2	5	0	91
助词	1	32	0	1	0	0	0	0	0	34
副词	4	5	14	5	0	1	0	2	0	31

续表

形容词	4	1	7	2	1	2	0	2	2	21
介词	4	5	17	0	0	0	0	0	0	26
连词	11	3	5	0	0	0	0	1	0	20
代词	13	0	3	1	0	0	3	0	0	20
量词	0	0	8	0	0	1	0	0	0	9
数词	0	0	1	0	0	0	0	2	0	3
方位词	0	0	3	0	0	0	0	0	0	3
短语	1	0	0	0	0	2	1	0	0	4
总计	139	51	108	38	19	12	8	20	3	398

表 6—10　英国学习者不同词类错词偏误的属性分布

词类	语义	语法	搭配	造词	单双	语序	语用	音近	形近	总计
动词	45	3	53	23	11	3	6	3	0	147
名词	45	3	18	19	2	3	4	6	1	101
助词	1	16	0	0	0	0	3	0	0	20
副词	13	1	24	1	1	1	5	3	1	50
形容词	8	2	5	12	2	2	0	1	0	32
介词	4	1	25	1	0	0	0	0	0	31
连词	12	0	8	7	1	0	0	0	0	28
代词	8	3	6	1	0	0	1	0	0	19
量词	0	0	8	0	0	0	0	0	0	8
数词	0	0	2	0	0	0	0	0	0	2
方位词	1	1	10	0	0	0	0	0	0	12
短语	0	0	0	18	0	0	1	1	0	20
总计	137	30	159	82	17	9	20	14	2	470

表 6—11　日本学习者不同词类错词偏误的属性分布

词类	语义	语法	搭配	造词	单双	语序	语用	音近	形近	总计
动词	57	5	36	7	5	4	1	2	0	117
名词	42	2	17	23	8	5	2	4	1	104
助词	3	14	0	0	0	0	0	0	0	17
副词	22	3	12	3	1	0	1	0	0	42
形容词	13	0	15	1	1	0	0	1	0	31
介词	1	2	22	0	0	0	0	0	0	25
连词	13	3	1	1	1	0	0	0	0	19
代词	7	4	0	0	0	0	0	0	0	11
量词	3	1	15	0	0	0	0	0	0	19
数词	0	2	2	0	0	0	0	1	0	5

续表

方位词	1	0	5	0	1	0	0	0	0	7
短语	0	2	0	2	0	1	1	0	0	6
总计	162	38	125	37	17	10	5	8	1	403

表6—9至表6—11显示，学习者错词偏误的某些属性有明显的词类趋向性，且不同国家的学习者在词类倾向性上也有一定的差异。从整体上看，语义失误多发生在实词中，语法和搭配失误多发生在虚词中。从个体上看，动词的失误主要出现在语义和搭配层面上，其次是生造词和单双音节词混淆；名词的失误主要出现在语义和生造词层面上，其次是搭配和单双音节词混淆；副词、连词失误主要集中在语义和搭配层面上，形容词失误集中在语义、搭配和生造词上，代词失误集中在语义、搭配和语法上，助词失误集中在语法上，介词、量词和方位词失误则集中在搭配上。从国别角度讲，在动词、名词、助词和形容词的使用偏误方面，英国人与日本人之间没有显著差别，而与美国人则有显著差异；在方位词、短语、介词和连词的偏误方面，美国人与日本人之间没有显著差别，而与英国人有显著或较大差异；在代词和量词的偏误方面，美国人与英国人之间没有显著差别，而与日本人有较大差异；各国学习者在副词的偏误方面均有一定的差异，而在数量词方面，则都没有显著差异。

6.2.2.2　不同等级学习者错词偏误的属性分布

不同语言水平学习者所习得的汉语语言能力不一样，因此他们对汉语的语感和所犯语言错误的特点也不尽相同。在表6—12中，第一横向栏目所列的偏误属性在纵向栏目的每一等级中包含两个数据，一是偏误特征实有数目，二是该类型偏误的篇均频次。

表6—12　美国不同等级学习者错词偏误的属性分布

级别		语义	语法	搭配	造词	单双	语序	语用	音近	形近	总计
A证	偏误	0	0	1	0	0	1	0	0	0	2
	频次	0	0	0.333	0	0	0.333	0	0	0	0.667
B证	偏误	12	13	3	7	5	1	1	1	0	43
	频次	0.75	0.813	0.188	0.438	0.313	0.063	0.063	0.063	0	2.688
C证	偏误	60	14	36	10	8	5	6	6	2	147
	频次	1.818	0.424	1.091	0.303	0.242	0.152	0.182	0.182	0.061	4.455
无证	偏误	66	24	68	22	6	5	1	13	1	206
	频次	1.375	0.5	1.417	0.458	0.125	0.104	0.021	0.271	0.021	4.292
总计	偏误	138	51	108	39	19	12	8	20	3	398
	频次	1.38	0.51	1.08	0.39	0.19	0.12	0.08	0.2	0.03	3.98

表 6—13　英国不同等级学习者错词偏误的属性分布

级别		语义	语法	搭配	造词	单双	语序	语用	音近	形近	总计
A 证	偏误	14	4	6	6	3	0	6	2	0	41
	频次	1.4	0.4	0.6	0.6	0.3	0	0.6	0.2	0	4.1
B 证	偏误	35	7	58	30	4	2	3	4	0	143
	频次	1.094	0.219	1.813	0.938	0.125	0.063	0.094	0.125	0	4.469
C 证	偏误	26	11	55	22	0	3	8	6	0	131
	频次	0.867	0.367	1.833	0.733	0	0.1	0.267	0.2	0	4.367
无证	偏误	62	8	40	24	10	4	3	2	2	155
	频次	2.296	0.296	1.481	0.889	0.37	0.148	0.111	0.074	0.074	5.741
总计	偏误	137	30	159	82	17	9	20	14	2	470
	频次	1.384	0.303	1.606	0.828	0.172	0.091	0.202	0.141	0.02	4.747

表 6—14　日本不同等级学习者错词偏误的属性分布

级别		语义	语法	搭配	造词	单双	语序	语用	音近	形近	总计
A 证	偏误	1	1	3	2	1	0	0	0	0	8
	频次	0.333	0.333	1	0.667	0.333	0	0	0	0	2.667
B 证	偏误	13	0	18	0	1	1	0	4	1	38
	频次	1.3	0	1.8	0	0.1	0.1	0	0.4	0.1	3.8
C 证	偏误	51	15	57	16	7	1	2	0	0	149
	频次	1.275	0.375	1.425	0.4	0.175	0.025	0.05	0	0	3.725
无证	偏误	97	22	47	19	8	8	3	4	0	208
	频次	2.064	0.468	1	0.404	0.17	0.17	0.064	0.085	0	4.426
总计	偏误	162	38	125	37	17	10	5	8	1	403
	频次	1.62	0.38	1.25	0.37	0.17	0.1	0.05	0.08	0.01	4.03

表 6—12 至 6—14 显示：a）随着学习者汉语水平的提高，错词偏误的频次总体上趋向降低，但局部有反复。如美国 C 级学习者在语义失误方面相对于无证者失误率有所上升；美国 B 级学习者在语法失误方面相对于 C 级和无证学习者的失误率有所上升；英国 A 级、B 级和 C 级学习者在语义方面的失误率随着等级的提高不降反升；英国学习者在语法方面的失误率随着等级的提高也有上升的趋势；日本 B 级学习者在语义方面的失误率相对于 C 级学习者有所上升，等等。b）各国学习者在搭配、生造词和单双音节词混淆方面的失误率也随着汉语等级的提高总体上呈上升趋势。

6.3 关于中介语缺词偏误的分析

长期以来,人们在中介语用词偏误分析中一直比较关注错词问题。其实,缺词和多词现象也能或多或少地反映中介语的语言状态和发展特征。据统计,在我们所抽取的英、美、日三国学习者的作文样本中,美国缺词136个,英国152个,日本158个。为了能对所抽取的样本进行细致的观察和分析,我们对所抽样本的缺词偏误也重新进行了词类标注和失误属性的标注。

6.3.1 不同等级学习者缺词偏误的词类分布

缺词是中介语的一个重要特征,主要表现是句子成分不完整,固定搭配、习惯共现结构和习惯表达等残缺。因此,缺词常常会造成文章的语句不通畅、衔接不紧密、表达不清晰。认清中介语缺词的词类分布情况和引起缺词偏误的原因对中介语的研究和词典编纂都具有重要意义。

经过词类标注后,我们分别对英、美、日学习者缺词情况进行了统计,并分析了缺词的词类分布情况。对应于学习者的每一等级,我们统计出了两个数据,左边的数字是某类词的缺词数量,右边的是该类缺词在该级别中出现的篇均频次,如助词在A级学习者的3篇文章中缺了1次,A证的篇均缺词频次就是:1/3≈0.333。

表6—15 美国各等级学习者缺词偏误的词类分布

等级 词类	A证		B证		C证		无证		总计	
	缺词	频次	缺词	频次	缺词	频次	缺词	频次	缺词	频次
动词	0	0	1	0.063	4	0.121	5	0.104	10	0.1
名词	0	0	1	0.063	1	0.030	4	0.083	6	0.06
助词	1	0.333	4	0.25	14	0.424	34	0.708	53	0.53
副词	0	0	0	0	1	0.030	7	0.146	8	0.08
形容词	0	0	0	0	0	0	3	0.063	3	0.03
介词	0	0	4	0.25	2	0.061	9	0.188	15	0.15
连词	0	0	1	0.063	2	0.061	6	0.125	9	0.09
代词	0	0	1	0.063	0	0	3	0.063	4	0.04
量词	0	0	0	0	5	0.152	3	0.063	8	0.08
数词	0	0	0	0	1	0.030	0	0	1	0.01
方位词	0	0	0	0	5	0.152	9	0.188	14	0.14
短语	0	0	0	0	1	0.030	2	0.042	3	0.03
词缀	0	0	0	0	0	0	2	0.042	2	0.02
总计	1	0.333	12	0.75	36	1.091	87	1.813	136	1.36

表 6—16　英国各等级学习者缺词偏误的词类分布

等级 / 词类	A 证		B 证		C 证		无证		总计	
	缺词	频次	缺词	频次	缺词	频次	缺词	频次	缺词	频次
动词	4	0.4	6	0.188	9	0.3	6	0.222	25	0.253
名词	2	0.2	1	0.031	5	0.167	6	0.222	14	0.141
助词	10	1	14	0.438	14	0.467	19	0.704	57	0.576
副词	0	0	1	0.031	1	0.033	5	0.185	7	0.071
形容词	0	0	0	0	0	0	1	0.037	1	0.01
介词	4	0.4	3	0.094	5	0.167	1	0.037	13	0.131
连词	2	0.2	3	0.094	5	0.167	7	0.259	17	0.172
代词	0	0	1	0.031	1	0.033	0	0	2	0.02
量词	1	0.1	2	0.063	0	0	1	0.037	4	0.04
数词	0	0	0	0	1	0.033	0	0	1	0.01
方位词	1	0.1	2	0.063	4	0.133	3	0.111	10	0.101
短语	0	0	0	0	0	0	0	0	0	0
词缀	0	0	0	0	1	0.033	0	0	1	0.01
总计	24	2.4	33	1.031	46	1.533	49	1.815	152	1.535

表 6—17　日本各等级学习者缺词偏误的词类分布

等级 / 词类	A 证		B 证		C 证		无证		总计	
	缺词	频次	缺词	频次	缺词	频次	缺词	频次	缺词	频次
动词	0	0	3	0.3	6	0.15	14	0.299	23	0.23
名词	0	0	0	0	2	0.05	6	0.128	8	0.08
助词	4	1.333	7	0.7	23	0.575	27	0.574	61	0.61
副词	2	0.667	2	0.2	7	0.175	6	0.128	17	0.17
形容词	0	0	0	0	0	0	1	0.021	1	0.01
介词	0	0	3	0.3	7	0.175	11	0.234	21	0.21
连词	0	0	0	0	1	0.025	8	0.17	9	0.09
代词	0	0	0	0	1	0.025	2	0.043	3	0.03
量词	1	0.333	0	0	2	0.05	2	0.043	5	0.05
数词	1	0.333	0	0	0	0	3	0.064	4	0.04
方位词	0	0	1	0.1	4	0.1	1	0.021	6	0.06
短语	0	0	0	0	0	0	0	0	0	0
词缀	0	0	0	0	0	0	0	0	0	0
总计	8	2.667	16	1.6	53	1.325	81	1.723	158	1.58

通过对表 6—15 至 6—17 的对比分析发现：a）在英、美、日三国学习者

的作文中,虚词(特别是助词)的缺失最多。美国共缺词 136 个,其中虚词 99 个,占该类偏误总数的 72.8%;而在 99 个虚词中助词就有 53 个,占缺词总数的 39%。英国共缺词 152 个,其中虚词 101 个,占该类偏误总数的 66.4%;而在 101 个虚词中助词就有 57 个,占缺词总数的 37.5%。日本共缺词 158 个,其中虚词 102 个,占该类偏误总数的 64.6%;而在 102 个虚词中助词就有 61 个,占缺词总数的 38.6%。通过对具体语料的统计,我们发现在缺词最多的助词中,“的”和“了”占了很大的比重;介词主要缺“在”、“对”和“为了”,连词主要缺“但(是)”、“还(是)”、“和”等。b)实词中的动词也在缺词偏误中占有一定比重,但通过真实语料的检索、分析发现,缺失的动词多为助动词(能愿动词),如“能”、“会”、“要”等,这些动词往往没有具体的行为指称,用法难以掌握,容易引起缺失。c)总的说来,英、美、日三国学习者随着汉语水平的提高,虚词缺失频次呈下降趋势,美国人缺词偏误的下降十分显著,英、日人的表现则不如美国人,而且有些词类的偏误还呈上升趋势。

对真实语料的分析发现,这些缺词偏误的词类趋向性在三国学习者中比较一致,只是在某些词类显得有些差异。譬如,在动词和副词方面,美、英人趋向一致,但与日本人有显著差异;在名词和连词方面,美、日人趋向一致,但与英国人有较大差异;在方位词方面,三国学习者间都有些差异。

6.3.2 缺词偏误的属性分布

为了进一步分析各国留学生缺词偏误的类型,我们对所抽出的作文语料进行了重新标注。经统计分析发现,缺词类型反映为五种语言属性:a)语义偏误造成的缺失;b)语法偏误造成的缺失;c)搭配偏误造成的缺失;d)误把单音节词用作双音节词造成的缺失(简称单双);e)语用偏误造成的缺失。为了便于分析,我们在下表为每一缺词属性提供两个数据,一是缺失数目,二是该数目占相关国家学习者缺词总数的比率。

表 6—18　各国学习者缺词偏误的属性分布

特征/国别	语义		语法		搭配		单双		语用		总计
	缺词	比率	缺词	比率	缺词	比率	缺词	比率	缺词	比率	缺词
美国	20	0.147	75	0.559	38	0.279	2	0.015	1	0.007	136
英国	14	0.092	68	0.447	69	0.461	1	0	0	0	152
日本	24	0.152	95	0.601	39	0.247	0	0	0	0	158
总计	58	0.13	238	0.534	147	0.33	2	0.004	1	0.002	446

从表6—18可以看出，造成缺词偏误的主要因素是语法和搭配，分别占总偏误数量的53.6%和32.9%；其次是语义失误，占总偏误数量的12.8%。语用失误和单双音节误用对缺词偏误的影响不太大，分别占0.2%和0.4%，在分析中可以忽略不计。从国别的角度看，美日学习者的语法失误最多，分别占其总偏误数量的60.1%和55.9%；英国学习者的搭配失误最多，占其总偏误数量的46.1%。

6.3.2.1　不同词类缺词的属性分布

如上所述，汉语中介语的缺词主要由语法、搭配和语义失误造成的，而这些失误又主要分布在虚词和助动词上。这与我国学生的英语中介语情况大致是一样的。从近几年的英语高考的答卷来看，缺词偏误也多见于介词、冠词、连接词和助动词等。要进一步认清缺词偏误产生的原因，就需要结合语法、搭配和语义这三个层面来分析各种词类缺词偏误的属性分布。也就是说，不同词类的缺词往往会呈现出不同的特征，反映在不同的语言属性中。

表6—19　各国学习者不同词类缺词的主要属性分布

词类	语义			语法			搭配			总计		
	美	英	日	美	英	日	美	英	日	美	英	日
动词	1	7	10	7	4	7	1	14	6	9	25	23
名词	2	1	2	1	0	5	2	12	1	5	13	8
助词	2	1	0	47	53	60	4	3	1	53	57	61
副词	3	1	5	3	4	3	2	2	9	8	7	17
形容词	2	1	1	0	0	0	0	0	0	2	1	1
介词	0	0	0	9	0	13	6	13	8	15	13	21
连词	2	3	3	2	6	5	5	8	1	9	17	9
代词	3	0	0	0	1	1	1	1	2	4	2	3
量词	0	0	0	0	0	0	8	4	5	8	4	5
数词	1	0	3	0	0	0	0	1	1	1	1	4
方位词	1	0	0	5	0	1	8	10	5	14	10	6
短语	1	0	0	1	0	0	1	0	0	3	0	0
词缀	2	0	0	0	0	0	0	1	0	2	1	0
总计	20	14	24	75	68	95	38	69	39	133	151	158

表6—19表明，不同词类在缺词偏误上也有一定的倾向性，但各国的表现既有相似的地方又有不同之处。a）助词的缺失：英、美、日三国学习者的助词缺失主要都是发生在语法层面上；b）方位词的缺失：三国学习者的方

位词缺失主要都是发生在搭配层面上；c）介词的缺失：美、日两国人的介词缺失主要发生在语法层面上，而英国人则主要发生在搭配层面上；d）连词的缺失：英、美人的连词缺失主要发生在搭配层面上，而日本人则主要发生在语法层面上；e）动词的缺失：美国人的动词缺失主要发生在语法层面上，英国人主要发生在搭配层面上，而日本人则主要发生在语义层面上。

6.3.2.2 不同等级中介语的缺词属性分布

为了考察汉语水平与缺词偏误之间的关系，我们按学习者的不同等级对其偏误做了统计分析（见表6—20）。表格中每一栏的语言特征有两个数据，左边的是某等级学习者在这个语言层面的缺词数量，右边的是该语言层面的篇均缺词频次。

表6—20 美国不同等级学习者缺词的属性分布

类型／等级	语义		语法		搭配		单双		语用		总计	
	缺词	频次	缺词	频次	缺词	频次	缺词	频次	缺词	频次	缺词	频次
A证	0	0	1	0.333	0	0	0	0	0	0	1	0.333
B证	2	0.125	9	0.563	1	0.063	0	0	0	0	12	0.75
C证	6	0.182	17	0.515	13	0.394	0	0	0	0	36	1.091
无证	12	0.25	48	1.00	24	0.50	2	0.042	1	0.021	87	1.813
总计	20	0.2	75	0.75	38	0.38	2	0.02	1	0.01	136	1.36

表6—21 英国不同等级学习者缺词的属性分布

类型／等级	语义		语法		搭配		单双		语用		总计	
	缺词	频次	缺词	频次	缺词	频次	缺词	频次	缺词	频次	缺词	频次
A证	3	0.3	12	1.20	9	0.9	0	0	0	0	24	2.4
B证	3	0.094	15	0.469	15	0.469	0	0	0	0	33	1.031
C证	3	0.1	15	0.5	28	0.933	0	0	0	0	46	1.533
无证	5	0.185	26	0.963	17	0.63	1	0.037	0	0	49	1.815
总计	14	0.141	68	0.687	69	0.697	1	0.01	0	0	152	1.535

表6—22 日本不同等级学习者缺词的属性分布

类型／等级	语义		语法		搭配		单双		语用		总计	
	缺词	频次	缺词	频次	缺词	频次	缺词	频次	缺词	频次	缺词	频次
A证	1	0.333	4	1.333	3	1	0	0	0	0	8	2.667
B证	3	0.3	10	1	3	0.3	0	0	0	0	16	1.6
C证	3	0.075	33	0.825	17	0.425	0	0	0	0	53	1.325
无证	17	0.362	48	1.021	16	0.34	0	0	0	0	81	1.723
总计	24	0.24	95	0.95	39	0.39	0	0	0	0	158	1.58

表6—20至6—22显示，随着学习者汉语水平的提高，美国人的缺词偏误呈总体下降的趋势，但是英、日两国人的缺词偏误总体走势不但没有明显下降迹象，反而有上升的趋势。特别是语法失误方面，英、日学生的缺词数量在最高等级上都有较显著的增加。

6.4　关于中介语多词偏误的分析

多词偏误在汉语作为第二语言的学习中也比较常见。所谓多词就是我们常说的用词重复、累赘的现象。据统计，在我们所抽取的英、美、日三国学习者的作文样本中，美国人的多词偏误有149个，英国133个，日本158个。下面将对这些多词现象进行讨论和分析。

6.4.1　多词偏误的词类分布

首先，我们也对语料中的多词偏误进行了词类标注，并根据标注进行了统计分析。表中每一栏语言等级中有两个数据，左边数字是某类词在这个语言等级的多词偏误数量，右边是该类多词失误在该等级中出现的篇均频次。

表6—23　美国学习者多词偏误的词类分布

等级／词类	A证		B证		C证		无证		总计	
	多词	频次	多词	频次	多词	频次	多词	频次	多词	频次
动词	1	0.333	2	0.125	2	0.061	18	0.375	23	0.23
名词	2	0.667	0	0	3	0.091	5	0.104	10	0.1
助词	0	0	10	0.625	11	0.333	19	0.396	40	0.4
副词	0	0	1	0.063	7	0.212	7	0.146	15	0.15
形容词	0	0	2	0.125	1	0.03	1	0.021	4	0.04
介词	0	0	1	0.063	12	0.364	6	0.125	19	0.19
连词	0	0	2	0.125	6	0.182	10	0.208	18	0.18
代词	0	0	0	0	0	0	2	0.042	2	0.02
量词	0	0	0	0	0	0	3	0.063	3	0.03
数词	0	0	0	0	0	0	0	0	0	0
方位词	0	0	5	0.313	1	0.03	4	0.083	10	0.10
短语	0	0	0	0	0	0	1	0.021	1	0.01
词缀	0	0	0	0	2	0.061	2	0.042	4	0.04
总计	3	1	23	1.438	45	1.364	78	1.625	149	1.49

表 6—24　英国学习者多词偏误的词类分布

等级 词类	A　证		B　证		C　证		无　证		总　计	
	多词	频次	多词	频次	多词	频次	多词	频次	多词	频次
动词	3	0.3	6	0.188	15	0.5	6	0.222	30	0.303
名词	0	0	1	0.031	2	0.067	2	0.074	5	0.051
助词	5	0.5	8	0.25	10	0.333	16	0.593	39	0.394
副词	2	0.2	2	0.063	4	1.333	4	0.148	12	0.121
形容词	0	0	0	0	4	1.333	0	0	4	0.04
介词	2	0.2	3	0.094	4	1.333	3	0.111	12	0.121
连词	0	0	4	0.125	4	1.333	4	0.148	12	0.121
代词	0	0	2	0.063	1	0.033	0	0	3	0.03
量词	0	0	0	0	1	0.033	0	0	1	0.01
数词	0	0	3	0.094	1	0.033	0	0	4	0.04
方位词	0	0	4	0.125	5	0.167	1	0.037	10	0.101
短语	0	0	0	0	0	0	0	0	0	0
词缀	0	0	0	0	0	0	1	0.037	1	0.01
总计	12	1.20	33	1.031	51	1.7	37	1.370	133	1.343

表 6—25　日本学习者多词偏误的词类分布

等级 词类	A　证		B　证		C　证		无　证		总　计	
	多词	频次	多词	频次	多词	频次	多词	频次	多词	频次
动词	0	0	1	0.1	11	0.275	11	0.234	23	0.23
名词	0	0	2	0.2	4	0.1	12	0.255	18	0.18
助词	1	0.333	6	0.6	22	0.55	31	0.66	60	0.6
副词	0	0	1	0.1	2	0.05	6	0.128	9	0.09
形容词	0	0	0	0	1	0.025	1	0.021	2	0.02
介词	1	0.333	2	0.2	6	0.15	11	0.234	20	0.2
连词	1	0.333	0	0	1	0.025	5	0.106	7	0.07
代词	0	0	1	0.1	1	0.025	4	0.085	6	0.06
量词	0	0	0	0	1	0.025	6	0.128	7	0.07
数词	0	0	0	0	0	0	1	0.021	1	0.01
方位词	0	0	0	0	4	0.1	0	0	4	0.01
短语	0	0	0	0	0	0	1	0.021	1	0.04
词缀	0	0	0	0	0	0	0	0	0	0
总计	3	1	13	1.3	53	1.325	89	1.894	158	1.58

通过对表 6—23 至 6—25 的分析可以发现,多词偏误的词类分布有以下特点:a)虚词(特别是助词)的多词偏误在各国学习者中都占有很大的比

重,如美国人的多词有149个,其中虚词90个、助词40个,分别占其总数的60.4%和26.8%;英国人有多词偏误133个,其中虚词74个、助词39个,分别占其总数的55.6%和29.3%;日本人有多词偏误158个,其中虚词98个、助词60个,分别占其总数的62%和38%。b)实词(别是动词)的多词偏误也占有较大比重,但调查发现这些偏误大多集中在助动词上,主要包括"要"、"会"、"能"等,"是"、"来"、"到"等动词的偏误也较常见。

调查数据还显示出了多词现象在中介语中的发展特点:a)从整体上看,只有日本人的多词偏误会随其水平的提高而直线下降,英、美人的多词失误则在中介语的发展过程中出现了起伏,忽高忽低;b)学习者在不同词类的多词失误也在中介语的发展过程中出现了反复,没有随汉语水平的提高而逐渐下降;c)随着学习者汉语水平的提高,实词偏误的比重基本呈下降态势,而虚词的偏误比率则基本呈上升态势。

从国别的角度看,在动词和介词的偏误方面,美、日两国人没有差异,而与英国人则存在显著差异;在助词、方位词和量词的偏误方面,英、美人趋向一致,但与日本人有显著差异;在名词、副词和连词的偏误方面,三个国家的学习者都存在一定的差异,而在形容词、数词、代词和短语等的偏误方面,他们之间没有显著差异。

6.4.2　多词偏误的属性分布

如上所述,汉语中介语的多词偏误主要出现在助词、助动词和连词上。多词偏误常常会造成文中语句冗赘不畅,表达不能简洁清晰。弄清多词发生的原因和特点,对于避免这类偏误的出现、促进中介语的发展都具有重要意义,对词典编纂也有较大的参考价值。为此,我们通过对中介语料的二次标注和分析,发现了多词偏误发生的语言层面和特征:a)语义失误造成的多词;b)语法失误造成的多词;c)搭配失误造成的多词;d)误把单音节词用为双音节词造成的多词;e)语用失误造成的多词。表6—26就是各国学习者的多词偏误数据。表中每一偏误特征包含两列数据,左列是某一语言层面的多词数,右列是该类多词偏误与该国多词偏误总量的比率。

表6—26　各国学习者多词偏误的属性分布

特征/国别	语义		语法		搭配		单双		语用		总计
	多词	比率	多词	比率	多词	比率	多词	比率	多词	比率	多词
美国	28	0.188	93	0.624	27	0.181	1	0.007	0	0	149
英国	22	0.165	75	0.564	33	0.248	0	0	3	0.023	133

续表

日本	30	0.19	117	0.741	9	0.057	0	0	2	0.013	158
总计	78	0.177	285	0.648	70	0.159	1	0.002	5	0.011	440

表6—26显示,语法失误是造成多词偏误的最主要原因,占此类偏误总数的64.8%,其次是语义和搭配失误,分别占偏误总数的17.7%和15.9%。语用失误和单双音节误用在多词偏误中不是太常见,分别为总偏误数的1.1%和0.2%。从国别的角度来讲,美、日两国人在语义层面上的偏误分布趋向一致,但与英国人存在一定的差异;英、美人在搭配层面上的偏误趋向一致,但与日本人之间存在显著差异。在语法层面上,英、美、日学习者之间的偏误都存在较大的差异,而在单双音节和语用层面上偏误分布没有显著差异。

6.4.2.1　不同词类多词偏误的属性分析

如上所述,造成多词偏误的三种主要因素是语法失误、语义失误和搭配失误。从另一角度讲,各种词类的多词偏误大多发生在这三个语言层面上,这反映出各种词类偏误的语言属性。表6—27就是各种词类在这些语言层面上发生多词偏误的分布情况。

表6—27　各国学习者不同词类多词偏误的主要属性分布

词类	语义			语法			搭配			总计		
	美	英	日	美	英	日	美	英	日	美	英	日
动词	6	5	7	14	16	13	2	8	2	22	29	22
名词	8	0	7	0	1	8	2	4	3	10	5	18
助词	0	2	2	40	34	57	0	2	0	40	38	59
副词	6	4	2	3	3	5	6	4	2	15	11	9
形容词	3	1	2	1	3	0	0	0	0	4	4	2
介词	0	1	1	16	7	19	3	4	0	19	12	20
连词	4	6	5	6	4	2	8	2	0	18	12	7
代词	1	1	2	1	1	4	0	1	0	2	3	6
量词	0	0	0	0	1	6	3	0	1	3	1	7
数词	0	0	0	0	3	1	0	1	0	0	4	1
方位词	0	1	2	8	2	1	2	7	1	10	10	4
短语	0	0	0	1	0	1	0	0	0	1	0	1
词缀	0	1	0	3	0	0	1	0	0	4	1	0
总计	28	22	30	93	75	117	27	33	9	148	130	156

通过对表6—27的分析发现:a)在语法层面上,助词的偏误最多,其次是动词(主要是助动词)和介词,连词、方位词和副词也占有一定的比率;b)

在语义层面上，偏误最多的是动词，其次是名词、连词、副词和形容词；在搭配层面上，偏误最多的是动词和副词，其次是连词、方位词、名词和介词。从国别的角度讲，英、美、日三国学习者的总体差异并不大，但在具体项目上存在显著差异。为了验证这个判断，我们应用单因素方差分析（One Way Anova）对相关数据进行了分析，结果如下：

表 6—28　英、美、日三国学习者总体比较（One Way Anova）

	平方和	自由度 df	平均平方和	F 统计量	P 值（Sig.）
组内	3.154	2	1.577	.581	.560
组间	802.893	296	2.712		
全部	806.047	298			

表 6—29　英、美、日学习者在具体项目上的多词偏误比较（One Way Anova）

项　目	美英比较		美日比较		英日比较	
语法层面上的助词偏误	美标准差	英标准差	美标准差	日标准差	英标准差	日标准差
	0.804	0.609	0.804	0.868	0.609	0.868
	P =0.577		P =0.152		P =0.034	
语法层面上的介词偏误	美标准差	英标准差	美标准差	日标准差	英标准差	日标准差
	0.420	0.258	0.420	0.486	0.258	0.486
	P =0.072		P =0.641		P =0.032	
语法层面上的方位词偏误	美标准差	英标准差	美标准差	日标准差	英标准差	日标准差
	0.307	0.141	0.307	0.100	0.141	0.100
	P =0.080		P =0.032		P =0.557	
搭配层面上的动词偏误	美标准差	英标准差	美标准差	日标准差	英标准差	日标准差
	0.141	0.369	0.141	0.200	0.369	0.200
	P =0.128		P =1.000		P =0.151	
搭配层面上的方位词偏误	美标准差	英标准差	美标准差	日标准差	英标准差	日标准差
	0.200	0.357	0.200	0.100	0.357	0.100
	P =0.219		P =0.655		P =0.106	
搭配层面上的连词偏误	美标准差	英标准差	美标准差	日标准差	英标准差	日标准差
	0.307	0.141	0.307	0.000	0.141	0.000
	P =0.080		P =0.011		P =0.158	
语义层面上的名词偏误	美标准差	英标准差	美标准差	日标准差	英标准差	日标准差
	0.273	0.000	0.273	0.256	0.000	0.256
	P =0.004		P =0.790		P =0.008	

表 6—28 和表 6—29 的数据显示，上述的判断基本正确。差异性主要表现在以下三个方面：a）在语法层面上，日、英两国人之间的助词偏误存在

显著差异，而美国人则居两者中间；美、日两国人在介词的偏误上趋向一致，但与英国人存在显著差异；英、日学生在方位词上的偏误趋向一致，但与美国学生存在显著差异。b）在搭配层面上，美、日学生在动词和方位词偏误方面趋向一致，而与英国人有显著差异；美、英学生在连词偏误方面趋向一致，但与日本学生存在显著差异。c）在语义层面上，美、日学习者在名词偏误方面趋向一致，但与英国人存在显著差异。

6.4.2.2 不同汉语等级的多词偏误属性分布

为了考察汉语水平的高低与多词失误的关系，我们特按学习者汉语水平的等级做了统计。表格中的每一语言属性有两个数据，左边的是多词偏误的数量，右边的是该类偏误的篇均频次。

表 6—30 美国不同等级学习者多词偏误的属性分布

类型 等级	语义		语法		搭配		单双		语用		总计	
	多词	频次	多词	频次	多词	频次	多词	频次	多词	频次	多词	频次
A 证	2	0.667	1	0.333	0	0	0	0	0	0	3	1
B 证	1	0.063	20	1.25	2	0.125	0	0	0	0	23	1.438
C 证	7	0.212	26	0.788	12	0.364	0	0	0	0	45	1.364
无证	18	0.375	46	0.958	13	0.271	1	0.021	0	0	78	1.625
总计	28	0.28	93	0.93	27	0.27	1	0.01	0	0	149	1.49

表 6—31 英国不同等级学习者多词偏误的属性分布

类型 等级	语义		语法		搭配		单双		语用		总计	
	多词	频次	多词	频次	多词	频次	多词	频次	多词	频次	多词	频次
A 证	0	0	8	0.8	3	0.3	0	0	1	0.10	12	1.2
B 证	6	0.188	19	0.594	8	0.25	0	0	0	0	33	1.031
C 证	12	0.4	23	0.767	16	0.533	0	0	0	0	51	1.7
无证	4	0.148	25	0.926	66	0.222	0	0	2	0.074	37	1.37
总计	22	0.222	75	0.758	33	0.333	0	0	3	0.03	133	1.343

表 6—32 日本不同等级学习者多词偏误的属性分布

类型 等级	语义		语法		搭配		单双		语用		总计	
	多词	频次	多词	频次	多词	频次	多词	频次	多词	频次	多词	频次
A 证	1	0.333	2	0.667	0	0	0	0	0	0	3	1
B 证	3	0.3	10	1	0	0	0	0	0	0	13	1.3
C 证	11	0.275	39	0.975	3	0.075	0	0	0	0	53	1.325
无证	15	0.319	66	1.404	6	0.128	0	0	2	0.043	89	1.894
总计	30	0.3	117	1.17	9	0.09	0	0	2	0.02	158	1.58

从表6—30至6—32可见，对于任何一个国家的学习者，他们在二语学习过程中多词偏误的发生率不会随其汉语水平的提高而直线减少，而是有一个下降→上升→下降的反复过程。特别是在语义、语法和搭配层面上，这种波浪式的变化曲线尤为明显。

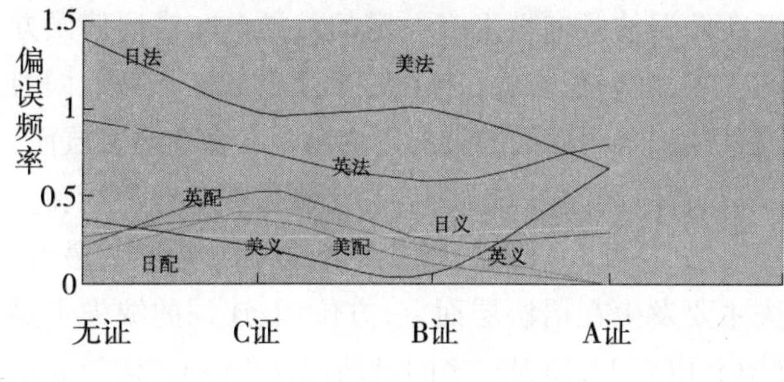

美义：美国语义偏误率
英义：英国语义偏误率
日义：日本语义偏误率

美法：美国语法偏误率
英法：英国语法偏误率
日法：日本语法偏误率

美配：美国搭配偏误率
英配：英国搭配偏误率
日配：日本搭配偏误率

图6—7　美、英、日学习者语义多词偏误

6.5　小结

中介语作为二语学习者的一种特殊过渡性语言系统，有其自身的特点和发展规律。综合上述分析我们可以得到以下结论和启示：二语学习者的用词偏误不是学习者偏离目的语规则的消极现象，而是他们在习得过程中受母语迁移和目的语规则泛化等因素的影响而产生的特色语言。

1）从错词偏误的词类分布上看，实词失误率远远大于虚词。常用实词大多是一词多义或有多种用法，而学习者掌握的语义都比较单一，用法也比较机械，对使用语境把握不准，因此会出现各种偏误。虚词仅有语法意义或功能意义，没有实际指称，因此虚词偏误大多是由于学习者没有掌握该词的语法功能而造成的。在对外汉语学习词典的编纂中，要注意实词的义项划分、释义、用法、同义词辨析等方面的工作，同时也要注意对虚词的功能和用法做出详尽的解释，尽可能地给出有代表性的例证，便于用户效仿。

2）从缺词和多词的词类分布上看，虚词（包括助动词）的失误率要远远大于实词。虚词和助动词之所以成为缺词偏误的主要因素，是因为其语义功能比较虚，在话语中没有具体的指称物（或行为），一般情况下不能在交际中单独用来阐述人们的思想或回答问题。学习者往往对这些词的功能和特性认识不清，容易造成多用或者是有意无意地回避。然而，虚词和助动词有其特殊的语法功能和意义，缺少了它们，话语就会变得不规范,难以正确地传达交际思想。因此,二语教学和词典编纂要重视这些语法意义大于词汇意义的语言单位,清楚地解释它们的语法功能和语法关系。

3)从词类偏误的属性分布来看,学习者语言偏误的特征有明显的不同,且不同国家的学习者在偏误的倾向性上有一定的差异。在错词偏误方面,实词在语义层面上的较多,虚词在语法和搭配层面上的较多。一般词的偏误集中出现在一两个语言层面,而动词的失误则会出现在多个语言层面,如语义、搭配、生造词和单双音节词混淆方面都容易出现偏误。在缺词和多词偏误方面,主要发生在语法、搭配和语义三个层面上,以语法层面为最多。助词、介词和动词的缺失主要发生在语法层面上,方位词、连词的缺失主要发生在搭配层面上。在语义层面上,偏误较多的是动词、副词和名词等表示实际意义的词。这些偏误出现的特征符合词类的语言特征和学习者语言习得的认知规律。

4)学习者的语言偏误往往不会随其语言水平的提高而直线下降或持续减少,而是有升有降,先降后升,不断反复。这是因为随着学习的不断深入,学习者接触到的词汇量越来越多,表达也会越来越复杂。在中介语发展的某一阶段,只要学习者不断尝试用最新和更复杂的表达式来进行语言生成时,就不可避免地要犯更多的错误,这是二语习得的一个规律。这就像滚雪球,雪球越大,在滚动的过程中甩掉的碎雪块就越多;但只要你坚持下去,这个雪球总会越滚越大,当雪球遇到合适的条件(如湿度和温度),它就会凝固下来,不再甩掉小的雪块了。这也从一个侧面反映了中介语学习具有反复性的特点,也说明了偏误的产生是中介语学习不可逾越的过程,不同的学习阶段会呈现不同的偏误特征,不同的偏误类型会反映不同的中介语发展特征。

5)从国别化的角度来讲,来自三个国家的留学生所处的文化环境不同,涉及东西方两种不同的文化,尽管各自的中介语偏误在总体数量上没有太大差别,但其偏误的词类分布和词类偏误的属性分布等都或多或少呈现出差异性。这说明各国学习者的汉语中介语特征具有相似性和普遍性,但由不同文化生活方式和认知思维方式等因素引起的差异也不可小视,正是这些差异给二语习得或二语教学,以及对外汉语词典的编纂不断提出新的挑战。正视这些差异才能使我们在二语教学和词典编纂中找出应对的办法,提高二语教学和对外汉语词典编纂的质量。

最后需要说明的是,我们在使用北语在线语料库时之所以每个国家只抽取100篇作文,一是因为出于标注和统计计算的工作量考虑,二是因为该语料库只能在线提供这么多语料。虽然抽取的样本数量有限,数据所反映的偏误多少会有一定局限性,但这些作文语料都是随机抽取的,应该有一定的代表性,大致能反映出英、美等国家留学生的中介语现状。

第七章 二语学习者用词偏误的实例分析

我们在第六章借助语料库从错词、缺词和多词三个方面对中介语的用词偏误做了系统的统计分析。从整体上看，语义、语法和搭配失误是造成错词、缺词和多词的主要因素；从词类分布来看，错词偏误最多的是实词，而缺词和多词偏误最多的是虚词；从属性分布来看，实词多发生语义偏误，虚词多发生语法和搭配偏误。下面我们将结合语料来观察和分析不同用词偏误所呈现的具体特征。

7.1 中介语偏误的复杂性

为了便于分析，我们在语料标注中把词误类型分门别类地标为语义失误、语法失误和搭配失误等，但事实上由于语言的复杂性，不少词误很难纳入某一单一类型。如：

7.1 首先，“安乐死”是可取的因为我觉得每个人都有权利{CC 名 yi 权力}选择自己的生活并保持自己生命的尊严。（美国）

7.2 从以上的两个不同观点{CQ 动 dapei 来看}，我觉得评论“安乐死”事件不能一边倒。（英国）

7.3 我对安乐死是赞成的。如果我也得了无法治疗的病，或要做植物人，还值得活下去吗？我也会要求{CD 名 yi 大夫}自杀。（日本）

7.4 我们从这篇故事里应当吸取教训，那就是不要过分地依靠别人，该有独立性{CC 名 yinjin 心}并持有自己的主见{CC 名 xingjin 主观}。（日本）

上例中，CC、CQ 和 CD 是北京语言大学“HSK 动态作文语料库”的原有标注，分别表示错词、缺词和多词。紧随其后的标注是我们所作的二次标注，表示词误的词类和类型。譬如，例 7.1 的标注“{CC 名 yi 权力}”中，“名”表示该偏误的词类是名词，“yi”表示该偏误的属性是语义，因此这个偏误标注表明“权力”是名词“权利”在语义层面上的错词。同样，“{CQ 动

dapei 来看}”表示“来看”是动词搭配层面上的缺词，“{CC 名 xingjin 主观}”表示名词“主观”和名词“主见”由于形近而造成的错词，等等。

一种用词偏误往往由一个以上的因素引发，把它判定为何种错误确实是一件棘手的事情。譬如，例 7.1 把“权利”错用为“权力”，可以说它们是音近偏误，因其读音完全相同；也可以说它们是形近偏误，因为两词都包含一个“权”字；还可以说它们是语义偏误，因为二者的意义相近，容易混淆。例 7.2 中的“从……”缺少搭配词，所以我们将其标注为“dapei”（搭配失误），但从另一个角度来看，它不也是属于语法失误吗？再如，我们把例 7.3 中的“我也会要求{CD 名 yi 大夫}自杀”标注为语义偏误，因为“大夫”一词的多余主要是由于对句型“要求某人做某事”的意义理解有误；但它也可以说是语法偏误，因为此处多词的产生源于学习者对该语法结构掌握得不牢。最后，例 7.4 把“主见”误写为“主观”，由于原语料将其标注为“CC”（错词），我们就将其失误类型标为“xingjin”（形近），“主见”和“主观”因形式相近而产生混淆，但也有可能是学习者由于书写的手误而产生的“错别字”。凡此种种，不一而足。这一方面说明语言现象的复杂性，另一方面也说明语言的各个表征层面是相互联系、相互影响的。

因此，我们在做标注时，要通过分析复杂的现象来把握引起偏误的本质特征，把对正确用词干扰最大、最强的因素作为主标记特征进行标注。这样一来，有些显示度较低的失误因素就会被显示度高的所掩盖。譬如，语用失误在各类词误的统计中都不太多，甚至没有，这并不能说学习者不犯语用失误，而是因为它属于较高层次的失误，很容易被较低层次的语法、搭配和语义失误所掩盖。我们必须要有这样一个认识，引起词误发生的因素是错综复杂的，一种用词偏误的产生往往是多种因素的集合表现。我们在判断偏误的时候应注意从不同的认知域入手，通过多角度、多层面的对比分析，把握偏误形成的主要矛盾。

7.2　各国学习者用词偏误的共同性

汉语是音形义三位一体的语言，它除了表“音”，还能体“形”、会“意”。而在语词横聚合关系的构建中，动词没有语式、语态和时态等方面的语法和形态变化，其他语词也无相应的屈折变化形式，一些语法功能及语态和时态功能是依靠各类助词或功能词体现出来的；而一些数量词在语词的横聚合中也都有其独特的共现关系。这些都与其他语言有很大的不同，因而也常常会成为引起中介语偏误的重要因素。

汉语这些特有的语言现象对东西方国家的学习者来说都是十分陌生的，因此他们在习得这些全新的语言现象时所面对的困难都是一样的。在分析、比较真实语料的过程中，我们发现不同国籍的学生在某些语词的使用方面所犯的错误竟惊人地相似。如除缺词外，很多学生将“俩”、“两”、“二”的用法相互混淆；将“权利”和“权力”混淆；对结构助词“的”、“得”、“地”，对趋向动词“来”、“去”和对能愿意动词“能”、“要”、“会”误用等。下面分别举例说明。

7.5 两、俩、二

7.5a 我有一位朋友，我和她认识了快两{CC 二}年了，她的性格有点儿孤僻，不太善于与人交往，整天独自在家“钻研”他的电脑。（英国）

7.5b 亲戚朋友介绍的时候大概两{CC 二}个人比较适合。（英国）

7.5c 我们俩{CC 两}一直受到她各个方面的影响。（美国）

7.5d 人家说，孩子们最小的时候，指一两{CC 一二三}岁的年龄，对孩子的思维发展很重要。（美国）

7.5e 我不喜欢流行歌曲有两{CC 二}个原因。（美国）

7.5f 这样的话，一个星期一次最多两{CC 二}次去抬水，就使三个和尚都能喝到水。（日本）

7.5g 两{CC 二}年后我要大学毕业的时候，他跟我说了一件事。（日本）

7.6 的、得、地

7.6a 分班并不能根本地{CC 的}解决早恋问题。（美国）

7.6b 政府规定严厉惩罚在公共场所吸烟{CQ 的}人是正确的决定。（美国）

7.6c 因为孩子在年幼{CD 的}时的学习能力是最强的。（美国）

7.6d 所以政府提出和应用的吸烟规定是对的{CC 得}。（美国）

7.6e 父母们可留意年青一代周围{CQ 的}事物，如现在所流行{CQ 的}歌曲。（英国）

7.6f 班里来了几个插班生，其中有一个很清秀的女孩子深深地{CC 的}吸引了我。（英国）

7.6g 在日本比较富裕的家庭特意订购这种“绿色食品”，他们吃的是大部分“绿色”的，在超市决不买吃{CQ 的}东西。（日本）

7.6h 和母亲聊天时，她有时会不经意地{CC 的}提到她老了后，希望我把她送进养老院。（日本）

7.7 能、要、会

7.7a 现在我已经成大人了，但还不能{CC 会}想到那一刻的父母的痛苦。（日本）

7.7b 这个梦今年七月一定{CQ 会}实现。（日本）

7.7c 从大的方面来看，会{CC 能}耽误社会发展进程。（英国）

7.7d 很多人觉得男女生一起上课是自然的，在学校外面男女一起玩，为什么不能{CC 要}一起上课呢？（英国）

7.7e 歌曲要{CC 会}流行，曲调重要，但歌词也是一大功臣。（美国）

7.7f 有好的父母做孩子们的第一任老师也不担保一个孩子将来{CD 要}会成功。（美国）

例 7.5—7.7 中的三组词都有很强的中国文化特色，在其他语言中没有对等的词来表达这些功能。因此，这些具有趋同性的用词偏误主要是由目的语的特异性和复杂性所引起的，受学习者母语语言文化的干扰并不大。这些具有较高普遍性的词误应该引起词典编纂者的高度重视，要从大量的真实语料中发现诸如此类的中介语现象的特点和规律，提出切实的词典学解决方法，以有效促进学习者的二语习得进程。

7.3　各国学习者用词偏误的差异

语言是文化的载体，不同民族的语言反映了不同民族的文化及其世界观。有着不同文化背景的汉语学习者在文化差异方面的表现形式也各有不同。汉语中的一些表达方式或概念从表象上看似乎与其他语言一致或相近，但它们所承载的深层意义和文化附加意义却有很大的差异，甚至是截然不同。譬如，以"拇指"(thumb)来说，在汉语中它是"英雄指"，翘大拇指表示对别人行为的赞美；在日本语中它表示"父辈"或"老爷子"等概念；在英语中，"thumb up"(翘大拇指)则表示赞成(It's OK.)，如果是站在马路边翘大拇指则表示"请求搭便车"，而在"be all thumbs"的习惯表达中表示"笨手笨脚"，如"I am all thumbs at cooking./我对做饭一窍不通。"由于东西方文化的差异较大，有着西方文化背景的英美学习者和有着东方文化背景的日本学习者在汉语学习中自然会表现出一定的不同。

在这一方面，英、美学习者与日本学习者之间的差异主要反映在母语的干扰方面。尽管日语与汉语文化有着较深的渊源，且两国语言中的汉字书写形式基本相同，但它们所承载的语义和文化内涵却不尽相同，有些甚至有很大的差异。譬如，日语中的"手纸"和"先辈"与汉语对应语词的意义已大相径庭，分别表示"信"和"老师"。这种形似而神不似的现象使日本学生较之英、美学生更易犯某些词汇错误，因为日本的汉语学习者有时会直接用日语汉字词来代替汉语语词。例如：

7.8 他们不但是我父母，而且是人生的导师{CC 先辈}。

7.9 我先后去美国、中国留学，努力地学习英语和中文{CC2 中国语}，希望将来也能像姥爷一样在语言学上有发展。

7.10 为了解决这问题,我想必须要丈夫的协助{CC 协力}。

7.11 我希望母亲在医院中能够早日康复,能够早日出院{CC 退院}。

7.12 我的好朋友给我一封信,告诉我她跟男朋友要结婚了,因此我要帮她举办婚礼{CC2 结婚式}。

上述例子显示,在学习者的词汇量满足不了其表达的需要时,他们往往会借助于母语的形式来完成这个任务。例 7.8 的"先辈"在汉语中为前辈,例 7.10 的"协力"在汉语中为"共同努力",都无法表达作者想要表达的意义。例 7.11 和 7.12 虽然没学过日语的中国人也能看懂其想要表达的意义,但规范的汉语却没有这样的表达形式。

来自英美国家的汉语学习者也会受其母语迁移的影响或目的语规则过度泛化的双重影响,通常会采用母语或目的语的构词方式来杜撰新词,或者通过字面翻译的方法将汉语语词张冠李戴。例如:

7.13 中国更是实行计划生育{CC4 一胎化}政策,使得家中唯一的"龙子"或"掌上明珠"更倍受宠爱。 (美国)

7.14 在路上闻不到烟的味,看不到烟蒂{CC 烟根}。 (美国)

7.15 我做了一些以前认为是没什么特别的事情{CC 東西}。 (英国)

7.16 子女们常埋怨{CC 投诉}父母管教太严。 (英国)

例 7.13 的"一胎化"可能是学习者根据我国计划生育政策"一对夫妇一个孩子"的情况和英语词根"-(liz)ation"造出来的,例 7.14 的"烟根"可能是对汉语中的树根、草根、指根、耳根等构词方式的过度泛化造出来的,例 7.15 的"東西"可能是英语词"thing""死译"过来的,而例 7.16 的"投诉"则可能是受了"complain"的影响而杜撰出来的。通过比较还发现,日本学生与英美学生在用词偏误的属性分布上有显著的差异(见下表 7—1)。

表 7—1 主要词误类型在各国学习者中的分布

国别	语义	语法	搭配	总计
美国	186	219	173	578
英国	173	173	261	607
日本	216	250	173	639
总计	575	642	607	1824

日本学习者在语义、语法和搭配这三大词误中的失误率都相对较高,特别是语义和语法失误高居榜首。这是因为日语中的汉字与汉语的形式相似,但其语义和语法功能则有较大的差异,学生在语言习得过程中容易受其母语的干扰。英美学习者在汉语的词形和词义方面受母语的干扰较日本人要小得多,因此这方面的偏误也相对少一些;而在搭配偏误方面,英国人则远

远多于其他两国。与英、日两国相比较,美国人则没有特别突出的偏误类型。

7.4 中介语偏误成因的理论分析

中介语偏误产生的原因是复杂的、多层次的。从偏误的表象(结果)来看,主要是语义失误、语法失误和搭配失误,且涉及各种词类,只是词类偏误属性分布有些差异而已。从语言学习的角度(内因)来看,这与学习者在学习过程中的心理因素和语言认知因素有关。认知心理因素包括学习者的认知策略、学习策略以及感知识别、思维判断、演绎推理、联想类比等语言加工过程,这些因素都不是可以直观感知的东西,且涉及心理学和认知语言学等学科的研究,所以这些研究在目前还受到了一定程度的局限。从语言教学的角度(外因)来看,这与学习者的认知方式受外界信息的影响甚至是制约有关,如二语教学方式、教学环境、教学训练强度、学习者的文化背景以及所使用的教材、词典等学习资料都会影响到学习者的语言习得效果或偏误产生的频度。从母语和目的语的角度(外在主因)来看,偏误是由于母语的语言迁移和目的语规则的过度泛化造成的。可见,中介语偏误的产生是在内因和外因的共同作用下产生的,最直接、最主要的原因是母语的负迁移和目的语的过度泛化。学习者的学习策略、交际策略以及教师的授课策略在一定程度上能减少或者加重母语负迁移或目的语过度泛化的产生。

语言迁移和过度泛化源自两种不同的认知活动,体现了个体能动的心理加工过程。迁移有广义和狭义之分,狭义的迁移等同于干扰(interference),是指二语习得过程中母语对目的语的负面影响。随着研究的深入,人们拓宽了对迁移的理解,进一步认识到母语对目的语不仅有负面影响(负迁移)还有正面影响(正迁移),不仅两种语言之间有迁移(语际迁移),同一语言内部也存在着迁移现象(语内迁移)。广义的迁移就包括语际迁移、语内迁移、正迁移和负迁移。在二语学习中,学习者还会经常使用概括的方法来总结语言规则,并会把一些个别规则当作普遍规则来使用,将目的语的语言结构简单化,从而创造出一些目的语中没有的结构变体。这种把第二语言规则过度概括的现象就是过度泛化,它与语内迁移有着密切的联系,因为泛化形成的变体没有母语特征,但有典型的目的语的特征。从某种意义上说,过度泛化就相当于语内负迁移,而我们前面提到的语言迁移相当于语际负迁移。也就是说,中介语偏误的形成主要是由母语对目的语的语际负迁移和目的语内部语内负迁移造成的,而学习者的学习策略、交际策略以及教师的教学方式和教科书、词典等的编纂方式都是造成这两种负迁移的动力或阻力。它们之间的关系可以用图 7—1 来表示：

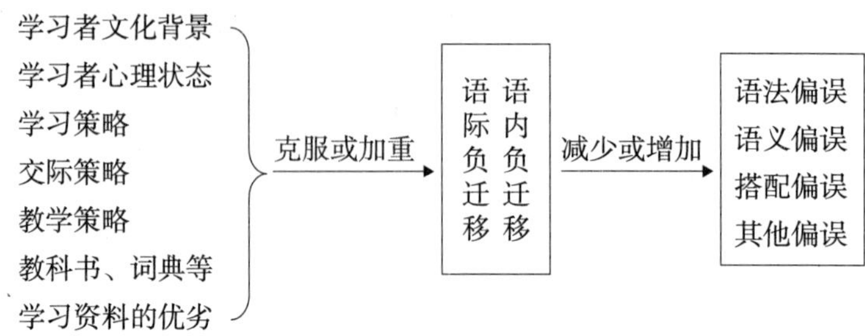

图 7—1 中介语偏误成因关系图

中介语的产生过程实际上是两种语言和文化在学习者大脑中碰撞、交织和融合的过程。中介语系统是一个逐步由母语向目的语靠近的动态系统。中介语的产生永远离不开一个核心，那就是人脑的认知活动。所以中介语的产生发展过程也是一个动态的认知活动过程。根据心理空间理论（Fauconnier 1985，1998）和概念整合理论（Fauconnier & Turner 1998，2001，2002），可以把第二语言学习者的母语和目的语分别看作独立的心理空间。那么，中介语就是经母语和目的语的碰撞和交融而整合成的合成空间（见图 7—2）。

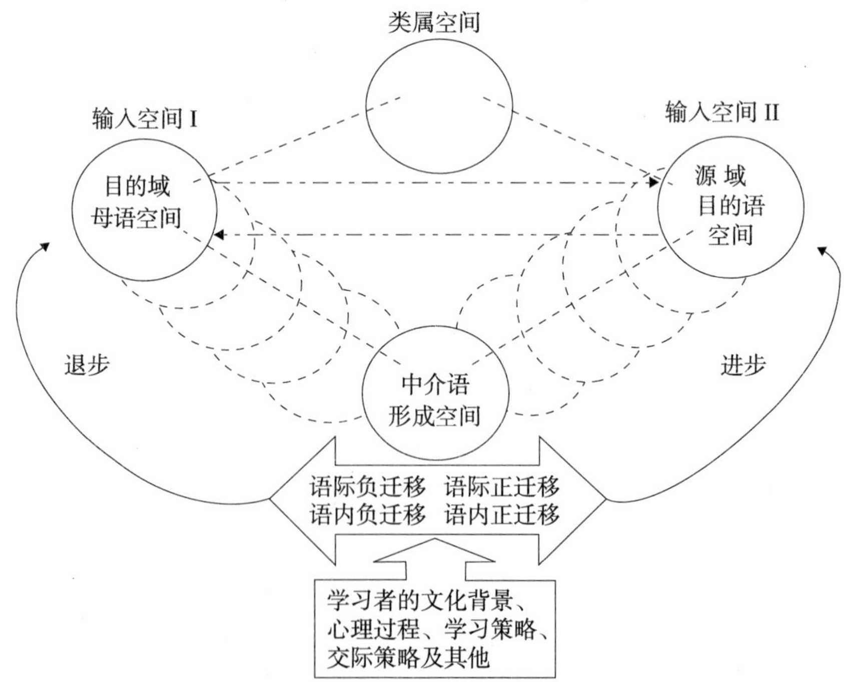

图 7—2 中介语系统的发展过程

正如洪堡特(2001:32)所说:“每一语言都包含着一种独特的世界观。”语言的形成是人类主观世界认知客观世界的结果。不同的语言反映了不同民族的认知方式。二语习得会促使两种不同的认知方式在学习者大脑中的映射、交织或融合。中介语的产生过程就是这种交织和融合的过程。在这一过程中,语际正迁移和语内正迁移是中介语向目的语靠近的动力,语际负迁移和语内负迁移则是中介语向目的语靠近的阻力,而学习者的文化、心理、学习策略和交际策略,教师的教学策略,学习者使用的教材和词典的编纂策略等内外因则是提供这种动力或阻力的能量来源。

7.5　中介语偏误成因的实例分析

如上所述,中介语偏误的形成有内部和外部因素。内部因素涉及心理认知等问题,且需要通过内化语言规则的描述来进行研究,难以通过外化语言语料库来进行观察。这里结合中介语料的实例仅就5.3所述的部分外部因素进行分析。

7.5.1　母语负迁移与中介语偏误

无论是在词汇层面还是在句法层面,英语、日语跟汉语都有很大的差别。英汉词汇的差别是显而易见的,而日语虽然包含有一千多个汉字,但由这些汉字组合成的词有许多往往与现代的汉语词有着截然不同的意义,如前文提及的“先辈”、“结婚式”、“退院”等就属于这种情况。在句法方面,英语句子结构一般都是严格地按“主谓宾”顺序排列;而日语语序则是“主宾谓”,即把谓语动词及其各种变形放在句子的最后面;汉语语序相对灵活,介于二者之间。比如,汉语句子“这个问题还没有解决”也可以说成“还没有解决这个问题”,直译的话,英语只能说“(We) haven't solved the problem”,被动语态才说“The problem hasn't been solved.”,而日语则一定要把名词“問題”放在动词“解決する”的前面。词汇、句法的种种差异往往会使学习者受母语干扰而产生母语负迁移。我们在对真实语料观察的过程中发现,不少日本留学生喜欢把副词放在名词的前面,从而导致句法偏误,如:

7.17 美国等欧洲国家也这个问题{CJX}还没有解决。　(日本)

7.18 那时候一定{CJX}时间过得很慢　(日本)

7.19 爸、妈你们俩都{CJX}身体好吗?　(日本)

细读上面的例子，不难发现这其实是“汉化版”的日语句型。这些偏误正是由于日语语序的负迁移造成的。语料还显示，日本学习者“的”字偏误比较突出，例如：

7.20 我的看法是同意安乐死。特别是上面说的第二种{CD 助 fa 的}情况。

7.21 我学汉语的原因很多，最大的原因是为了了解中国的文化{CD 助 fa 的}。

7.22 我打工{CD 助 fa 的}虽然是不到一年，但是我得到经验和很多知识。

可见，日本学习者把汉语结构助词“的”跟日语助词“の”、“は”等混淆，受母语用法的干扰而导致了偏误的产生。英美学习者也同样会受母语负迁移影响，从而产生他们所特有的偏误，例如：

7.23 他是小孩子的时候，他什么都没有。（美国）

7.24 我们几乎可以{CQ 介 fa 在}**任何地方**见到禁止吸烟的标语。（美国）

7.25 当我们听到脍炙人口的流行歌曲{CQ 名 dapei 时}我们一定会开朗一些。（英国）

7.26 在一个人真的患了某种不治之症{CQ 名 dapei 时}（英国）

从例7.23到7.26，我们可以清晰地看到英语的痕迹。7.23其实就是英语“When he was a little boy”的字面翻译，但汉语一般不用“当他是小孩子的时候”，而常用“他小时候”。例7.24把“任何地方”等同于英语的“anywhere”，因为“anywhere”在做副词时可以独立使用，所以美国学习者就想当然地直接把它用作状语了。例7.25和7.26则是受英语“when”的影响，汉语中我们用“当……时”、“在……时”这样的构句形式，但英语的“when”也是可以独立使用的，母语的这种思维方式直接导致英国学习者产生了缺词的偏误。

总之，不论是日本学习者还是英美学习者，他们在学习汉语的过程中都会在很大程度上受到各自母语习惯的干扰，除了上述例子外，还有“把”字句、“被”字句的误用，趋向动词“来”、“去”的误用，能愿动词“能”、“会”的误用，方位词“上”、“下”的混淆等等，母语负迁移的影子随处可见，由于篇幅有限这里不再一一列举。

母语是打在每一个人身上永远也无法抹去的烙印，即使二语学习者在二语水平达到极高境界时也无法完全摆脱其母语的影响，所以说中介语只能向目的语无限接近但无法重合。然而，母语迁移对二语学习者来说未必永远是绊脚石，当中介语发展到非常高的水平时，母语迁移往往会成为学习者特有的优势。譬如，许多中国文化特色词都是由中国人翻译后被英国人所认可，并逐渐进入他们本族语的语言系统。可以说，各种成功的翻译作品在某种意义上来说也是中介语的一种。这些翻译作品为目的语输入了新鲜的血液，并进一步推动了目的语的发展。所以，千万不要悲观地以为因为母语负迁移的存在,二语教学永远无法取得真正的成功。只要我们能勤于观察,总结出各国学习者中介语偏误的具体规律,采用科学的教与学的方法,编纂出有针对性的词典和教材,就可以最大限度地把母语迁移的负面作用控制在最小范围内,并帮助学习者尽早达到理想的语言水平。

7.5.2 目的语泛化与中介语偏误

二语教学往往比较重视语法和规则的教授,二语学习者在学习到某一语言规则后,往往会"创造性地"对其加以推广运用,造出目的语中没有的搭配或句子,这种现象就被称作目的语过度泛化。由此造成的偏误在我们抽取的语料中也非常普遍:

7.27 我想当你们{CC 代 fa 您们}公司的司机。 (日本)

7.28 可是,我有了别的孩子{CD 助 fa 们}享受不到的快乐。 (日本)

7.29 他们三个人的意见有了分歧{CC 名 dapei 意见} (英国)

7.30 人们经常会听{CC 动 yong 闻}到下面这个{CC 量 dapei 道}问题:…… (美国)

汉语中为了表达对第二人称的尊敬,可以用"您"替代"你",但口语中一般不说"您们",在例 7.27 中,日本学习者把这一规则过度泛化,在口语中使用了"您们"。另外,汉语经常用"们"表达复数,如"人们"、"他们"、"孩子们"等,例 7.28 因此造出了"别的孩子们"("别的孩子"更常用),结果弄巧成拙。汉语词"意见"有"不赞同别人观点或做法"的意思,如"我对你有意见"、"我对你的解释有意见"等,一般用于某一方不赞同另一方的观点,但英国学习者在例 7.29 中完全将"意见"等同于"不赞同",造成过度泛化:他们三个人的意见有了意见。在例 7.30 中,"闻"有"听"的意思,但经常是出现一些习惯性或固定的表达方式中,如"闻过则喜、闻言大惊、百闻不如一见、耳闻目睹"等,使用范围较窄,但美国学习者将其完全等同于"听",导致对该词使用范围的过度泛化。

过度泛化现象虽然使学习者产生了很多偏误,但其本身也说明语言学习是一个创造性的认知过程,二语学习者通过各种尝试来试探所学语言规则的适用范围并随时做出矫正,在反复的尝试和矫正的过程中,学习者最终会掌握该规则的正确用法。看来,过度泛化不仅不可怕,而且对二语学习还有一定的推动作用,但在泛化的过程中,学习者一定要有矫正的机会,不然未得到矫正的过度泛化会在长期的使用中僵化下来,相关语言习得也会因此止步。所以,无论是二语教学活动还是二语学习词典或教材的编写都要尽可能地掌握各国学习者在各种语言规则上所呈现出来的过度泛化规律,并采取相应的措施,对相关规则的适用范围做出有针对性的界定。这样学习者就会有机会在课堂上通过老师，在课后通过教材和词典对中介语偏误进行矫正。

7.5.3 学习者的学习策略与偏误

在讨论母语负迁移和目的语泛化现象时，我们往往都是站在第三方角度来观察、分析中介语偏误问题，但各种偏误的产生归根结底还是与学习者的学习策略和认知方式息息相关。当学习者在目的语中找不到合适的语词或句子来表达自己的观点时，通常会套用自己的母语规则或已学习过的目的语规则来造一个新词或新句替代；当学习者没有全面掌握目的语的某一语言知识时，也往往会简单地使用已习得的片面知识或结合母语规则对所习得的局部知识加以重组，从而创造出或省略简化或繁冗拖沓的词句；当学习者在学习某一新的语言知识时，学习者往往喜欢将这一新知识拿来与已有的知识规则做类比，以便将其纳入已有的语言系统当中，但一旦类比不当就会造成偏误的产生。

7.31 我们也应该提高{CC 动 dapei 增加}烟的价钱 （美国）

7.32 人{CD 名 yi 间}不是一个机器，而且有感情。 （日本）

7.33 我不认识隔壁的邻居{CC 名 zaoci 住人} （日本）

7.34 希望有朝一日{CC4 短语 zaoci 有日}到国内旅行 （英国）

7.35 有些吸烟者说，吸烟是他的自由，不能被剥夺，但他有没有{CC 副 dapei 无}想到，别人也有不想吸"二手烟"的自由 （英国）

在以上五例中，学习者要么用错误类比造成了错误搭配(例 7.31 可能是学习者把"增加"错误类比为"increase"造成的)，要么片面地利用目的语或母语规则造出汉语无法接受的新词。这些例子从一个侧面说明，学习者的学习策略和认知方式对中介语偏误的产生有着重大影响。通过观察，我们可以发现无论学习者的偏误是由哪一种具体的学习策略造成的，但最终都可以看到母语负迁移和目的语过度泛化的影子。另外，需要说明的是，有些学习策略可能会导致偏误的产生，但也可能会促进学习者语言的发展。比如，"替代"或"回避"。

二语学习者在遇到自己尚未掌握或尚未完全掌握的语词或短语时，往往会使用替代或迂回的表达方法绕过这些难点来表达自己的交际思想。由于他们对外语的整体驾驭能力不是很强，对外语语词或表达式之间的关系认识得不是很清楚，这种由回避而使用的迂回表达常常不符合目的语的语言习惯。这是中介语发展过程中的一个特有的语言现象。例如：

7.36 因为你对他或她的缺点{CC 名 zaoci2 不好特点}已经清清楚楚（美国）

7.37 但是女生,无论家庭多有钱连这样简单的教育都得不到{CC3 不会受到}。（英国）

7.38 再说我觉得在15,16岁时,男女开始对异性{CC名2另一个性}有兴趣。（美国）

7.39 抽烟的习惯对城市环境也有坏处{CC2不好处[C]}。（日本）

从上述四例来看,学习者较常用的“回避”是用迂回表达来代替特定的单词。这是学习者在词汇缺失的情况下尝试用自己的经验知识来“组织”要表达的内容所引起的交际问题:用生造出的短语来代替目的语的表达方式,不符合汉语的表达习惯。应该说,这种“回避”不同于“回避策略”。后者是说话者(或文章作者)为了保持交际的顺畅和交际目的的顺利实现所采取的交际策略,是积极有效的;正确使用回避策略生成的句子一般难以让人觉察到,因为这样造出的句子往往是顺畅的、正确的,是能实现其交际目的的。而前者是说话者(或文章作者)由于交际受阻(找不到适当的语词)而不得不采取的被动消极的替代方法,这样造出的句子往往是十分生硬的,或者是因为出现偏误而导致交际目的难以实现。

学习者的学习策略和认知特点是有规律性的,并带有客观性,不以我们的意志为转移,所以我们无法强迫学习者改变其学习策略或认知习惯,但我们可以根据他们常用的学习策略和认知特点,扬长避短,因势利导,思考如何根据二语学习者的学习策略来编纂词典。这就需要我们做一些学习策略的用户调查,根据用户的需求来提供词典信息,提高词典信息的针对性和查得率,使用户很容易在词典中找到所需的词汇知识,减少学习者因滥用回避或替代所产生的偏误。

7.5.4 学习资料和教学方法与中介语偏误

词典、教材和教学行为可以说是学习者语言输入的主要端口,这些端口信息的质量在一定程度上决定着学习者二语习得的效率和效果。低劣的词典、教材或落后的教学方式很可能会使二语学习者输在起跑线上,而优质的词典、教材或先进的教学方式则会为二语习得的成功奠定坚实的基础。因为词典、教材和教学方法的优劣与中介语偏误的形成有着直接的关系。请看下例:

7.40 因为现代医学发达{CC昌明},而且不断进步……（英国）

7.41 更何况今天的医学发达{CC昌明},日新月异……（英国）

7.42 现代医学进步{CC昌明}发达,随时能有新药能医治病人……（英国）

7.43 虽说现今科学发达{CC昌明},医术进步……（英国）

7.44 可是现今科学发达{CC昌明},许[F許]多以往的严[F嚴]重疾病……（英国）

7.45 然而从另一角度来看,在今天医学发达{CC 昌明}…… （英国）

7.46 在现今科学发达,医学发达{CC 昌明}的社会里…… （英国）

上述七个例句中,学习者都集中使用“昌明”来表达医学和科学的“发达”,似乎是一个写作模式。经查《现汉》(第5版),“昌明”意为“(政治、文化)兴盛发达”,如“科学昌明”。但经语料搜索发现,“昌明”是正式的书面体,在现实生活中很少使用,甚至只用于人名或公司名称;但由于《现汉》不是学习型词典,没有这类标注或说明。事实上,汉语在日常交际语言中不会这么用的,北语语料库也直接将其标注为错词(CC)。那么,为什么这么多人如此一致地使用同一个罕用词呢?经调查发现,这七个句子都出自1995年在香港参加考试的英国考生,而在其他年份的考试中,无论是英国学生还是美日学生都没有一个人犯过这种错误。这就说明该七名学生很可能使用的是同一种教材,或师从同一位汉语老师。

如果说上述事例仅是个案的话,在我们的词典、教材和二语教学当中还存在着一个非常普遍的错误倾向,这种倾向可以说是许多中介语偏误的元凶。具体到对外汉语教学,我们不难发现在当前的大多数词典和教材中,对汉语语词的解释往往是通过简单列举对等词的方式进行的,一个汉语词对应一个日语或英语词,或者对应一个汉语同义词。教师上课在对某个汉语词做讲解时往往也喜欢找一个差不多的外语词或汉语同义词做对比,譬如,对英美学习者讲到“增加”就拿“increase”来解释,对日本学生讲到“的”就拿“の”来对应;或者在讲“昌明”时就说是“发达”,而不讲它们之间有什么语义差异,更少谈语体、语域、使用环境或搭配关系上的区别了。这种注释或讲解确实方便、省时,效率高但效果差。结果往往会催生大量的中介语偏误:英美学生不说“提高价钱”而说“增加价钱”,日本学生不说“第二种情况”而说“第二种的情况”,所有学生都把“昌明”完全等同于“发达”。特别是采用简单的外语翻译法来讲解汉语词汇,会加重母语负迁移的影响,使学生犯更多的用词偏误。类似的例子还有很多,下面再略举几例:

7.47 过了三周,又{CC 副 dapei 再}发现自己不想做什么了。 （日本）

7.48 男女学生健康地{CC 形 yi 良好的}成长 （日本）

7.49 应该重视拾金不昧,但是在路上捡{CC 动 yi 找}到钱,反而把钱收起来 （美国）

7.50 促进{CC 动 yi 推广}青少年的健康成长 （美国）

7.51 家人看见病人的痛苦模样{CC 名 yi 容貌} （英国）

7.52 他们若在公共{CC 名 yi 公众}地方吸烟,就意味着剥夺了不抽烟者的自由。 （英国）

观察例7.47至7.52,不难发现其母语对等词的痕迹,可以说翻译词的僵化对等是造成这些偏误的重要原因。无论是教材、教师或是词典，在对语词进行解释时，多从概念、搭配、语体、使用等角度讲一讲，这些偏误就会大幅减少。鉴于此，我们有必要对现行学习材料的编写、二语教学方式和词典的释义方式进行反思，并结合外国留学生的语言认知特点加以改进。

7.6　小结

结合第七章对语料库的统计分析结果来看，绝大多数词误是由语法失误、搭配失误和语义失误造成的。同时需要注意的是，一个语词的误用往往不是由某单一的失误因素造成的，而可能是多种影响因素综合作用的结果。产生这些失误的原因是错综复杂的，但主要是由语言迁移（即语际负迁移）和过度泛化（即语内负迁移）造成的。而学习者的文化背景、心理状态、学习策略和交际策略，教师的教学策略，学习者使用的教材和词典的编纂策略等则是推动或减少这些负迁移的主要因素。所以，要想帮助第二语言学习者高效地习得第二语言，就要在这些方面有针对性地采取有效措施。从词典学的角度讲，对外汉语词典的设计和编纂需要做大的改进。在语法方面，由于汉语语法极其复杂，到目前为止我们还没有能够建立一套比较成熟的汉语语法体系；词典关于语法的注释也就缺乏理论依据。所以，如何及时地应用现代汉语语法研究的成果，怎样选取有代表性的例句来引导汉语学习者最大限度地避免偏误的发生是值得词典编纂者不断思考的问题。在搭配方面，现行的汉语词典对这方面的内容涉及很少，只有部分例句依稀能看见搭配的影子。对于有些常用搭配或句式结构，我们不妨学习英语学习词典的处理方法，在词典中把它们直接列出来，如："从……来看"，"对……来说"等。或者更进一步，我们还可以考虑为国外的汉语学习者专门编纂一部类似《牛津英语搭配词典》的汉语搭配词典。在语义方面，学习者的语义失误主要集中在近义词、同义词或假对等词的混淆方面。针对这一问题，现行对外汉语词典的释义精度有待加强，要尽量多用语义分解的释义方法，避免单纯的同义对释；同时，要设置或丰富同义辨析栏目，帮助汉语学习者准确地把握词义和用法。

第八章　内向型普通词典与外向型学习词典的对比研究

对外汉语学习词典是面向外国人学汉语而编纂的，而外国人在学习汉语的初期没有或缺少汉语语感，常会受其母语认知负迁移的影响，因此词典的收词、体例和释义等方面都要根据他们的实际需要和学习特点来设计。长期的二语教学经验告诉我们，母语使用者下意识习得或不太经意的一些语言现象却是外国人最难掌握的；因此，他们对词典的要求与汉语为母语者的要求有很大不同，也就是说，国外和国内的词典用户使用词典的需求和目的都是不一样的。前者查阅词典的目的是学习，需要词典针对被释义词提供完整、系统且简洁易懂的形态知识、概念知识、语法知识和使用知识，为他们营造出二语习得的系统语境，以便他们克服各种认知干扰、有效地把词典输入信息转化为摄入（intake），提高二语习得的效果。而后者查阅词典的目的是参考，大多是通过被释义词的概念来确认或求证其意义，而剩下的其他问题，用户可以凭自己的语感来解决。对外汉语学习词典必须体现能满足外国学习者需求的外向型特征。

可见，外向型的汉语学习词典或对外汉语词典与内向型的《现代汉语词典》（以下简称《现汉》），无论是在编纂宗旨和用户对象，还是在体例设计和宏观、微观信息结构方面都有很大区别。也就是说，以《现汉》为代表的内向型普通语言词典是不适合外国汉语学习者使用的，特别是初中级学习者。因此，外向型学习词典无论是在体例设计，还是在收词、释义和举证诸方面都不宜简单地拷贝或模仿《现汉》，否则，编纂出来的词典就难以适应非本族语学习者学习汉语的需要。

为了验证上述观点，我们结合二语学习者的实际需求对《现汉》和国外主流学习词典的释义进行对比分析，以说明外向型学习词典与内向型普通词典在释义层面上的差异。所引国外词典包括《牛津高级英语学习词典》（*Oxford Advanced Learner's Dictionary*，以下简称《牛津》）、《朗文当代英语词典》（*Longman Dictionary of Contemporary English*，以下简称《朗文》）、《剑桥高阶英汉双解词典》2008（以下简称《剑桥》）、《柯林斯 COBUILD 光盘词典 2006》（*Collins COBUILD Dictionary on CD-ROM* 2006，以下简称《柯林斯》）等。如果引用上述原版英语词典的双解版，则在其简称后加“双解”来说明，若涉及上述词典的不同版本，则以右上标的形式来标注，如“牛津^{7}”等。

8.1　词典释义方式与释义结构的对比研究

《现汉》是上世纪 50 年代为响应国务院关于推广普通话的指示，以规范汉语词汇、推广普通话为主要目的而编写的内向型中型语文词典。它是中华人民共和国成立后出版的第一部普通话词典，主编是当代著名语言学家吕叔湘和丁声树先生，编纂队伍主要是中国社会科学院语言研究所词典室人员。该词典于 1958—1959 年完成初稿，分别于 1960 年、1963 年和 1973 年出版“试印本”和“试用本”，经多次修订后于 1978 年 12 月由商务印书馆正式出版。三十多年来，《现汉》已发行四千多万册。其发行量之大、影响之广可谓国内同类辞书之最，为国家推广普通话、促进汉语规范化工作起了不可替代的作用。

尽管《现汉》是在特殊的历史时期，为了特殊的历史使命而编纂出版的，但从词典的收词、体例和释义方法来看，它应该属于传统理解型词典的范畴。这种词典没有明确的语言学理论支持，没有明显的理论特征，Temple（1996）把这种词典叫作非理论性词典。在这类词典中，体例结构比较简单，微观结构信息只有注音、词类、释义和例证等几个信息项；释义没有吸收当代语言学和意义理论的成果，释义内容是单一层面的概念表述，强调释文与被释义词句法概念的一致和概念的等同，即释文是释义对象的另一种说法。从形式上来讲，传统的释义主要有对释式释义和定义式释义两种。

8.1.1　传统的对释式释义与当代的语义分解式释义

对释式释义主要指用同义词和反义否定来解释被释义词，这是传统词典常用的方法之一。如法国旧版的《小罗贝尔》词典，在 12087 个动词中就有 1815 个词采用同义对释，占释义总数的 15.02%；在英国的《钱伯斯 20 世纪词典》中，大多采用同义对释，例如：

8.1 tell *v. t* to count; to count out; to utter; to narrate; to disclose; to inform; to explain; to order; to direct; to instruct…/计算；逐一数出；讲；叙述；透露；告知；解释；命令；指示；吩咐……

在《现汉》中,这种释义方式也占有相当的比率,例如:

8.2 梦想 [动] 幻想;妄想①

8.3 乱子 [名] 祸事;纠纷

8.4 灵活 [形] 敏捷;不呆板

对于语感好的本族语用户来说,这种释义方式足能解决他们的理解问题,但对于外国学习者来说,他们查阅词典不单是为了理解,更多的是为了活用。这种释义既难以为他们提供语词准确的意义,又无用法信息,因为它们只注重"同义词"相同的一面,忽视了它们不同的、多义的一面,而且不分义项(《钱伯斯 20 世纪词典》),外国学习者很难判断出词目的准确意思,因此也就谈不上正确地使用了。特别是反义否定释义,更会误导用户,如"不呆板"不一定就等于"灵活"。另一方面,从认知心理角度来讲,释义词的难度几乎都大于被释义词,如"幻想;妄想"较之于"梦想","祸事;纠纷" 较之于"乱子","敏捷"较之于"灵活"等,这种释义无法给外国留学生提供有效的信息输入,因此也就不会有什么帮助了。因此,现今的主流英语学习词典大多放弃了这一释义方式,而采用语义分解式释义。例如:

8.5 **tell** *verb* 1 ~ sb (sth) | ~ sth to sb (of a person 人) to give information to sb by speaking or writing 告诉;告知:[vn, vnn]… 2 (of some writing, an instrument, a sign, etc. 文章、仪器、标记等) to give information about sth 说明;显示:[vnn]… 3 to express sth in words 讲述;说;表达:[vn]…[vn wh-]… 4 [v] to let sb know a secret 泄露(秘密);告发… 5 to order or advise sb to do sth 命令;指示;吩咐:[vn to inf]… (牛津双解[6])

8.6 **dream/梦想** *n* something you hope for and want to happen very much/你非常渴望且非常想要它发生的事情 (朗文[5])

对释式释义就是用一个词释另一个词,但许多研究证明,同一语言中绝对相同的两个词是不存在的,即使是由于各种造词功能(仿造、借用、移植等)的作用会导致两个相同意义的词在特定时期内存在,但其中一个的意义很快会发生变异。许多情况下是,释义词与被释义词某个义项的概念意义相同或相近,而其他附加语义,如情感义、象征义、联想义、搭配义、语法义和语用义等则不同。因此,对释式释义本身就有很多不确定的因素,语言学习者根本无法把握,很容易引起误解,而且对释式释义极容易造成循环释义,影响使用效果。英语学习词典即使是不得不使用对释式释义,也会用括注的形式来说明释义词与被释义词的差异,例如早期的《朗文》和《牛津》学习词典就采用了这种方式:

---

① 本章所引用的汉语例子,除有特别标注外均出自《现汉》第 5 版。

8.7 **resign** *v* ~ from (sth) give up (one's job, position, etc) 放弃或辞去(工作或职位等) (牛津双解[4];参见朗文[2])

然而,随着语言研究和词典学的发展,词典编纂者渐渐觉得这种同义对释不太适合学习词典,在后来的修订中删除了这类释义,改为语义分解式释义。下面就是《牛津》学习词典第7版对"resign"的释义:

8.8 **resign** *verb resign* (*from sth*) | *resign* (*as sth*) to officially tell sb that you are leaving your job, an organization, etc./正式通告某人他将辞去他的工作,离开单位等 (牛津[7])

语义成分的分解是把被释义词的概念意义分解成数目有限的一组初始元(成分),但从词典释义角度讲,元素分解必须遵循一定的语义分解规则,按 Mel' čuk(1995)的说法就是:其描述方法是原子语义法或语义分解法。许多西方语言学家(Katz & Fodor 1963;Nida 1975;Jackendoff 1976,1983,1990)都对语义分解或概念成分分析做了大量的研究,这些研究对全面、准确地解释或理解词汇语义都具有重要意义。从例8.5—8.8可以看出,语义分解简洁地描述了语词的主要语义属性,包括概念范畴的类属特征和同类成员的区别特征,以便用户准确地理解和应用。另一方面,语义分解可以杜绝同义对释,可有效避免或消除理解和使用上的困惑,并且能够自行排除最令人烦恼的循环释义现象。

8.1.2 传统的定义式释义与当代的原型释义

定义式释义是一种说明概念属性的逻辑方法,也就是通常所说的"属+种差"的释义法。这种释义的主要原则就是"充分必要条件",即用语言符号所指的集合特征来描述其概念。在传统的亚里士多德理论中,这些集合特征是对客观世界中某一类实体的抽象概括,具体讲就是指解释一个语词所指概念所必须具有的条件。如果条件甲成立,概念乙就成立;反之,概念乙就不成立。例如:

8.9 **食品** [名] 商店出售的经过加工制作的食物

8.10 **食物** [名] 可以充饥的东西

例8.9释义中的"食物"是被释义词"食品"的类属词,"商店出售的"、"经过加工制作的"则是种差,说明"食品"作为一种"食物"与同一范畴其他食品之间的差异。同样,例8.10中的"东西"是被释义词"食物"的类属词,"可以充饥的"是种差。从释义结构和概念表达上来看似乎都比较清楚,以汉语为母语的用户一看就会明白其含义。然而,对于完全没有或缺少语感的外国学生来讲,如果按"充分必要条件"来解释这两个释义,可能就会出现很多问题。比如,对于例8.9的释义,他们有理由把商店出售的没有加工过的食物(如鸡蛋、瓜果和蔬菜等)排斥在外,还会把食品加工厂加工过的但还没有在商店出售的食物排斥在外;对于例8.10的释义,他们会把在特殊条件下用作充饥的物质(如在闹饥荒时吃的树皮、草根、观音土,矿工被困在矿井下吃的煤渣等)都当作食物。可见,前者的释义是限制过度,后者是限制不足,这都会对被释义词的正确理解和应用带来不良影响。

因此,早在17世纪,英国哲学家Locke就对"充分必要条件"提出了反对意见,他认为词义是由许多简单概念构成的,释义的最佳形式就是列出词所蕴涵的这些简单概念,属+种差的释义并不完全是为了解义,而主要是回避分解属词简单概念所带来的麻烦和辛劳,或是为了避免无法列出这些概念而造成的难堪(见Locke 1690/1975:III, iii, 10)。可见,"充分必要条件"的释义模式不在于解义的明确,而在于"释义"的简洁。更严重的问题是,"充分必要条件"强调的是一类事物成员的共同语义特征,而共同特征一是无法核实(Kleiber 1988),二是难以操作。因此许多语言学家认为这种释义方法无法全面、准确地解释词义。如例8.9中的"商店出售的"、"经过加工制作的"等作为"食品"的"必要条件"就无法解释"商店出售的未加工过的食品"和"食品加工厂加工了但还没有出售的食品"。相反他们认为"词典的每一个词条,作为对词汇单位的描述,是家族相似性和原型发展的结果"(Rey-Debove 1989:164)。

自维特根斯坦50年代提出家族相似性理论以来,语言学家们提出了许多分解词义的方法,如特征(分解)理论(Katz, Fodor 1963)、原型理论(Rosch 1970s)、理想认知模型(Lakoff 1987)、优先规则(Jackendoff 1983)等。"令人振奋的是Rosh及其合作者们的研究成果使我们看到了亚里士多德式的释义方法有着严重的缺陷,终将被原型理论所取代。"(Smith, Medin 1981:VIII)正是释义理论研究的这些成果使得词典释义实践在西方有了长足发展。

通过对"食品"和"食物"大量的语料进行分析、抽象和归纳,可以得到这两个语词的主要原型特征:

8.9a **食品**:a)是食物的一种;b)是一种产品;c)可由食物加工而来,也可自然生长而来;d)可作为商品

8.10a **食物**:a)是物质的一种;b)可供人和动物食用并能提供其所需营养;c)自然生长而成;d)不进入流通领域

根据上述两个语词的原型特征,结合外国留学生的实际需求和可能接受视野,我们给出以下的释义:

8.9b **食品**〈名〉经加工而成或自然生长的，可作为商品的食物

8.10b **食物**〈名〉自然生长的并具有一定营养价值，可供人和动物食用的物质

上例的“食品”和“食物”是同一范畴的两个成员，且后者是前者的上位范畴。根据原型理论，下位范畴自动继承上位范畴的所有属性，有冲突时，下位区别特征自动抵消上位特征；下位范畴成员与上位范畴共享的语义特征越多，它越是典型成员，否则就是非典型或边缘成员。这里“食品”继承了“食物”的全部特征，但“可作为商品”抵消了上位范畴的“不进入流通领域”的特征，同时增加了“经加工的”特征。这两个特征构成了“食品”与“食物”的区别。需指出的是例8.10a“不进入流通领域”的特征在例8.10b的释义中作为缺省值来处理，不需要专门指出来。

8.1.3　单一概念释义与基于语义理论的多层面释义

尽管语义是语言的核心内容，自从有了文字人们就开始关注语义问题，但把语义作为一种系统的学科来研究的时间并不长。语义学所研究的内容相对于音素、音位和句法来说比较抽象，甚至有些变化多端、捉摸不定，所以很难做到客观准确。这使得语义研究困难重重，成为语言学研究中的一个薄弱环节。在上世纪60年代以前，语言学研究大多回避语义，包括转换生成语法的ST理论。后来，特别是上世纪80年代以后，语言学家们开始认识到，语义是语言学诸多分支学科研究难以回避的“核心”问题，无论是句法学还是语用学、社会语言学、心理语言学等，离开了语义这个核心内容就难以取得实质性突破。因此，语义成了语言学各分支研究的热点问题，特别是认知语言学。

可能是受到语言学发展的时代限制，或是因为意义太过于复杂，传统词典往往很少涉及语词的各种附加意义成分，词的释义主要由概念意义构成，词典中的词被看作语言的“标本”和典范，是稳定不变的。因此，词典的释义方法和释义内容许多年来基本保持不变——对概念进行解释，词典微观结构中用于释义的大多是被释义词的同义或近义词，或是定义式概念解释等，许多词典连例句也不提供。下面是《现汉》的单一概念释义结构：

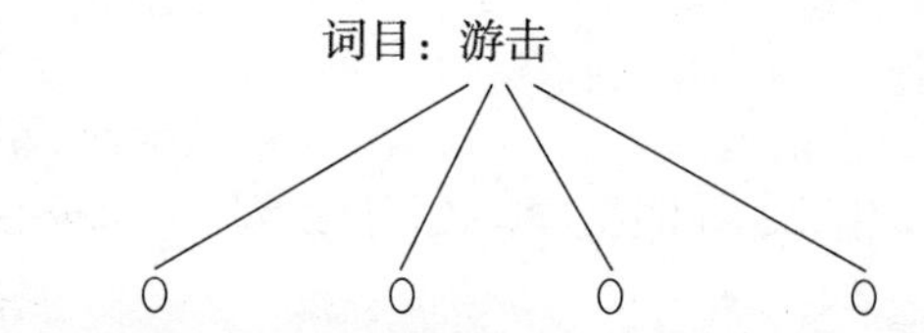

图8—1　传统词典单一概念表述的释义结构

这种释义模式只强调语词的静态意义,不管动态意义,也不考虑语词如何用于语言交际,因此很难满足当今积极型学习词典的需要。如果学习词典释义仍然沿袭传统的方法,把词典中的词看作是语言的标本,只注意其抽象性和概括性,完全不顾其附加语义和潜在的使用规则或使用语境,那么就不能很好地解释词义,也就不能满足语言学习者学习和使用语言的需要。

自20世纪80年代以来,词典学家们根据学习词典编纂的宗旨,积极尝试把语言学的相关理论引入词典释义,力求从多角度、多层面地揭示语词的意义结构。譬如,《当代法语词典》《系统罗伯尔词典》《牛津》《朗文》《柯林斯》《麦克米伦》及《剑桥》等学习词典均属此类。它们的编纂都吸收了语言学理论:词典释义不再是孤立地分析一个词的概念意义,而是采用分布模式、语义结构和词汇形态变体结构相结合的方法对词目进行释义,在词的系统关系、语用关系中,根据语义、形态控制规则表现词的意义和用法。它们的一些共同特征可用图8—2来表示:

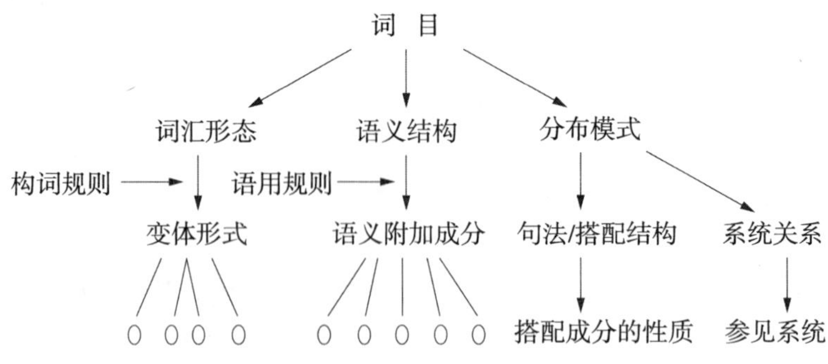

图8—2 理论启示型词典的释义结构

从图8—2可见,英语主流学习词典不再局限于语词概念的解释,其释义的总体结构要比传统词典复杂得多,微观结构中的信息项也大幅增加,包括拼写变体、注音(及变体)、词类、形态变体、语法注释、句法模式、搭配结构、标签、释文、注释、例证、派生词、同义词、反义词、短语、习语、谚语、词源、插图、参见以及用法说明和语义辨析等。

8.2 语义框架与概念释义的结构

从认知语言学的角度来看,一个语词的所指内容就是一种经验范畴,一个语词的每一次使用反映为一个特定的事件及事件情景。这个事件的参与者和事件的情景就是这个语词原型特征的具体化和个性化,事件可以抽象为该词的语义框架，而这些具体化和个性化的事件特征就形成了框架元素。要理解语言中某一语词的意义，我们首先要了解其概念结构或语义框架，因为它们提供了语词意义在语言中存在及在话语中使用的背景和方法（Fillmore 1982）。建立在认知科学基础上的格式塔理论和认知语法也都强调这样的观点——在整体认知图式中来把握个体的特征。譬如，要描写“半径”，你就必须提到“圆”，否则光说“半径”是“一段直线”就没有人能够理解。这一点对缺少二语语感的外国用户显得更加重要，如果词典释义不把被释义词与语义框架联系起来，就会阻碍他们对释义的准确解读。请看《现汉》的几个释义：

8.11 **拐角** 名 拐弯儿的地方

8.12 **攻击** 动 进攻

从学习者的角度来看，这两个释义就缺少理解释义的框架成分，用户无法进行语义联想，因为“拐弯”的内涵是“转向”，而“转向”可以发生在任何地方，包括广场、水域和空中。实际上这里的“拐角”指称的是道路上的“转向”，构成这个转向的框架成分或条件是限定的，其原型以两个实体为参照，即发生在两条道路或两面墙体等交汇的地方。再看看下面的释义：

8.11a **turning** *noun* a place where a road leads away from the one you are travelling on/使你从一条道转向另一条道的地方

根据框架语义学理论，我们可以通过指明形成“拐弯”这个事件的框架成分来凸显“拐角”的主要概念特征。

8.11b **拐角**〈名〉两条相交的道路或两面交汇的墙转向的地方

例8.12是一种同义对释，用“进攻”释“攻击”，没有反映被释义词固有的语义角色，而且同一词典对“进攻”的释义是“接近敌人并主动攻击”，这就造成了理解矛盾：如果“攻击”等于“进攻”，为什么把“进攻”解释为“接近敌人+主动+攻击”？如果说它们不相等，那么为什么又能用“进攻”释“攻击”？实际上，这两个词的语义差异从上述释义矛盾中已显现出来了，把它们的语义特征放在语义框架中做一比较就清楚了：

8.12a-a 攻击：+军队；±主动；+使用武器等；-接近目标；+打击敌人；+猛烈

8.12a-b 进攻：+军队；+主动；+使用武器等；+接近目标；+打击敌人；±猛烈

通过对框架成分的比较可见，这两个动词虽同属一个概念框架，但它们的认知视点不同，凸显的框架语义元素也不相同。用语义框架的方法释义，既能明确被释义词的语义结构、分布特征，又能有效区分同义词之间的差异：

8.12b-a **攻击**〈动〉军队使用武器等暴力手段对敌人进行猛烈打击

8.12b-b 进攻〈动〉军队使用武器等暴力手段向敌人主动出击

类似的情况在《现汉》中比较多，再看下面几个例子：

8.13 **慷慨** 形 不吝惜

8.14 **聪明** 形 智力发达，记忆力和理解力强

8.15 **跟随** 动 跟②

这三个释义对中国人来说不会有任何问题，只是后一个释义还得再查一次词典才能得到解释。然而，对那些对中国语言和文化比较陌生的外国人来说，就存在许多问题：首先，“吝惜”在《现汉》中标注为动词，用动词释形容词会让用户词类混淆，甚至会误用；其次，从语义上讲，“不吝惜”并不一定意味着“慷慨”，语义不明；最后，事件的共现成分不明。至于“聪明”，释义也没有指出语词的必要框架成分；从释文内容上可理解为能与“人”共现，但事实上它远不限于此，“聪明”常常用来修饰动物，如“聪明的小狗”、“聪明的猴子”、“聪明的海豚”，甚至可修饰能体现人的智力的现象或事物，如“聪明的主意”、“聪明的行动”、“聪明的见解”、“聪明的计划”和“聪明的电脑”等。至于“跟随”，查阅“跟②”得到“在后面紧接着向同一方向行动”的释义。这个释义缺乏必要的框架成分，释文也有点令人费解；从框架语义学的角度讲，“跟随”的语义框架应包括动作的主体及“跟随”的对象，他们可以是人、动物、交通工具等，这些都应在释义中反映出来。下面再看看英语学习词典对“generous/慷慨”、“intelligent/聪明”和“follow/跟随”的释义：

8.13a **generous** *a* someone who is generous is willing to give money, spend time etc, in order to help people or give them pleasure./慷慨的人愿意付出金钱、时间等来帮助他人或给予他们快乐 （朗文[5]）

8.14a **intelligent** *a* an intelligent person has a high level of mental ability and is good at understanding ideas and thinking clearly/聪明的人拥有较高的智能，并长于理解，思维清晰 （牛津[7]）

8.15a If you **follow** someone who is going somewhere, you move along behind them because you want to go to the same place./如果你**跟随**正在去某个地方的人，你在他们后面朝那个方向行走，因为你想去到同一地点 （柯林斯）

上述三例都分别指出了与“慷慨”、“聪明”和“跟随”共现的必要框架成分，但似乎都不太全面，后两例还有些限制过度，未能充分、全面地揭示被释义词的语义特征。综合上述分析，可以在学习词典中分别把这三个词释为：

8.13b **慷慨**〈形〉形容为人大方，乐于花费超出预期的钱和物等来帮助他人

8.14b **聪明**〈形〉①形容人的智力发达、脑子灵活、理解力强,或某些动物智力较高 ②形容能反映智慧的言行和事物

8.15b **跟随**〈动〉(人、动物、车辆等)在另一运动实体后面一起朝同一方向运动

根据语料考察,在一些特定的语境中,当"跟随"的主体和对象都为"人"时,其意义受到某种程度的虚化,并不再强调"在……后边",而转化为"与……一道"的意思。例如,"罗莹到重庆寻找周恩来,跟随其抗日"、"周恩来跟随毛泽东在陕北前方指挥与胡宗南部队作战"、"他从小就跟随着爸爸在山里打猎(《现汉》例句)"等。"跟随"是否需要增加义项,也值得考虑。总而言之,对外汉语词典的释义需要把与被释义词"事件"相关的成分都描写出来,用这些相关成分来凸显核心语义特征。

8.3 语义分解与语义结构描述的分析

在同一语言中,意义绝对相等的词几乎不存在,这是认知经济性规律所决定的,因为人们在认知过程中要记忆的东西太多,不容许两个完全一样的词长期存储在大脑中。"同义词"之所以存在,是因为它们之间有着这样或那样的差异或特征。在传统语言词典中,同义对释是常用的释义方法,但如果不注意揭示其区别特征,就很容易产生两种不良结果:一是难以准确、全面揭示语义结构,让用户混淆语词的意义和使用;二是不可避免地造成循环释义,让用户反复查阅也得不到满意的答案。采用语义分解释义可以有效解决这两个棘手的问题。请看《现汉》的几个释义:

8.16a **透亮** [形] 透明;明亮

8.17a **著名** [形] 有名

上述两例中,释义词与被释义词之间是"同义词"关系,但却反映的是同一概念范畴的不同认知域。例 8.16a 有两项释义,"透亮"与"透明"在特定语境下意义近似,但"透亮"与"明亮"则有较大区别,前者强调的是物质对光线的通透,或一个空间因周围的材料透光而显得亮,如"透亮的窗户"、"晶莹透亮的葡萄"、"透亮的衣服"、"通风透亮的房间",而后者则是因光线(阳光或灯光)充足而亮。例 8.17a 中的"著名"与"有名"也有比较明显的差别,前者强调修饰对象的卓越成就或辉煌的历史,适用于正式场合,后者强调修饰对象的名字或名声,用于一般场合。下面看看英语学习词典对"transparent/透亮"和"famous/著名"的释义:

8.16b **transparent** *adj* a transparent object or substance is clear or thin enough for you to see things through/透亮的物体或物质是透明的或薄得你能看穿它 （麦克米伦）

8.17b **renowned** *adj* known and admired by a lot of people, especially for a special skill, achievement, or quality/因具有特殊的本领、成就或品质而广为人知晓或钦佩 （朗文）

renowned [ADJ] A person or place that is **renowned for** something, usually something good, is well known because of it. /人或地方因某些好的事情而广为人知晓 （柯林斯）

现在可以分别归纳出上述两个词的语义特征。**透亮**:a)物体、材料或空间属性;b)能透光和视线;c)因透光而透明或明亮。**著名**:a)人、事物或地方的属性;b)有卓越成就或辉煌的历史;d)广泛为人知晓。学习词典可以根据上述语义分解特征,把这两条释义改为:

8.16c **透亮**〈形〉形容物体或空间因能透光而显得透明或明亮

8.17c **著名**〈形〉(人或地方、产品等)由于成就突出或历史辉煌、特色鲜明而有很大的名声

其实,《现汉》第5版开始注意到同义词的区别特征,常用括注的形式对同义词语义特征做一定的注释,但在对区别特征的把握上还缺少语料的支持,语义范围的界定还不够准确。例如:

8.18a **录取** 动 选定(考试合格的人)

注释将"录取"限定为"考试合格的人",范围过窄。除学校录取学生外,企事业单位、政府部门招聘职工和公务员也可使用录取一词,许多都不需要考试。从语义分解的角度来讲,"录取"是一个系列行为过程的结果:a)对候选人进行考试或考核;b)按照一定标准选定符合条件者;c)赋予被选者某种身份或资格。至少要包括"b、c"两个阶段。因此,这个"同义+括注"的释义并没有完全揭示"录取"的语义结构。该释义应改为:

8.18b **录取**〈动〉(按一定标准)选拔(合格者)并赋予其某种身份和资格

可见,语义分解释义可以避免同义对释给用户造成的理解和使用上的困惑,能让他们全面、准确地习得词汇。语义分解的另一作用就是使词典的每一个词项都能得到明确的解释,从而消除循环释义。

在西方国家,避免循环释义是词典编纂的一条基本准则,因为这种释义无法让用户理解被释义词,最终影响词典的使用效果。常见的循环释义有三种表现形式:a)用A释A(恐惧:恐惧的状态);b)用A释B,B释A(夹缝:缝隙;缝隙:夹缝);c)用A释B,B释C,C释A(获得:取得,得到;取得:得到;得到:获得)。这种现象在《现汉》几个版本中或多或少还有些踪迹。

例如：

8.19a 礼貌 名 谦虚恭敬　　（现汉3）

8.20a 恭敬 形 对尊长或宾客严肃有礼貌

8.21a 运气 名 幸运

8.22a 幸运 名 好的运气

上述两对例子属于循环释义的第二种。如果用户顺着词典释义的线索查下去，就会得出：礼貌＝恭敬，恭敬＝有礼貌；运气＝好的运气。这多少会让用户有些茫然。通过语义分解可以消除这些问题。例如：

8.19b politeness *noun* the way in which you behave and speak, which is correct for the social situation you are in, and showing that you are careful to consider other people's needs and feelings/一种符合人际交往要求，并能认真考虑他人需要和感情的行为和说话方式　　（朗文[5]）

8.21b luck *noun* the force that causes things, especially good things, to happen to you by chance and not as result of your own effort or ability/一种使你能偶然获得某事，尤其是好事的力量，它不是通过你自己的努力或能力而获得的　　（剑桥）

"朗文"学习词典把"politeness/礼貌"视为一种处世的言行方式。更进一步地讲，"所谓'礼貌'是指在人际交往中应具有的礼仪、礼节等良好品行（如程序、方式、容貌、风度、言谈等）"（《公民道德建设通论》）。而"运气"也有鲜明的语义特征：a）一种机会；b）一种可能性；c）偶然性；d）积极性。其释义分别如下：

8.19c 礼貌〈名〉在交往中言语行为表现出对他人的尊重、谦虚和诚恳

8.21c 运气〈名〉得到某种幸运或好事的偶然机会

在《现汉》中，像"攻击与进攻、取得与获得、揉与搓、存储与储存、解劝"等条目都有循环释义的嫌疑。除此之外，还有一种三连环的半循环现象，即在三个条目一组的释义中，有两个采用同义对释，第三个才采用分解释义。例如：

8.23 聊天 动 谈天

8.24 谈天 动 闲谈

8.25 闲谈 动 没有一定中心的谈无关紧要的话

8.26 跟从 动 跟随

8.27 追随 动 跟随

8.28 跟随 动 跟②

8.29 跟 动 ②在后面紧接着向同一方向行动

这种释义虽然在最后给出了解答,但用户要查三次才能有结果。据我们的调查,用户在一次查不到而再查一次的人只有28.96%,再查两次的人只有9.09%,绝大部分人不会有在同一部词典中对一个词查找三次的耐心。而这些半循环释义的现象或多或少都搬进了学习词典,对于讲求用户友好的学习词典来说,这种直接增加用户查阅强度的方法是不可取的,同时也会影响学习者使用词典的兴趣。实际上,如果学习词典的编者能不拘泥于《现汉》蓝本,尽量避免同义对释,多采用语义分解释义,注意揭示被释义词的区别特征,这些弊病都是比较容易避免的。

8.4 释义简单性与词典的闭环性

鉴于二语学习者的目的语水平有限,不同水平的用户对词汇、语法及句子结构的难易程度都有相应的期望和要求。因此,外向型英语学习词典,包括高级学习词典都十分重视释义用词的简单性和词典的闭环性,以期提高词典的使用效果。简单性指词典释义用词必须比被释义词更简单、更易于理解,以便用户付出较少的认知努力就能把握词目词的意义;闭环性(closedness)指在词条右项释文中使用的词,一定要出现在词典左项的宏观结构中,从而在词典中构建一个封闭的释义网络,以便用户在阅读释义遇到生词时能在同一词典中找到解答。这两点是当代英语主流学习词典释义的重要原则,而我国的汉语词典在这方面考虑得还不多。不过,对于《现汉》这样的内向型词典也无须过多考虑这些问题,只是当我们编写对外汉语词典时要注意到这一点,不要一味模仿《现汉》的释义用词,否则就会违反学习词典的简单性和闭环性原则。例如:

8.30a **地宫** 名 帝王陵墓地面下安放棺椁和殉葬品的建筑物

8.31a **板鸭** 名 宰杀后煺毛,经盐渍并压成扁平状风干的鸭子

8.32a **闯祸** 动 因疏忽大意,行动鲁莽而引起事端或造成损失

例8.30a的释义中,"陵墓"、"棺椁"和"殉葬"的书写和认知难度都远远高于被释义词"地宫"。例8.31a的释义既不符合简单性原则,也不符合闭环性原则,因为释文中的"宰、煺、盐渍"都比被释义词认知难度大,而且"盐渍、扁平"在词目中没有收录,如果用户不知道这些词的意义,在词典的其他地方也无法找到解答,那么他就无法理解这个释义。在例8.32a的释义中,"疏忽"、"鲁莽"和"事端"的难度也要大于"闯祸",特别是初中级学

习者更难理解其意思。这种释义语词难于被释义词的现象在同义对释中显得更为突出，譬如："类固醇"释为"甾"，"凋落"释为"凋谢"，"刁横"释为"蛮横"，"天分"释为"天资"，"地下"释为"地层内部"，"地方"释为"某一区域"等。对于外向型汉语学习词典，编者可以借鉴《朗文》和《牛津》学习词典的做法，在词典的设计阶段，通过语言调查和语料统计，从汉语词汇中提取各类语词释义的最低限度词汇表，并用这些限制性基本词汇为整部词典进行释义。这里，我们用简单原则对上述释义做一下修改：

8.30b **地宫**〈名〉古代帝王坟墓中安放棺材和陪葬品的宽大地下建筑

8.31b **板鸭**〈名〉加上盐放一段时间后压扁、风干而成的鸭子（因其肉质紧密，像一块板似的，故名板鸭）

8.32b **闯祸**〈动〉因不小心或考虑不周而引发的乱子或损失

对于例 8.31b，"板鸭"在制作过程中的"宰杀后煺毛"是"腌"的缺省特征，可以不写在释义中，而增加括号中的注释内容则可方便用户对板鸭的认知。

至于闭环系统不健全的问题，一般有两种表现形式：一是参见系统中的注释参而不见或有些注释在词典中回应不清楚；二是释文中的用词在本词典中没有收录。下面分别来说明这两种情况：

1）参而不见或参见不清，例如：

8.33 **棱** 见 211 页【刺棱】

8.34 **佥**[2]同"签"

8.35 **乗** chéng〈书〉同"乘"

8.36 **乗** shèng〈书〉同"乘"

从上述样本来看，《现汉》中参而不见的现象不是很多，但参见不清的现象却能时而遇见。例 8.33 用参见替代释义，让用户到"211 页"去找答案，该页却没有回应，而实际上答案却出现在 221 页。例 8.34 中的参见词"佥"在《现汉》有两个词形或词条：签[1] 动 ❶为了表示负责而在文件、单据上亲自写上姓名或画上记号 ❷用比较简单的文字提出要点或意见；签[2] ❶ 名 上面刻着文字符号用于占卜或赌博、比赛等的细长小竹片或小细棍 ❷ 名 作为标志用的小条儿 ❸ 名 竹子或木材削成的有尖儿的小细棍 ❹ 动 粗粗地缝合。例 8.35 和 8.36 的情况与例 8.34 类似，其参见条也有两个词形：乘[1] ❶ 动 用交通工具或牲畜代替步行 ❷利用（机会等） ❸佛教的教义 ❹名 姓 ；乘[2] 动 进行乘法运算。那么，参见条目到底指向主条的"词目[1]"，还是"词目[2]"？况且，一个主条目又有这么多的义项，参见条是完全对应还是只对应其中一二呢？

这些问题词典都没有交代清楚。实际上,一般用户根本无法确定是哪一词形或义项,外国用户更会茫然不知所以。

2)闭环系统不健全,例如:

8.37 兰 名 古书上指木兰

8.38 听见 动 听到

8.39 磷火 名 磷化氢燃烧时的火焰

例 8.37 把"兰"释为"木兰",但"木兰"又是什么呢? 翻遍词典也没有找到相关条目,更不可能找到能为用户解除疑惑的释义了,最终还是不知"兰"为何物。例 8.38 采用了同义对释的方法,但词典却没有"听到"一词;而实际上它比"听见"更需要解释,因为留学生先接触到的词是"听到"。例 8.39 释义中的"磷化氢"在词典中也没有收录。

显然,要实现词典释义的闭环性,就必须控制使用释义词汇,使释义用词能被词典宏观结构中的词表所覆盖。对于中大型词典,释义用词比较复杂,可能会涉及各类社会和专业词汇。但只要能在简单性原则的基础上精心设计、尽力优化释义表述方式,便可以基本实现词典闭环。

8.5 语义成分与全面准确的释义

尽管词典释义可以是不完全的、非本质的,但人们能感知的主要属性和区别特征还是要交代清楚,否则那些缺乏语感的学习者就无法获得有关语词的完整意义,而语义特征描写不准确或不全面还会对学生的词汇习得产生误导作用。因此,学习词典释义"要对特定语言在特定时期的使用进行全面、系统、客观和准确的描写"(Crystal 1985:89—90)。内向型词典是面向母语用户的,那些人所共知的,或凭母语经验可以推测出的语义特征一般不需要交代出来;而对于外国学习者来说,他们可能会认为这些交代不全的释义不太准确,会给其理解和使用造成一定的障碍。

8.5.1 重要语义成分缺失

词汇语义是由一组更小的语义成分构成的。根据 Jackendoff(1983,1990)的概念结构理论,按优先条件的优先程度,我们可以把语义成分分解为:a)初始元(primitive value);b)缺省元(default value);c)特有元(specific value);d)优先元(preference value);e)选择元(optional value)(章宜华

1998)。《现汉》中的一些释义把一些重要语义成分当成“缺省值”对待,没有描述出来,例如:

8.40a 领养 动 把别人家的孩子领来抚养,当作自己的子女

8.41a 抢劫 动 用暴力把别人东西夺过来,据为己有

这两例都与法律有密切关系:“领养”必须依法(或规定)办理,“抢劫”则是违法进行的。“法”是这两个动词的基本认知域,也是其行为动作得以成立的关键因素。请看:

8.40b adopt *verb* to take sb else's child into your family and become its **legal** parent(s)/把别人的孩子领回自己家中,并成为其**法定**的父母　(牛津[7])

8.41b rob *verb* to take money or property **illegally** from a place, organization or person, often using violence/使用暴力**非法**将某一地点、组织或个人的钱财夺走　(剑桥)

在对外汉语学习词典中,“领养”和“抢劫”的释义可以分别改为:

8.40c 领养〈动〉通过一定的法定程序将别人的孩子领来当作自己的子女抚养

8.41c 抢劫〈动〉非法使用暴力把别人的东西夺过来,据为己有

8.5.2　语义成分表述不当

如上所述,普通语言词典的释义可以是不完全释义,即可以省略那些靠科学试验才能揭示的特征,主要表现人们能直接感知的主要特征,这一般不会妨碍用户对词义的理解。然而,如果语义特征表述不当或不准确则会直接影响用户正确地习得词汇。例如:

8.42a 攀登 动 抓住东西爬上去

8.43a 忌妒 动 对才能、名誉、地位或境遇比自己好的人心怀怨恨

8.44a 饭厅 名 专供吃饭用的比较宽敞的房子

8.45a 裁缝 名 做衣服的工人

例8.42a“攀登”的本义是表示向上运动的过程,并未强调要“爬上去”;“攀登”的方式是“爬”,需手脚并用,光“抓”是不全面的。例8.43a把“忌妒”释为“怨恨”,而同一词典又把“怨恨”释为“对人或事物强烈的不满或仇恨”。这样,“忌妒”=“强烈的仇恨”。这个解释似乎不太符合实际:第一,《现汉》对“仇恨”的定义是“因利害矛盾而产生的强烈憎恨”,而“忌妒”往往是因羡慕而起的——想得到而又得不到别人所拥有的才能、成就或机遇等而产生的一种情绪,与对方并不一定存在直接利害和矛盾。虽有“因妒生恨”的说法,但妒忌的情感并不是“强烈仇恨”,多是愤愤不平的情绪。第二,“忌妒”有程度之分,朋友和同事之间的言谈中常会听到“我真有点忌

妒你!”、“我好忌妒你呀!”、“我忌妒死你了!”等,这些话即使显示了“不平”,也有夸耀对方的意思。因此,把“忌妒”一概视为“仇恨”不太合适。

例8.44a中的“厅”应是“聚会或招待客人的房间”(《现汉》“厅”的释义),凸显的是建筑的内部空间,是整体房屋或建筑的一部分;而“房子”是“有墙、顶、门、窗,供人居住或做其他用途的建筑物”(《现汉》“房子”的释义),凸显的是建筑的外部结构,是独立的整体。因此,用“房子”释“饭厅”显然是不合适的。例8.45a的“裁缝”是一种有技术的职业,懂得衣服的设计、剪裁和制作;而做衣服的工人则指服装厂的车衣工,他们一般不懂剪裁技术,不能称为“裁缝”。因此,“裁缝”也不等于“制衣工人”。下面对照一下英语学习词典对上述四个词的释义:

8.42b clamber *v* to climb or move slowly somewhere, using your hands and feet because it is difficult or steep/用双手和两脚在某处缓慢地攀登或爬行,因为该处难以行走或者陡峭 (朗文[5])

8.43b be jealous of to feel angry or unhappy because you wish you had sth that sb else has/感到生气或不快,因为你想得到别人拥有的东西而又无法得到 (牛津[7])

8.44b dining room *noun* a room where you eat meals in a house or hotel/家庭或旅馆中吃饭的房间 (朗文[5])

8.45b1 tailor *noun* a person whose job is to make men's clothes, especially sb who makes suits, etc. for individual customers/一个职业为人们制作衣服,尤指为客户定做服装的人 (牛津[7])

8.45b2 tailor *noun* someone whose job is to adjust, repair and make jackets, trousers, coats, etc for men/一个职业是给人们剪裁、缝补和制作夹克、长裤、外套等衣服的人 (剑桥)

英语学习词典在“clamber/攀登”的释义中强调的主要行为是“攀爬”,客体对象是“陡峭”的物体,行为方式是“手脚并用”;在“be jealous of/忌妒”的释义中强调的是“由于得不到而生气或不满”;在“dining room/饭厅”的释义中强调的是“房子或旅馆中的房间”;在“tailor/裁缝”的释义中强调的是“职业”,职业人会“剪裁、修补和制作衣服”,方式是“个人定做”。根据上述分析,汉语学习词典可以把上述四词释为:

8.42c **攀登**〈动〉用手抓脚蹬陡坡或陡壁上的突出物向上爬行

8.43c **忌妒**〈动〉因羡慕别人的才能、成就或机遇而感到不平或愤懑

8.44c **饭厅**〈名〉专供家庭或旅馆吃饭用的比较宽敞的房间

8.45c **裁缝**:〈名〉按顾客要求裁剪、制作和拆改衣服,并以此为职业的人

8.5.3 释义成分限制过度

在传统的释义结构中,释文包括“类属”语义成分和“区别性”语义成

分。前者指出被释义词的所属概念范畴，后者说明被释义词作为这个范畴中的成员与其他成员之间的关系。但有时候这种区别成分若选择不当，或概念过窄，就会造成对被释义词类属的过度限制，从而会排除一些范畴成员，因为在释义“规定”的搭配结构中，给出一种搭配成分就会自动排斥其他的搭配成分。如果给出的成分是该动词特有的、唯一的搭配对象，那当然不会有什么问题，否则就会造成过度限制。过度释义往往在释文中只标示被释义词的部分搭配关系，否定了其他搭配的可能性，对外语学习者的正确理解造成不利影响。

8.46a 切 [动] 用刀把物品分成若干部分

8.47a 推选 [动] 口头提名选举

8.48a 水分 [名] 物体内所含的水

例8.46a中的“切”在传统观念中无疑是“刀”的典型属性，但随着语言的发展，“切”不再是“刀”所专有的属性。请看以下几则真实语料：“用剪刀小心地切开前结肠带”、“用剪刀或手术刀切开会阴”、“用剪刀切开腹膜”、“用剪刀切成葱花”、“肉烤熟后，用剪刀切成合适大小的块”，等等。由此可见，在汉语中“切”不仅是“刀”的属性，也是“剪刀”的重要属性。例8.47a把“推选”限定为“口头提名”的选举，这一点在语料中也有很多反证，笔者在谷歌中搜索出了20700条“投票推选”，26200条“网民推选”，13200条“网络推选”，9570条“网上推选”等。例如：“投票推选10大民族文化旅游品牌”、“对候选品牌进行投票推选”、“投票推选全国道德模范”、“全国网民推选‘十大快乐城市’”、“网络推选新形象代言人”、“首届中国和谐校园网上推选活动在北京揭晓”，等等。这都表明了“推选”有多种形式，决不仅限于“口头”。例8.48a把“水分”限定在“物体内”，但事实并非如此。我们选取了几个有代表性的真实语料：“空气中所含的水分”、“物体表面的水分”、“植物细胞内的水分”等。从被释义词的搭配关系可以看出，“水分”不仅存在于“物体内部”，也存在于空气和物体表面，以此形成“空气水分”、“表面水分”和“体内水分”三大语义特征。英语学习词典对“cut/切”、“elect/推选”和“moisture/水分”的释义也支持了这些分析：

8.46b **cut** *verb* to divide something or separate something from its main part, using scissors, a knife etc/用刀或剪刀等将某物从其主体上分开或隔开

（朗文[5]）

8.47b **elect** *verb* to choose sb to do a particular job by voting for them/通过投票选某人承担某一工作 （牛津[7]）

8.48b **moisture** *noun* small amounts of water that is present in the air, in a substance, or on a surface/空气中、物质内或物体表面所含有的少量的水

（朗文5）

根据上述分析，对外汉语学习词典可以把上述三个词释为：

8.46c **切**〈动〉用刀或剪刀把物体分割成几部分

8.47c **推选**〈动〉参与人通过提名或举手、投票等方法来选举

8.48c **水分**〈名〉空气中、物体内或物体表面所含有的极少量的水

8.5.4 语义成分释义过度

过度释义就是把不属于释义对象固有的语义成分强加在释文的表义结构中，在词典编纂中，动词最容易出现过度释义。动词有及物与不及物之分，从语义框架的角度讲，不及物动词可以只有一个主要共现框架成分（主语）或/和若干补足成分，它没有直接宾语，因此动词本身蕴涵的语义成分比较丰富，不需要其他补足成分就可以完整地描述一个行为动作，譬如"选材"的释义"选择合适的人才"（《现汉》）；而及物动词至少需要两个及以上的主要共现框架成分——主语和宾语，也就是说它本身包括的语义成分不完整，至少要有一个宾语的辅助才能表达完整的行为动作，譬如"选定"的释义"挑选确定"（《现汉》），至于"挑选确定"什么，则需要由宾语补充，如"挑选确定参赛队员"等。如果把及物动词的宾语也明确地写在释义中就可视为过度释义。例如：

8.49a **选举** [动] 用选票或举手表决等表决方式选出**代表或负责人**

8.50a **虐待** [动] 用残暴狠毒的手段待人

8.51a **逃避** [动] 躲开**不愿意或不敢接触的事物**

8.52a **误会** [动] 误解了**对方的意思**

上述四例加粗（笔者加）的部分都是被释义词的潜在宾语，如果外国学习者看到这样的释义，他们要么把这些被释义词都当作不及物动词，造出"*今天我们选举"、"*美国士兵虐待"等不完整的句子来；要么认为这些动词只能后接释义中规定的宾语成分，从而阻碍了他们对被释义词的正确理解或使用。如果学习者受词典信息和目的语规则泛化的影响太深，他们见到"选举班长"和"虐待俘虏"之类的正确句子反而感到不解了；因为在释义中规定了一种搭配就意味着自动排除其他的搭配可能。对于"误会"这个及物动词，我们可以说"误会了他的意图"、"误会了他的话"、"误会了孩子的行为"，等等。由此可见，例 8.52a 释义中的"意思"既不是"误会"的固有语义特征，也不是唯一的宾语成分，最多只是一种习惯搭配而已，可作为语义结构的一种附加信息放在括号内，不宜描写成动词的直接意义成分。而

《现汉》不但把"意思"写进释义，而且在例证中又给出"我误解了他的意思"，这更会引起误导，或给用户造成矛盾或混淆。因此，对外汉语词典要特别注意不要过度释义。此外，例8.50a和8.51a还有过度限制的问题，因为"虐待"的对象不仅有人，还有"动物"；"逃避"的对象不仅有"事物"，还有"人"等。这里，我们稍做修改就可以消除这些问题。

8.49b 选举 动 用选票或举手等表决方式选出（**代表或负责人等**）

8.50b 虐待 动 用残暴狠毒的手段对待（**人或动物**）

8.51b 逃避 动 躲开（**不愿意或不敢接触的人或事物**）

8.52b 误会 动 误解（**对方的意思、意图、行为等**）

8.6　词典对新词新义与旧词新义的处理

语言是不断发展的，特别是在当今高新技术和信息技术迅猛发展的时代，每天都有新词汇和新概念产生。能否以较快的速度反映社会和语言发展的新动态是衡量当代词典实用性的重要因素之一。

8.6.1　《现汉》与学习词典对新词新义的反映

《现汉》经过几代学者的努力，形成了自己既有的特色——规范和严谨，它也因此被用户视为圭臬。尽管国际词典学的发展很快，编纂方法和编纂理念发生了很大变化，《现汉》作为中国现代语言发展的结晶和象征是不会轻易改变自己的体例和特色的，否则它就不再是《现汉》了。

《现汉》现在承载着越来越多的社会责任。从主观上讲，没有人愿意改变《现汉》的既定风格，虽经多次修订，但编者一直秉承严谨的收词和释义传统，把词汇和释义的规范作为首要任务。对新词新义的收录也一直持慎重态度，严格遵循既定的"必要性原则、明确性原则、高效率原则、普遍性原则和生命力原则"（晁继周 2005：177—180）；对当代出现的旧词新义较少涉及。从客观上讲，也许是《现汉》的编者为保持其传统编纂风格，对语料的搜集仍保持传统的卡片形式，《现汉》的修订和对新词、新义的收录也是建立在大量卡片基础上的。这些主观和客观因素制约了《现汉》对新词新义的全面评估与收录。

然而，学习型词典作为当代语言学习的重要工具，则应该顺应时代的潮流，紧密跟踪社会媒体的语言变化，特别是电子出版物和互联网的变化，因为它们是文字信息使用最集中、最直接、最频繁,流动最快的传播媒体,对语言的影响也是最直接、最迅速的。词典应该是社会语言的客观反映,作为面向使用语言最活跃群体的学习词典决不能对此视而不见,就像著名的《阿歇特百科词典》在处理新词时所说的:"新词来、旧词去,用则出现、不用则消失,有时就像一阵风。但无论语词的寿命多长、多短,都应该给予定义,让人理解和查询。"(*Hachette Encyclopedique*:2031)新词之所以产生和流传,是因为它有其产生的理据和存在的合理性。描写理论派认为,对语言只能描写,而无法规定。因此,描写是解释自然语言的重要手段之一,如果信息有一定语料统计数据的支持,就可以收录到词典中去。时间是可以检验词的生命力,但完全依赖于时间是不负责任的态度。因此,法国主流词典(《小拉鲁斯词典》和《阿歇特百科词典》)都是一年修订一次,主流英语学习词典也是2—3年修订一次,其中重要的内容就是增加新词新义,剔除旧词旧义。对于那些刚出现不久、有些还没有稳固下来的新词,则采用附录的形式收录,让它们集中接受社会检验,通过检验的词条便在来年修订时收进新版词典。

综上所述,《现汉》的收词和释义讲究的是严谨和规范,对新词的考察需要一个时间跨度,无法做到实时反映。如果外向型学习词典一味参照《现汉》的收词,不在新词新义原始语料的统计上下工夫,很多热门的词就难以被词典所收录;因为《现汉》除对待新词新义的收录比较严格外,其修订周期也在5年以上,再加上新编词典的编纂和出版的周期(3年以上),等你编的学习词典出版后,所收的新词都是10年以前的了,还怎么反映当代的语言现象?届时,用户也许会因查不到近年的新词而对这部学习词典失去信心,最终影响词典的推广和使用效果。因此,编写新的对外汉语学习词典,不能完全参照《现汉》的收词标本,而一定要借助动态平衡语料库跟踪新词新义产生、使用和发展的动态,通过统计分析等科学手段来确定新词的收录,力争"实时"或在最短的时间内把语言发展阶段的新现象呈现给词典用户。

8.6.2 《现汉》与学习词典对旧词新义的反映

语词的释义主要由概念意义构成,传统的观点认为词典中的词是语言的"标本"和典范,释义所描述的概念具有客观性、抽象性和概括性,是稳定不变的。这种释义理念很难满足当今积极型学习词典的需要。

语词的概念意义是由多种认知域构成的,语言的不断发展常常会引起语词认知域的扩展或变化,"旧词"在认知域的扩展过程中不断获得新义,

"旧概念"也会不断地扩展和演变。比如,英语的"notebook"由于计算机的发展便有了"笔记本电脑"的意思。《现汉》对旧词新义的收录也较重视,在其第5版中吸收了"笔记本"的"手提电脑"义项。但由于缺乏系统的动态平衡语料库的支持,编者对旧词新义或旧词新用无法进行系统的跟踪调查,释义有时也没能反映语词意义的新变化。例如:

8.53 照片 名 把感光纸放在照相底片下曝光后经显影,定影而成的人或物的图片

8.54 小姐 名 ❶旧时有钱人家里的仆人称主人的女儿 ❷对年轻的女子或未出嫁的女子的称呼

8.55 广场 名 面积广阔的场地,特指城市中的广阔场地

上述三个释义都没有什么错,只是未能反映出这些语词新的概念认知域。例8.53所述"照片"现在多以数码成像,用成像感光芯片代替了胶片,这类照片的制作不再需要底片、曝光和显影,直接放在打印机上就可以打印出来。市场上有数码冲印设备,其制作照片的工序也与传统方式大不一样了。例8.54中"小姐"这个称呼在社会上经常遇到尴尬,因为用它来指称"三陪女"和"性工作者"已是人人皆知的事实。2008年3月,笔者在谷歌搜索引擎中输入"找小姐"能检索到300余万条,在一些场合称女孩子为"小姐"会引起强烈的不满。例8.55中的"广场"作为"商业建筑和活动场所"这一概念的存在已经有几十年的历史了,如北京的"东方广场"和"时代广场"、上海的"百联中环广场"和"正大广场"、广州的"正佳广场"和"中华广场",以及遍布各地的"万达广场"等都是大型的购物和商务活动中心。就算上述几个释义是"照片"、"小姐"和"广场"的原型或原始概念,我们也不能对其指称内容的显著变化视而不见。在英语中,与"小姐"对应的"miss"只是古旧义有"情妇、娼妓"的意思,但现在的词典已经不收了,这极可能与"性开放"的时间有关。国外似乎一直比较开放,"miss"受性污染的年代比较早;而中国在性方面一直比较保守,"小姐"直到上世纪八九十年代才开始受到污染。"广场"源自外语"plaza",其本身就有"购物中心"的意思,"照片/photograph"的语义变化在一些国外学习词典中已有所反映:

8.53a **photograph** *noun* a picture produced using a camera/用照相机拍摄的相片 (剑桥)

8.55a **plaza** *noun* 1 an open area or square in a town, especially in Spanish-speaking countries/城镇中的一块开阔区域或广场,尤其用于说西班牙语的国家 2 a group of buildings including shops designed as a single development within a town/城镇中由一组设计成一体的多个商店组成的建筑物 （剑桥）

在 1995 年版的《剑桥》学习词典中，“photograph”的释义中还有“film/胶卷”的字样，而在 2003 版学习词典中已经删除了“胶卷”，但它对照片产生的原理并没有讲清楚。总之，学习词典应该反映社会现实，对语义有扩展的词汇应相应扩展其释义的内涵，对产生了新义的，应该增加新的义项，以反映新的语义内容。在学习词典中，我们可以把上述三个词释为：

8.53b 照片〈名〉用照相机拍摄，经冲印或打印所得的影像和肖像等

8.54b 小姐〈名〉〈贬〉指在娱乐场所从事三陪服务或性服务的年轻女性（增加义项）

8.55b 广场〈名〉城市中心区域供公共活动之用的广阔、开放的场地。现也指用作大型商业活动的建筑

另外，对于一些从西方引进过来或与意识形态有关的词汇，《现汉》显得过于谨慎或保守，未能很好地反映中国社会的现实。例如：

8.56 萧条 [形] 资本主义社会中紧接着周期性经济危机之后的一个阶段，其特征是工业生产处于停滞状态，物价低落，商业萎缩

8.57 工会 [名] 工人阶级的群众性组织。最早出现于 18 世纪中叶的英国，后各国相继建立。一般分为产业工会和职业工会两大类

在我国传统的经济学教材中，“萧条”是资本主义的产物，但从社会和语言现实来考察，“萧条”并不是资本主义社会特有的。在我国现代语料中，“萧条”的使用频率较高；“萧条”可用于描述广义上的经济不景气，经济困难等，例如：“如果人民币被迫升值，最直接的结果可能是经济的萧条和通货紧缩”、“宏观调控的目的是为了防止经济萧条”、“中国本土汽车：萧条中崛起”等。“牛津”学习词典的释义，也能说明这一点。

8.58a depressed *a* (of a place or an industry) without enough economic activity or employment/（地区或行业）经济活动或就业不足的 （牛津[7]）

而《现汉》将其定义为“资本主义社会中紧接着周期性经济危机之后的一个阶段”显然有些不太符合社会发展实际；此外，其释义结构也违反了释义原则——被释义词标注为“形容词”，但释文却是名词性的。根据语料分析，“萧条”主要有以下几个语义特征：a）发生在一个地区或一个行业的某个阶段；b）生产和经济停滞，就业不足；c）物价低迷，商贸活动少。因此，学习词典可以把它释为：

8.56b 萧条〈形〉形容（一个国家、地区或行业）某一阶段的经济不景气、商业萎缩、失业率高

至于“工会”，释义只简短地给出了它的性质、来源和类别，但对“工会”

的主要功能特征却没有提及。尽管它发源于18世纪的英国,但作为语言词典似乎没有必要介绍其来源,况且该词典的其他同类词很少用这种释义方法。从中国社会的实际出发,工会已发展成为企业、事业、机关团体及行业内部的职工组织。中国特色的工会是组织职工活动、保护职工的利益等。根据语料并参考维基百科网络词典的释义,可归纳出"工会"的以下特征:a)某一领域的群众性组织;b)成员是相对雇主的雇员或机构的员工;c)功能是维护雇员利益(包括与雇主谈判工资待遇、工作时限和工作条件等)。下面再看看《剑桥》学习词典对"trade union/工会"的释义:

8.57a **trade union** *n* an organization that represents people who work in a particular industry, protects their rights and discuss their pay and working conditions with employers/代表某一行业的工作人员、保护其权利,并与雇主商谈待遇和工作条件的组织　　(剑桥)

可见,"工会"中"工"的内涵不再是"工人",而是"工作人员"。"工会"不再只是工人的组织,而是所有劳动者的组织,包括体力劳动者和脑力劳动者,甚至是公务员,比如教师工会、律师工会、演艺工会、机关工会等。在学习词典中,"工会"的释义可以改为:

8.57b 工会〈名〉团体或行业中职工的群众性组织,其宗旨是通过与管理层的协商来组织会员活动、改善会员工作条件、保护会员的利益等

8.7　兼类词的义项分布与释义结构功能

普通词典释义大多采用短语结构,以便使释文与被释义词在句法功能上保持一致,这是释义的一个基本原则。具体地讲,若被释义词为动词,释文也应是动词性结构,不能用名词性短语或其他词性的短语释动词,反之亦然。若被释义词是形容词,释文也应该是形容词性的。这样,释义可以直接替换在特定句子中的被释义词,而句子的结构和语义不会发生显著的变化。对于兼类词——兼备两类或几类语法功能的词,如果各类词形都比较常用的话,应该考虑均衡分布,分立词目或义项并提供释义,不能顾此失彼。《现汉》的立目和释义也基本上遵循了这些原则,但在处理上可能有些疏忽,出现了兼类词的常用词类缺失,释义与被释义词词类不清,甚至相左的现象。

8.7.1　词类缺失

词类缺失是指词典漏收了兼类词常用词形,造成词汇的概念或语义范

畴系统性缺失,对词典的使用效果产生不良影响。例如:

8.58a 承诺 [动] 对某项事务答应照办 [名] 缺

8.59a 罢工 [动] 工人为实现某种要求或表示抗议而集体停止工作 [名] 缺

8.60a 选举 [动] 用选票或举手等表决方式选出代表或负责人 [名] 缺

上述三个词都是名、动兼类词,其名词形式的常用程度一点不比动词形式差,有的甚至更常用,如“选举”的名词使用频率要远远高于其动词词形。在主流英语学习词典中,这些词的动名形式都分立词目,在《柯林斯》和《剑桥》学习词典中,“promise/承诺”和“strike/罢工”标注的使用频率是相同的,而名词“election/选举”比动词“elect/选举”的使用频率还要高一个等级。英语词典的标注与汉语对应词的语料状况基本一致。这说明,汉语学习词典也需要注意兼类词的立目或分立义项及释义。在兼类词形都比较常用的情况下,如果只收其中一个对另一个视而不见,就会影响学生词汇习得的系统性和完整性。因此,需要增加上述三个词的名词义项或条目。

8.58b 承诺〈名〉应允一定要做或不做某事的话语行为

8.59b 罢工〈名〉工人或职工因对工资、工作条件或现状等不满,而有组织地集体停止一段时间工作以示抗议的行为

8.60b 选举〈名〉用选票或举手等表决方式选出代表、负责人等的过程

8.7.2 词类不明

词类不明是指释文中出现了两个或两个以上的同义对释短语,但这些短语的词汇功能属性却不同或相互矛盾,以至于无法根据释义的句法功能来判断被释义词的词类。例如:

8.61 贪色 [动] 贪恋女色;好色

8.62 顽强 [形] 坚持;强硬

例8.61的被释义词是动词,而释文中却出现了两种词汇功能的释义短语:“贪恋女色”是动词性的,与被释义词一致;而“好色”在同一词典中标注为“形容词”,与被释义词矛盾。例8.62的被释义词是形容词,而释文中也出现了两种词汇功能的释义短语:“坚持”在同一词典中标注为“动词”,与被释义词矛盾,而“强硬”是形容词,与被释义词一致。这就造成释义的混乱和矛盾,使用户对被释义的词类功能属性感到困惑,不知道它到底是什么词类。

8.7.3 词类相左

词类相左是指释义短语与被释义词的句法功能不同,违背了功能一致

性原则。如果形容词在不得已的情况下需要用其他词类结构——名词性短语或动词性短语（包括主谓结构）进行释义时，为了保持释义的形容词功能特征，通常会在这些短语前加上"形容"或其后加上"的"，形成特有的形容词性结构。对于学习型词典，这一点特别重要。如法语和英语词典在用形容词以外的其他性质的短语释义时都十分注意保持与被释义词的功能一致性。

8.63 **optimiste** *adj.* qui fait preuve d'optimisme/乐观的；被证实乐观的（拉鲁斯）

8.64 **optimistic** *adjective* believing that good things will happen in the future/乐观的；相信将来会发生好运的（朗文[5]）

8.65 **strict** *adjective* that must be obeyed exactly/严格的；必须不折不扣遵守的（牛津[7]）

英法学习词典分别用"qui ..."和"that ..."引导的定语从句和现在分词短语来保证释文的形容词性，当然过去分词短语也是形容词释义的惯用方法。《现汉》的一些条目也遵循了"功能一致性原则"，在释文的前或后附加了"形容"或"的"。例如：

8.66 **附属** [形] 某一机构所附设或管辖的（学校、医院等）

8.67 **截然** [形] 形容界限分明，像割断一样

8.68 **蓬乱** [形] 形容草、头发等松散杂乱

但《现汉》毕竟不是外向型学习词典，它在对释义短语词类的把握上不是很严格，处理方式也不太统一，出现了较多的释义与被释义词词类相左的现象。例如：

8.69a **紧张** [形] 精神处于高度戒备状态；兴奋不安

8.70a **富有** [形] 拥有大量的财产

8.71a **恬然** [形] 满不在乎的样子

8.72a **大意** [形] 疏忽

例8.69a和8.70a的释义是动词性的，例8.71a是名词性的，例8.72a的"疏忽"在同一词典中标注为动词，这都与被释义词的功能特征不相符。实际上，只要按照上述释义原则稍作改动，就是好的释义。

8.69b **紧张**〈形〉形容人的精神处于高度戒备状态而兴奋不安

8.70b **富有**〈形〉拥有大量财产的

8.71b **恬然**〈形〉形容满不在乎的样子

8.72b **大意**〈形〉形容不细心

例8.69b、8.71b和8.72b释文中的"形容"二字是释义元语言的表述

形式,主要功能是保证释义与被释义词的功能一致性,目的是方便用户理解,它本身没有语义功能。

8.8　小结

《现汉》以其特有的魅力占据了汉语词典的主导地位,它无疑是中国汉语辞书市场上最准确、最规范、最权威的案头词典。但《现汉》是为汉语为母语的国内用户编写的,其主要任务是规范汉语的发音、书写和语义,推广普通话。因此,它没有考虑外国人学汉语的认知特点和查阅需求,也不可能去适应外国人学习汉语的需要。的确,外国人学汉语需要的词典与本族语用户作为一般查考需要的词典是有很大区别的,国内用户有较丰富的汉语语言经验和知识,有与生俱来的语感和汉语文化氛围,许多语言现象不需要解释或稍作解释就能明白;而外国用户缺乏汉语语言经验和语言知识,在他们头脑中根深蒂固的是其母语和母语文化氛围,他们在学汉语时一是要从"零"开始建立汉语知识系统和语感,二是要克服母语语言和文化习惯的干扰。因此,他们对词典的要求非常高,我们自己习以为常或下意识可以理解的东西,他们却需要丰富语境的支持、很详细的解释才能明白。

本章所述《现汉》的问题,对母语用户来说可能不是问题,他们平常也不会注意这些问题或不会受到这些问题太大的影响,但如果对外汉语词典的设计者和编者盲目地把这些体例和释义方式搬到学习词典中去,就是大问题了,因为它们会阻碍国外用户对词汇语义的正确理解和使用,最终会影响词典的使用效果和使用者对汉语词典的兴趣。因此,对外汉语词典的编者,要站在国外汉语学习者的角度,了解他们的需求和二语习得的特点,在选词、立目和释义时要充分考虑所提供的词典信息的可接受性,了解他们的查阅目的、查阅内容和查阅方法。这就要求编者进行用户视角的调查和研究,按用户的接受视野和期望视野确定释义的内容和方法。

第九章　国内与国外二语学习词典的对比研究

国际汉语热引起了汉语学习词典和对外汉语词典的研究及编纂热，但从近年出版的学习型词典来看，其编纂体例和释义方式并没有摆脱传统语文词典的模式，“基本上都是《新华字典》和《现代汉语词典》（简称《现汉》）的删减本，没有真正从外国学生学习汉语的角度来考虑编写，包括收字、收词、释义、举例等”（陆俭明，2006:6）。于屏方（2007）结合《现汉》对四种汉语学习型词典的体例和释义进行了抽样分析和对比研究，结果表明这些学习词典与《现汉》在体例和释义方式上没有形成统计学上的显著差异，所谓的“学习”名不副实。前面几个章节的对外汉语教师和用户的实际调查也显示，国外汉语学习者对我国出版的对外汉语学习词典的认可度十分低——起码要比我们想象的低得多。那么，现有的对外汉语词典到底存在什么问题呢？怎样做才能满足外国用户的需求呢？鉴于英语主流学习词典经过多年的市场探索和修订，对于用户与词典编纂体例和释义方法的关系有比较深入的了解，在应对用户需求方面有比较成熟的经验，下面将结合国外的主流英语学习词典，在词典的核心层面——释义上对我国的主要对外汉语词典存在的问题进行对比分析，探讨问题产生的根源和解决问题的方法。

9.1　研究样本的提取及选择依据

本节对对外汉语词典的调查分析不是采用专门“挑刺儿”的传统词典批评方法，而是采用抽样对比分析的方法。这是因为，“挑刺儿”的方法虽然可以集中挑出词典的一些“极端”问题和缺陷，但容易以偏赅全，让人看不到词典的整体质量状况；而抽样是从词典真实的数据分布中随意提取的，避免了人为因素的干扰，而抽样的数据具有分布意义上的代表性。另一方面，抽样是对“平均数据”的分析，可以通过少量样本推断词典的总体特征，从而获得所需要的结论。

我们抽样分析的依据是《汉语水平词汇与汉字等级大纲》(以下简称《等级大纲》)。之所以选择这个大纲,是因为它是国家对外汉语教学领导小组办公室汉语教学和水平考试部编制的,与《高等学校外国留学生汉语教学大纲(长期进修)》一起成为对外汉语教材编撰和教学活动的依据,也是许多对外汉语词典收词立目的依据。此外,《等级大纲》还把它所收的8822个语词划分为甲、乙、丙、丁四个等级;其中,甲级语词1033个,乙级语词2018个,丙级语词2202个,丁级语词3569个。《高等学校外国留学生汉语教学大纲(长期进修)》将8042个语词分为初、中、高三个等级,前两个等级共计语词5262个。这些分级数据有利于我们进行词汇层面的分析。

一般的中级对外汉语词典至少会收录《等级大纲》中甲、乙两级的语词,较大型的对外汉语词典会收录更多的语词,如《现代汉语学习词典》收录语词23000个,大大超过上述两个大纲中规定的词汇量。由于本研究的主要对象是中高级对外汉语学习者,同时,为了使所抽取的语词在一般的对外汉语词典中都有收录,我们从《等级大纲》的甲、乙级语词中随机抽取动词、名词和形容词各50个,基本上是每隔10个语词抽取一个。所抽样本语词如下:

1)动词:把、办、表演、唱歌、出发、发生、服务、广播、回来、集合、看、练习、留恋、跑、取得、上课、抬、讨论、通过、团结、完成、忘记、握手、喜欢、笑、赢、遇到/遇见、站、注意、帮忙、保持、报告、避免、表明、补充、布置、采、测验、超过、成功、重复、处理、答应、担任、等待、动身、独立、对话、发明、反应

2)名词:把手、北边、边界、草、窗户、错误、刀、灯、点、电影、动物、根、公园、过去、花、活动、家、教室、结果、经济、句子、里边、名字、声调、时间、事情、条件、文化、心、颜色、医院、意思、月亮、种类、祖国、白天、背面、比例、玻璃、产量、蛋糕、道路、地区、电梯、费用、概念、工程、规模、过程、花园

3)形容词:不同、大胆、多、方便、干净、高兴、美、黑暗、健康、紧张、渴、苦、老实、乱、慢、马虎、难、年轻、努力、普通、清楚、热情、容易、舒服、水平、酸、香、友好、脏、真正、安全、诚实、充足、初级、聪明、粗、大小、愤怒、富有、高大、共同、光荣、活跃、坚定、进步、巨大、可怕、烂、凉、临时

然后,在《现代汉语学习词典》(以下简称《现汉学习》)、《汉语常用词

用法词典》(以下简称《用法词典》)和《商务馆学汉语词典》(以下简称《学汉语》)中抽取这些词的释义与国外同类词典的有关释义,从用户二语习得需求的角度出发进行对比分析,找出各个词典释义的长处与缺陷,提出修改意见,探讨对外汉语词典释义的新模式。需指出的是,由于篇幅有限,我们只能在文中陈述上述样本的一部分。

之所以选择上述几部词典是基于下面的考虑:从上世纪90年代开始,国内已陆续出版了一些对外汉语学习词典或对外汉语考试词典,如《现代汉语学习词典》(1995)、《现代汉语常用词用法词典》(1995)、《汉语常用词用法词典》(1997)、《汉语8000词词典》(2000)、《汉语水平考试词典》(2000)和《商务馆学汉语词典》(2007)等,这些词典在其前言或序中都说明它们是专门为外国学习者或者是将汉语作为第二语言的华侨、少数民族学习者编纂的。这些词典的出版对推动我国对外汉语教学和学习做出了一定的贡献,其编纂体例也具有一定的特色。其中,《现汉学习》的出版在学界引起了较大的反响,吕叔湘(1992)称该词典“在‘学习’二字上,很费了一番工夫”;还有学者称其为我国第一部对外汉语学习词典,“填补了我国对外汉语学习词典的空白”(晓明 1997)。《用法词典》则是我国第一所专门从事对外汉语教学的原北京语言学院(现北京语言大学)常年从事对外汉语写作课的一些教师总结多年的教学经验编纂出来的,具有很强的代表性。另一方面,在第五章的用户调查中,《现汉学习》和《用法词典》是留学生中知名度最高的(见4.2.5节)。而《商务馆学汉语词典》是近年推出的一部新作,它在释义、用法等方面较有特色,甚至被誉为“迄今为止我国第一部专门为具有中级汉语水平的外国人编的汉语原文词典”(江蓝生 2006:1)。鉴于上面的原因,我们选择了这三部词典作为本研究的对象。需说明的是,《学汉语》是面向初中级学习者的,收词只覆盖了《等级大纲》中甲、乙两级词汇,相对前两部词典释义也比较简单,篇幅也要小一些;但从释义风格和释义方法上还是具有可比性的。至于英语学习词典,则与第九章一样,对比样条将从《牛津》《朗文》《剑桥》《柯林斯》《麦克米伦》和《梅里亚姆—韦伯斯特高级英语学习词典》(下简称《韦氏》)中选取。此外,还有个别词条引用了《微型罗贝尔法语词典》(下简称《罗贝尔》)。

9.2　释义信息项的内容与结构分析

在第八章已经谈到,当代英语主流学习词典十分注意语言学及相关研究成果的应用,从语言的各层面来揭示被释义词的语义结构,包括形态、句法、搭配、语义辨析等信息,试图通过语词的系统关系全面描述其意义和用法(参见8.1.3)。下面看看对外汉语词典在这几方面的表现。

9.1

a. 补充[动]补满不足。……(“动”句19);……(“动”句2);……(“动”句15);[重叠]补充补充 [动—量]次/回/下 [同义]补偿/弥补① (现汉学习)

b. 补充【动】原来不足或有损失时,增加一部分。可带名词宾语、双宾语,可带兼语。……可带补语。[用法说明:略] (用法词典)

c. 补充〔动〕因事物不足或有损失时,增加一部分 (学汉语)

d. **replenish** *verb*[VN] *replenish sth* (*with sth*) (formal) to make sth full again by replacing what has been used/(正式)通过补回已被用掉的部分使某物重新变满 (牛津[7])

e. **replenish** *verb* [+obj] *somewhat formal*: to fill or build up (something) again/稍正式:将(某物)重新充满或增大 (韦氏)

9.2

a. 发生[动]开始出现;产生。……(“动”句15)……(“动”句6)[动—量]次/回 [同义]产生/出现 (现汉学习)

b. 发生【动】原来没有的事情出现、产生了。可带名词、动词宾语;不能重叠;可带补语。[用法说明:略] (用法词典)

c. 发生〔动〕(事情、变化等)出现…… 发生—产生[辨析:略] (学汉语)

d. **happen** *verb* [intransitive] 1 *when something happens*, there is an event, especially one that is not planned/当某事发生时,就会出现某一事件,尤指未计划的事件SYN occur … **THESAURUS: happen, take place, occur, there is/there are, come up, arise, crop up, strike**(辨析:略) (牛津[7])

从例9.1和9.2可以看出,对外汉语学习词典释义所设的注释信息项和语言层面比内向型语文词典(如《现汉》)要多一些。在句法层面上,除《学汉语》外都有注释,注释方式有别。《现汉学习》采用了模式法,即在词典前置页的“说明”中列出了19种动词句型,在释义中只指出被释义词的所属类型(如“动”句15;“动”句6等);《用法词典》采用了说明法(如可带名词宾语、双宾语,可带兼语),把被释义词的语法属性和可以与之共现的语法概念成分都标示出来;外语学习词典则采用动词模式(verb pattern)注释法(如[VN];[+obj])来描述句法信息。在搭配层面上,三部汉语词典都没有设置专门栏目,《现汉学习》只对动词与量词的搭配做了说明(如补充:[动—量]次/回/下),《用法词典》结合用法说明和例句解释被释义词的

① 原样摘引相关词典,所以释义中的标注符号不太统一。词条中的“……”表示省略的例句,例中的信息项是按原词条的顺序组织的。

一些可能和错误的搭配用法;《学汉语》用括注的方法(发生〔动〕(事情、变化等)出现)来表现被释义词可能的共现主语或宾语成分等;而英语学习词典则主要用实句结构法(如 *replenish sth* (*with sth*);*when something happens*)提供搭配信息,同时也经常应用括注的方式来标示搭配成分,如**honest** *adjective* (of work or wages) earned or resulting from hard work(《牛津》);**incarnate** *verb* to represent (something, such as an idea or quality) in a clear and obvious way(《韦氏》)等。

从上述对外汉语词典的体例和释义来看,还有以下的信息项:《现汉学习》提供了10种名词,9种形容词用法句型,对有关实词的特殊用法都分项逐一说明,如用[重叠]标注名、动、形等词的重叠形式及用法等。《学汉语》也以"动—宾"、"动—结"、"动—趋"和"动—介"等形式提供句法信息,在搭配和用法上也做了很多努力。譬如,提供常用搭配:办〔动〕包办|承办|筹办|创办|举办|主办|等。用注释栏说明语词的习惯搭配和/或共现位置:梦〔动〕…… 注意 动词"梦"后边一定要有表示结果的动词"见、到"等;构〔副〕…… 注意 "构+形容词"用于肯定句时,句末常加"的";但〔连〕…… 注意 "但"出现在复句后一个分句的主语前。用括注和注释栏提示语词的用法:恨不得〔动〕(用在一些实际上做不到的事情前面)急切盼望(做成某事);具有〔动〕有(多用于抽象事物)。此外,《学汉语》还提供了同义辨析信息。

可以看出,英语词典的注释方法接近语词在语言交际中的分布结构,句法和搭配信息与概念意义的表述自然融为一体,形成多层面的释义模式,容易为用户理解、模仿和掌握,因此比较受用户的欢迎。而对外汉语词典尽管已经注意到语词的交际模式,从体例和释义方式上尽力表现语词的用法规则,但还缺乏一套系统的释义元语言,无论是句法结构、搭配结构和使用信息,还是概念意义的表述方法都还没有一个相对成熟的模式,表述方法含糊不清,句法模式与概念意义分离,一般用户难以读懂,更谈不上模仿和使用,因此也难以为他们所接受。

9.3 语义框架与概念语义结构的表述

在8.2节,我们已经对语义框架理论和结构特征都做了简要说明,知道了内向型普通语文词典的释义一般多采用同义对释和定义式释义,不会刻意呈现语词的语义框架和框架元素。那么,外向型汉语学习词典的释义是否会从用户语言认知的角度出发,在语义框架的基础上来凸显被释义词的语义特征呢? 请看下面的例子:

9.3

a. 讨论[动]就某一问题交换意见进行议论。……[同义]议论/讨论/商讨 (现汉学习)

b. 讨论【动】交换意见、进行辩论的一种形式。做主语、宾语、定语。 (用法词典)

c. 讨论〔动〕交换对问题的看法 (学汉语)

d. discuss VERB If people discuss something, they talk about it, often in order to reach a decision. /如果人们讨论某事,就是他们谈论该事,常常为了形成一个决议 (柯林斯)

e. discuss *v*[t] to talk about something with another person or group in order to exchange ideas or decide something/与另一人或一群人谈论某事,以便交流思想或决定某事 (朗文[5])

上述几个汉语词典释义的例子大多将"讨论"的对象限制为"问题",实际上"讨论"的"主题",可以是学习、工作和生活中的任何一件事和现象。此外,"讨论"具有很强的目的性,一般都是为了解决问题或达成一定的共识。根据框架语义学的理论,"讨论"至少要涉及两个人(interlocutor/对话人):发话人与听话人,框架结构是"发话人就某一主题向听话人发出信息,并期待听话人的反馈信息"——交换意见;它与"聊天"的区别在于谈话具有"主题",并能就这个主题达成"相互理解"或"共识",最后形成一个"统一意见"或"决定"。例 9.3d 的释义基本上反映了上述框架成分,而 9.3e 少了"发话人"。从这个观点出发,例 9.3a 有两个框架成分:"主题"和 "交换意见",但缺少行为主体:"发话人"与"听话人"和"目的";例 9.3c 所揭示的框架成分与 9.3a 相同,而例 9.3b 则比 9.3a 又少了一项"主题"。根据框架语义学的理论观点,除上述核心框架成分外,"讨论"的外围成分还包括:"讨论的强度"、"使用的语言"、"持续时间"、"方式"、"发生的地点"和"发生的时间"等。这些成分都构建了"讨论"的语言环境和社会环境因素,直接和间接地影响着外国学习者对相关语词的认知和使用。

语义框架不但要描述子框架内部成分的分布结构,还要呈现大框架的框架成分,即子框架之间的联想关系,譬如,与"*discuss. v*"相关的成分有:*communicate. v*, *communication. n*, *confer. v*, *conference. n*, *debate. n*, *debate. v*, *dialogue. n*, *discussant. n*, *discussion. n*, *exchange. n*, *interlocutor. n*, *meeting. n*, *negotiate. v*, *negotiation. n*, *parley. n*, *parley. v*, *talk. n* 等(见

FrameNet 1.3①)。《现汉学习》以“[同义]”的栏目给出了“议论/讨论/商讨”,其他词典则没有。还需指出的是,对于短语结构释义而言,释义只能解释被释义词的固有成分,不能把一些搭配成分内容直接融合在释义中,否则就违反了“短语释义”的替换性原则。譬如,在上例中,“主题”是“讨论”的宾语,但例9.3a、9.3c和9.3e都直接放在释义中,有些过度释义的现象。最新推出的《韦氏》学习词典十分注意这个问题,对可能的搭配成分做了必要处理,例如:discuss *verb* to talk about (something) with another person or group。“something”作为“讨论”的可能宾语被放置在括号内。下面再看另外一个例子:

9.4

a. 等待[动]等候,不采取行动。……[同义]等候　　(现汉学习)

b. 等待【动】不采取行动,直到所期望的人、事物和情况的出现(用法词典)

c. 等待〔动〕不行动,直到想见到的人、事物或情况出现　　(学汉语)

d. wait VERB When you wait for something or someone, you spend some time doing very little, because you cannot act until that thing happens or that person arrives. /当你等待某事或某人时,你在一段时间内无任何动作,因为你在该事发生前或该人到达前不能行动　　(柯林斯)

根据语言经验和语料库的数据分析可知,“等待”这个事件的形成具有以下特征:行为主体需要做什么事情或要到什么地方去,但他在预期事件没有发生之前不能或不愿开始这个行为;预期事件由一凸显行为参与者——行为客体引发,事件内容是凸显行为参与者到达行为主体所处的位置。从这个事件中可以抽象出“等待”的框架核心成分和语义结构:a)行为主体——人或人所支配的实体;b)预期事件;c)行为客体——凸显成分;d)行为主体因客体的缺席而不能或不想开始某项事情。外围成分还有:共同参与者、伴随状态、持续事件、终点、原因解释、方式、地点、目的、发生事件等(见FrameNet 1.3)。当然,一般不可能把这些外围成分都融入在释文中,有些常常会由注释和例证来表现。从上述四个例子来看,例9.4d对框架成分描述得比较全面,而9.4a没有框架成分,9.4b和9.4c都只有一个框架成分。这样的释义与传统内向型词典没有任何区别,特别是例9.4b与《现汉》几乎一字不差。这说明,对外汉语词典的编纂者似乎还没有意识到外向型词典与内向型词典的概念释义究竟有何区别,没有针对外国人学汉语的语言认知特点来分解和表述被释义词的语义特征和使用

① FrameNet是美国加州大学(Berkeley)根据Fillmore的框架语义学建设的在线英语词汇资源库(lexicon),最近已发布1.5版本:http://framenet.icsi.berkeley.edu/。

语境。

9.4 同义对释与循环释义的情况

同义对释有简单、直接、节省篇幅等特点，一直是传统理解性词典的常用方法。对于母语用户来讲，这种释义对于一般查考和阅读理解是有一定帮助的，但对外向型学习词典就未必适用了。因为一种语言中完全同义的两个词是不多见的，同义只是在某一义项或特定语境中的一种近似义，它们之间往往蕴涵着这样或那样的区别特征，那些缺少语言知识和语感的二语学习者是很难区分的。因此，当代英语主流学习词典都尽量回避这种释义，而是用语义分解的方法来描述语词固有的、真实的语义特征。然而，从我们抽出的样本来看，对外汉语词典的同义对释现象还是比较多的。例如：

9.5

a. **取得**[动]得到 （现汉学习）

b. **取得**【动】得到 （用法词典）

c. **取得**〔动〕得到 （学汉语）

d. **obtain** *verb* to get something, especially by asking for it, working for it, or producing it from something else/得到某物，尤指向他人索取、通过劳动获取或者由其他东西制作而得到该物 （剑桥）

三部对外汉语词典无不采用同义释义法，但“取得”和“得到”并不是完全同义，它们在内涵意义和用法上都存在着不同之处。“取得”一般表示要通过努力才能获得想要的东西，而“得到”则不一定需要努力。此外，“取得”通常用于主动获取，是动作行为者期望获取的，但“得到”多用于被动接受，不一定有主观愿望，如“我从中得到了教训”、“环境状况恶化局面得到初步遏制”、“疫情得到有效控制”等。它们的语法特点也不太一样，“得到”中间可以插入其他成分，而“取得”则不能，如“得到你的人却得不到你的心”、“他这种行为得不到大家支持”等。在上述这些语境中，“取得”都不能替代“得到”，否则，就不符合汉语的表达习惯。另一方面，如果用户不理解“得到”的话，还得进一步查阅“得到”。我们以《现汉学习》为例，查到“得到”有两个义项，一是“变为自己所有”，二是“获得”。由于外国人缺乏汉语知识，而且看到第二个义项与被释义词具有相似性，极有可能选择“获得”，再根据这个释义查“获得”，最后又得到“取得，得到”。这就形成了循环释义——释义进入死循环，到底是什么意思，词典没给出答案。对释环境下很容易发生循环释义，例如：

9.6

a. 赢[动]胜　（现汉学习）

b. 胜[动]赢　（现汉学习）

c. win *verb* to be the most successful in a competition, race, battle, etc./在竞赛、赛跑、作战等活动中获得最大成功　（牛津）

9.7

a. 背面〔名〕人体或其他物体的后面（和"正面"相对）　（学汉语）

b. 后面〔名〕（和"前面"相对）后边　（学汉语）

c. 后边〔名〕（某人、某物的）背面　（学汉语）

d. back *noun* the side or surface of something that is opposite to the front or face: the rear side or surface of something/某物体与其前边或正面相对的一边或表面:某物的后边或后面　（韦氏）

在例9.6中,《现汉学习》用"胜"这个同义词来释"赢",同时又用"赢"来释"胜",属直接循环释义。在例9.7中,《学汉语》用"后面"释"背面",用"后边"释"后面",最后又用"背面"释"后边",属交叉循环释义。而两例中的《牛津》和《韦氏》分别采用分解释义,有效地避免了这种循环。其他类似的循环释义如下:

9.8

a. 方便[形]便利　（现汉学习）

b. 便利[形]方便,容易　（现汉学习）

9.9

1a. 颜色[名]色彩　（现汉学习）

1b. 色彩[名]颜色　（现汉学习）

2a. 颜色【名】指色彩　（用法词典）

2b. 色彩【名】颜色　（用法词典）

3a. 颜色〔名〕指红、橙、黄、绿、青、蓝、紫等各种色彩　（学汉语）

3b. 色彩〔名〕颜色　（学汉语）

9.10

1a. 安全[形]没有危险,不出事故　（现汉学习）

1b. 危险[形]不安全,感到威胁　（现汉学习）

2a. 安全〔形〕不危险（和"危险"相对）　（学汉语）

2b. 危险〔形〕不安全,可能造成伤害或失败的（和"安全"相对）　（学汉语）

例9.8和9.9都属于直接循环释义。例9.8b多了另外一个形容词"容易",例9.9.3a的属词"色彩"前加了一些限定成分,这些成分不但没能消除循环释义,而且还制造了新的理解困难,因为按照指称传递性推理的原理就会得出这样的等式:方便=方便,容易;色彩=指红、橙、黄、绿、青、蓝、紫等各种色彩。这会给用户的查阅造成很多的干扰。

9.5 释义简单性与词典闭环性的分析

英语主流学习词典为了方便国外英语学习者的查阅和理解，一致把释义的简单性——释义用词必须要比被释义词简单——作为一条重要的原则。朗文出版社1935年出版的《新方法英语词典》(*The New Method English Dictionary*)最先根据控制理论，用1490个常用词成功地为23898个词目词释义。在编纂《朗文》时，他们又制定了2000词的专用释义词表。后来《牛津》将释义控制词汇扩大到3000个词，其他英语学习词典也都采用2000词、2500词或3000词作为释义词汇。如果释义无法回避使用控制词表以外的词，则需要在释义中标记出来(《牛津》用小型大写字母标示)，且该词必须在本词典中可以查到。也就是说，一本词典中的任何一个释义用词，在该词典中都应该作为词目词收录，并加以解释。这样，如果词典使用者遇到不熟悉的释义用词，他们便可以在该词典中查询到这个词的意义和用法，从而可以完成查询任务而无须求助其他词典。这就在词典中形成了一套闭环知识系统。然而，一些对外汉语词典对这一问题还没有给予足够的重视，常常会出现一些释义用词太难或不是一种文体，没有形成闭环系统等问题。

1)释义用词太难，释义词比被释义词的难度要高出两个以上的等级。例如：

9.11

a. **注意**[动]把意志集中到某一方面；留心 (现汉学习)

b. **注意【动】**把意志放到某一方面 (用法词典)

c. **注意**〔动〕把精神、意志等集中到某一点 (学汉语)

d. **attention** *noun* the act of listening to, looking at or thinking about sth/sb carefully/仔细地听着、看着或者想着(某物/某人)的行为 (牛津7)

9.12

a. **真正**[形]名副其实的 (现汉学习)

b. **真正【形】**实质跟名称完全相符 (用法词典)

c. **真正**〔形〕跟名义完全一致的 (学汉语)

d. **real** *adjective* connected with facts rather than things that have been invented or guessed/与事实一致的，而不是虚假或传说的 (牛津7)

上述两例的被释义词均是甲级词汇，但例9.11a释义中的"留心"、例9.12b中的"相符"和例9.12c的"名义"是丁级词，例9.12a中的"名副其实"不但是一个丁级词，而且还是一个成语。例9.11c的"精神"、例9.12b

中的"实质"是丙级词。这些释义词的认知难度均高于被释义词2—3个级别。此外,在例9.11中,三个释义中用都用了"意志",它表示的是一种"执著的意念",是一个人性格的一部分,具有相对静态的特征;"注意"则是人的"视力、听力和思想专注",是人们即兴产生的,具有相对动态的特征,两者并不属于同一范畴。用"意志"释"注意"令人费解。例9.11d和9.12d不但用词简单,而且释义的形象和行为指称都十分明确。根据简单原则,可以把这两个释义改为:**注意**〈动〉专心地听着、看着或者想着(某物/某人);**真正**〈形〉形容(人或物)名称与事实完全一致;不是想象的。

有时,汉语学习词典的释义用词还超出了《等级大纲》的词表范围,也就是说,它们的释义用词超出了8800多词,例如:

9.13

a. **健康**[形](人体)生理机能正常,没有疾病 (现汉学习)

b. **健康**【形】(人体)生理机能正常,没有缺陷和疾病 (用法词典)

c. **健康**〔形〕身体好,没有病 (学汉语)

9.14

a. **粗**[形]颗粒大或条状物横断面较大 (现汉学习)

b. **粗**【形】条状物横剖面大 (用法词典)

c. **粗**〔形〕长条形或柱形物体直径大 (学汉语)

在上述两个语词的释义中,释文中加着重号的词的难度级别都比被释义词要高几个等级。其中有些甚至超出了《等级大纲》的收词范围,例如,9.13a和9.13b的"机能"超出了《等级大纲》;而在9.14的释义中,加着重号的语词"颗粒、条状、横断面、横剖面、条形、柱形"等六个词,不但超出了《等级大纲》的范围,而且还超出了这三部词典的收词范围。要知道,《现汉学习》的收词达23000余条,在该词典中都没有能查到这些词。这说明,现在的对外汉语词典大多还没有考虑限制释义用词的问题。从对释义样本的分析来看,《学汉语》已注意到这个问题,许多释义用词都比较简单(如9.13c),但似乎把握得不是很严格,偶有疏漏。根据释义简单性原则,我们可把这两个释义改为:**健康**〈形〉形容(人)身体和心理[内心活动]状态好,没有病;**粗**〈形〉(小而圆的东西)*直径*比较大的。在"粗"的释义中,"直径"是无法回避的"难词",用斜体标注出来,告诉用户可以在本词典查找。当然,这个"难词"一定要收录在词典中,并提供释义,以形成闭环系统。

2)用有标记词释无标记的词。一般来说,释义用词应该是无标记的普通语词,即不能用在内涵意义或使用范围上有标记性的词来释无标记的词。这是词典释义的一条基本原则(Svensén 1993:119)。具体地讲,标记性"指那些不常见的、意义具体、分布相对较窄的语言成分"(高文成 2004),即不能用口语词、文学词、方言、古旧词和科技术语等具有某种特征或色彩的语词来释普通用词;同理,也不能用较抽象的词释较具体的词。譬如,不宜用“皑”释“洁白”,用“瞎子”释“盲人”,用“氯化钠”释“盐”,用“千古”释“长久”等。但一些对外汉语词典仍存在这样的问题,例如:

9.15

a. 看[动]瞧 （现汉学习）

b. 看〔动〕用目光接触人或事物 （学汉语）

c. see *verb* to be aware of what is around you by using your eyes/眼睛觉察到你周围的人或事物 （剑桥）

9.16

a. **接吻**[动]亲嘴 （现汉学习）

b. **接吻**〔动〕嘴和嘴对在一起表示亲热、爱恋;亲嘴 （学汉语）

c. **kiss** *verb* to touch sb with your lips as as a sign of love, affection, sexual desire, etc., or when saying hello or goobye/用嘴唇接触另一人表示喜爱、爱恋或情欲;或表示问候或告别 （牛津[7]）

例9.15a 的被释义词是普通词汇,而释义词“瞧”具口语色彩。例9.16 两例的被释义词是比较正式的书面语言,而释义词“亲嘴”则是通俗语言,适合在非正式场合下应用。这种释义容易让用户混淆其使用语域。例9.15c 和9.16c 的释义的用词没有标记色彩,且简单易懂。

9.17

a. **花**[名]植物的繁殖器官,形态和颜色多种多样,有的很艳丽,且有香味 （现汉学习）

b. **花**〔名〕植物上产生种子的部分,颜色多样、鲜艳、形状美丽,有的有香味 （学汉语）

c. **flower** N-COUNT A flower is the part of a plant which is often brightly coloured, grows at the end of a stem, and only survives for a short time./花是植物的一部分,通常其色彩鲜艳、生长于植物茎端,生命周期较短 （柯林斯）

9.18

a. **草**[名]除栽培植物之外的草本植物的统称 （现汉学习）

b. **草**【名】高等植物中栽培植物以外的草本植物的总和 （用法词典）

c. **草**〔名〕普通、常见的植物,长得不高,茎很柔软,种类很多,一般不需要栽培 （学汉语）

d. **grass** N-MASS Grass is a very common plant consisting of large numbers of thin, spiky, green leaves that cover the surface of the ground./草是一种十分常见的植物,由大量尖而细长的绿叶组成,覆盖在地面上 （柯林斯）

例9.17a 和9.18a 的释义分别使用了生物学和植物学术语(繁殖器官、草本植物)来释普通词汇,不利于学习者认知和理解。9.17b 的释义也具有较强的专业化特征,“植物上产生种子的部分”凸显的是种子,难以让外国学生联想到“花”的图式，而例9.17c则较好地凸显了花的特征，以及生长部位和周期。这里，可以用通俗的语言来修改这个释义：植物上形状美丽、颜色多样、发出香味的部分，其生长期短，并能结出果实。

在例9.18a和9.18b的释义中，“草本植物”属于植物学术语，因此也不宜用来给普通语词释义。9.18c的释义虽然列出了许多区别性特征，如“长得不高”、“茎很柔软”、“种类很多”、“不需要栽培”等，但让用户难以形成“草”的意象图式。例9.18d对“草”的特征描述得比较通俗，但似乎也少了点什么。进一步分析“草”的语义成分，我们认为释义应该凸显的特征是：自然生长在田野或花园里的绿色植物，茎[主干部分]细叶尖，可做牛、羊等动物的饲料[动物的食物]。

3）用比被释义词更抽象或更复杂的概念来释义。譬如，一些表示抽象概念的名词本身就比较难懂，但有些词典会使用一些更加抽象或复杂的词来解释它们，结果造成释义更加难懂。

9.19

a. **经济**[名]指一定时期的社会生产关系的总和 （现汉学习）

b. **经济**【名】指社会物质生产和再生产的活动 （用法词典）

c. **经济**〔名〕社会物质生产、分配、交换、消费等活动 （学汉语）

d. **economy** N-COUNT An **economy** is the system according to which the money, industry, and trade of a country or region are organized./经济是一个国家或地区金融、工业和贸易运作的组织体系 （柯林斯）

9.20

a. **时间**[名]物质运动过程的顺序性和持续性 （现汉学习）

b. **时间**【名】物质存在的一种客观形式。由过去、现在、将来构成的连绵不断的系统 （用法词典）

c. **时间**〔名〕物质存在的一种形式，是由过去、现在、将来组成的连续不断的系统 （学汉语）

d. **time** *noun* that part of existence which is measured in seconds, minutes, hours, days, weeks, months, years, etc, or this process considered as a whole/用秒、分、时、天、周、月、年等计量的物质存在的一种形式，或者把这些单位视为整体的一个进程 （剑桥）

例9.19a释义中的“生产关系的总和”比“经济”更抽象，没有学过经济学的普通学习者很难理解，例9.19b释义中的“再生产”也是一个具有复杂概念的术语，例9.19c好像是一个外延释义，列出了“经济”的具体活动，但缺乏“经济”的总体概念，而例9.19d则用通俗的语言揭示了被释义词的基本属性和特征：一个国家或地区金融、工业和贸易运作的组织体系。

例9.20的“时间”是一个大家很熟悉的词，但这些释义却把简单的问题复杂化、抽象化了。例9.20a的释义,即使是本族语用户也未必能够通过释义知道它所指的是“时间”;反过来说,读了这个释义仍然不知道“时间”的具体意义。例9.20b和9.20c的释义基本一样,它们虽然给出了“时间”的一些外延成分,但似乎还是很抽象;而9.20d的释义则比较具体、清楚。根据上述分析,可以通俗地把“时间”释为:标示[标出和表明]物质存在的一种形式,通常以秒、分钟、小时、日、周、月、年等单位来测量和计算。

4)释义网络未做到完全闭环。在上述例9.13和9.14的释义中,由于释义用词较难或用了专业术语,许多词在同一部词典中都查不到,违反了闭环原则。此外,同义对释也有这类情况。例如:

9.21

a. **遇见/遇到**[动]碰到 （现汉学习）

b. **遇见/遇到**【动】碰到 （用法词典）

c. **遇见/遇到**〔动〕遇到/碰到 （学汉语）

在9.21中,三部对外汉语词典的两个词目大多用了完全相同的释义词“碰到”,只有《学汉语》的“遇见”被释为“遇到”(属循环释义)。再查“碰到”,发现这几部词典都没有收录。假如外国用户不知道“碰到”的意思,又在词典中查不到,他仍然搞不清“遇见”和“遇到”的确切含义。这不符合学习词典释义的闭环要求。从释义简单性角度讲,用“碰到”释“遇到”也不合适,因为根据《等级大纲》,学生先学的是“遇见”。另一方面,“碰到”也是一个常用词,在语料中的使用率要远远高于这些词典收录的“碰见”,“HSK动态作文语料库”检索结果是150∶2。也就是说,在外国学习者的作文中,前者的使用频率是后者的75倍,但这些词典却都没有收录“碰到”这个语词。经过查阅有关资料后才明白,这是因为它们参照的蓝本《现汉》和《新华词典》(2001版)没有收录这个词。也许,从母语的角度讲,“碰到”不需要词典收录和解释,但对非本族用户却不一定是这样。根据“遇见”的语义分解成分可以把它释为:没有相约而偶然见到(某人)。

9.6 概念释义中语义结构成分的分析

语词是语言系统中的一个片段,具体担负着语言的指称和描述功能,而这些功能则是由语词的语义结构来决定的。任何语词的语义结构都不是一个混沌的整体,而是由更小的原子结构成分——语义特征构成。由于语词意义的构成是人类在长期社会发展中的认知积累,涉及各种认知域，不同的认知域赋予语词不同的语义特征，所以语词意义的结构成分十分复杂。譬如，名词语义结构中的指称语义成分就有：类属、结构、工具、材料、对象、时间、空间、数量、性别、温度、颜色等；描写性语义成分包括属性、特征、关系、功能、过程、状态等。学习词典的释义要根据语词的属性和用户的语言认知特征，有选择地凸显认知显示度高的语义成分，全面、准确地描写语义结构。下面从四个方面来考察对外汉语词典释义中的语义结构。

9.6.1　释义成分的充分性分析

语义成分的充分性是指，释义中所表述的被释义词的主要语义特征和区别性特征，是否足以让词典用户比较容易地理解其所指内容和使用环境，在同一范畴成员之间辨别其所指对象和使用规则。下面从语义成分和搭配成分几个方面来探讨对外汉语词典释义中的语义成分表述是否充分。

1）主要语义成分的表述　如果释义中的主要语义成分遗漏，就不足以让用户快速、全面地理解被释义词。例如：

9.22

a. 刀[名]供切、割、砍、斩、削用的钢铁制的工具或兵器，如菜刀、镰刀、刺刀等　（现汉学习）

b. 刀【名】《用法词典》未收录

c. 刀〔名〕一种工具，用钢铁等金属制成，一边有锋利的刃，有把$_{儿}$，用来切，割　（学汉语）

d. **knife** N-COUNT A **knife** is a tool for cutting or a weapon and consists of a flat piece of metal with a sharp edge on the end of a handle. /刀是用来切割的一种工具或武器，它由一块平展的金属片和把手构成，金属片的一端有锋利的刃　（柯林斯）

9.23

a. 根[名]植物茎干下部生长在土里的部分　（现汉学习）

b. 根【名】植物茎干下部生长在土里的部分　（用法词典）

c. 根〔名〕植物在土里向下生长的部分，可以吸收营养和水分　（学汉语）

d. **root** *noun* the part of a plant that grows under the ground and absorbs water and minerals that it sends to the rest of the plant/植物上生长在地下的一部分，用来吸收水分和养分，并将它们传送到植物的其余部分　（牛津[7]）

9.24

a. 电梯[名]多层建筑物中用电做动力的升降装置，用来代替步行上下的楼梯　（学汉语）

b. 电梯【名】《用法词典》未收录

c. 电梯〔名〕《学汉语》未收录

d. lift *noun* a machine that carries people or goods up and down to different levels in a building or a mine/一种运送乘客或货物上下楼或矿井的装置 （牛津[7]）

根据认知域的理论，例 9.22 中的“刀”应具有类属、材料、结构和功能几个方面的特征，而 9.22a 的释义缺乏功能和结构，9.22c 缺乏作为“武器”的功能，而 9.22d 的英语释义则包含全部的主要语义成分和特征。例 9.24 的“电梯”属于乙级词，但《现汉学习》和《用法词典》都没有收录。例 9.23 “根”的释义应从类属、生长空间、功能原理等认知域来解释其语义特征，但例 9.23a 和 9.23b 完全一样，都缺少功能原理的语义特征。例 9.23c 虽然解释了功能“可以吸收营养和水分”，但原理并没有阐释清楚：“根”吸收了有何用？因此，需补充完整，如“把吸收的水分和养分传送到茎秆和枝叶上”等。例 9.23d 的释义比较全面。实际上，“根”还有一个重要的功能就是“把植物固定在土地上”，正因为这个特征，才引申出“根基”、“根本”、“根深蒂固”、“根据地”等词来。

至于例 9.24“电梯”的释义，应该包含类属、动力、结构和功能等方面的认知域，它是箱体式升降运载工具，通常以电动机做动力，供人上下多层建筑或井坑等乘坐或运载货物之用。《学汉语》的释义不够完整，遗漏了电梯的结构、运载货物这一用途；同时它把电梯限制在多层建筑，排斥了矿井等其他坑道作业用的用途。《牛津》相对比较全面，但还是缺少了结构特征。

2）潜在共现成分的表述　当代学习词典，尤其是英语学习词典常常通过释义呈现语词的语法和搭配信息、语境和使用者之间的关系等，以便全面揭示语词的意义信息。与英语学习词典相比，汉语学习词典虽然在最近也对此予以一定的关注，但很多时候仍然局限于只释出语词的概念意义，未能充分表征其用法信息。例如：

9.25

a. 团结［动］为了集中力量实现共同目标而联合或结合在一起（现汉学习）

b. 团结【动】为了集中力量实现共同目标任务而联合或结合 （用法词典）

c. 团结〔动〕为了共同的目标而联合起来 （学汉语）

d. unite *verb* to cause (two or more people or things) to join together and become one thing/使（两个或两个以上的人或物）联合在一起，变成一个 （韦氏）

9.26

a. 大胆［形］《现汉学习》未收录

b. 大胆【形】有勇气；不畏缩 （用法词典）

c. 大胆〔形〕胆子大，勇敢 （学汉语）

d. bold *adjective* (of people or behaviour) brave and confident; not afraid to say what you feel or to take risks(人或行为)勇敢和自信的;敢于说出你的感受或敢冒风险的 (牛津)

例9.25中的“团结”可以做及物和不及物动词用,而且及物用法是非常常见的,上述几部对外汉语词典的例证也表现出了它的及物用法:“我们要团结朋友,打击敌人”、“团结同学、团结同志”、“团结一切可以团结的力量”等。然而,汉语词典的释义不但没有对“团结”如何接宾语,接什么样的宾语做提示,而且释义结构表现得很像不及物动词的意义,这会影响用户对被释义词的正确理解和应用。《韦氏》词典的释义用了“cause/使”这个及物动词的“标志”,而且还把“unite/团结”的潜在宾语(two or more people or things/两个或以上的人或物)以括注的形式标注出来,十分方便用户理解和使用。实际上对上述释义稍做改动就可以达到这个目的:为了共同的目标把(两个以上的人或组织等)联合起来;或者:为了共同的目标而联合(两个以上的人或组织等)。

在例9.26中,“大胆”是个乙级词,但《现汉学习》却没有收录。在其他两部词典中,形容词的释义没有考虑其被修饰或搭配成分。“大胆”一般用来修饰人或人的行为举止,如果能在释义中指出这一点便能方便学习者正确地使用该词。这里,可以参照英语学习词典对上述释义稍做改动:(人或其行为)勇敢的,有勇气冒险[不顾危险]的。

事实上,英语学习词典普遍用括注的形式在释义中标示动词的潜在主语和宾语以及形容词的潜在搭配成分。例如:

9.27 incarnate *verb* to represent (something, such as an idea or quality) in a clear and obvious way/用明了的方式呈现(某事,例如某一观点或品质) (韦氏)

9.28 had *verb* *INFORMAL* have had it (of a machine, etc) to be in such a bad condition that is useless or (of a person, team, etc) to be doing so badly that they are certainly to fail/(机器等)状况糟得无法使用或者;(人、团队等)表现差得肯定会失败 (剑桥)

9.29 honest *adjective* (of work or wages) earned or resulting from hard work/(工作或工资)通过辛勤劳动挣得或得到的 (牛津)

9.30 inoperative *adj* *FORMAL* (of a law, rule etc) not having effect or power, or (of a machine, system, etc) not working or not able to work as usual/(法律、法规等)没有效力的;(机器、系统等)不运行的或者不能正常运行的 (剑桥)

3)语词内涵意义的表述　语词的内涵意义是指一个单词或词组在人们的头脑中引起的情感联想或伴随意义,包括情感意义,是附加在概念意义上的意义。它是不同文化群体、不同区域和不同社会阶层对外界事物的主观态度和经验反映。词典释义除了要揭示语词的概念意义外,还要全面反映语词的内涵意义。这样,不仅可以帮助词典使用者准确地理解语词的意义,而且能够帮助他们正确地使用这些语词。

9.31

a. **避免**[动]防止,使不发生 (现汉学习)

b. **避免**【动】没法不使某种事情发生① (用法词典)

c. **避免**〔动〕想办法不让某种情况发生,防止 (学汉语)

d. **avoid** *verb* to prevent the occurrence of (something bad, unpleasant, etc.)/防止(某一不利或不快的事情)发生 (韦氏)

9.32

a. 祖国[名]敬称自己的国家 (现汉学习)

b. 祖国【名】《用法词典》未收录

c. 祖国〔名〕自己的国家 (学汉语)

d. **motherland** *noun* (formal) the country that you were born in and that you feel a strong emotional connection with/(正式)你出生的国家,并对她感到有强烈情感归属 (牛津)

e. **motherland** *n-sing* **The motherland** is the country in which you or your ancestors were born and to which you still feel emotionally linked, even if you live somewhere else./**祖国**是你或你的祖先出生的国家,即使你居住在其他地方,你仍然感到与它在情感上相通 (柯林斯)

例9.31的"避免"表达概念是"设法不让某事发生",而从我们的语言经验和语料分析来看,"避免"的对象往往是消极的,如战争、流血、冲突、伤害、错误、失业、物价波动、流感大暴发等。例9.31a没有指出"避免"的对象,例9.31b和9.31c虽然指明了"避免的对象",但都没有揭示这一内涵意义,而且把被释义词的宾语成分直接写到释文中,违反了释义的原则,造成过度释义(见8.5.4)。例9.31d的释义就处理得比较恰当,既在释义中说明了被释义词的行为对象及其内涵意义,又避免了过度释义。因此,例9.31的正确释义应该是:想办法不让(某种事情,尤指不好的事情)发生。

从概念层面上讲,例9.32中的"祖国"与"国家"有一些交叉的地方,"我们的祖国"和"我们的国家"都指"中华人民共和国",但人们在语言现实交际中、在特定的环境中讲出这两个表达式的心理情感绝不会一样。"国家"是属于我们的整个疆域,而"祖国"则是生我们、养我们的地方,人们对她有母亲般的情感,哪怕是我们离开了这个地方。《现汉学习》只是把祖

① 释义中的第一个词是错词,应该是"设法"。

国当作一种“敬称”，不太恰当，《用法词典》没有收录，《学汉语》的释义则没有体现这种情感内涵。正确的释义应该是：一个人或其祖先出生和生活的、并一直对她有深厚感情的国家。

9.6.2　释义成分的准确性分析

词典一直被广大用户奉为语言的典范，特别是外向型学习词典，一般用户都缺乏丰富的语言知识和语言经验，他们的语言辨别能力不强，对新词新语只能被动接受。当他们需要求助词典时，往往会把词典的解释奉为圭臬，不会有任何怀疑。如果所提供的释义和用法信息不准确、甚至是错误的，则会对用户产生很大的消极影响。因此，“好的释义者要学会保持释义简短的同时，尽可能减少释义准确度的丢失”（Landau 2005：184）。下面就通过实例分析来看看对外汉语词典释义的准确度情况。

9.33

a. **错误**［名］不正确的思想行为　（现汉学习）

b. **错误**【名】不正确的事物、行为等　（用法词典）

c. **错误**：不正确的行为和事物　（学汉语）

d. **mistake** *noun* something that has been done in the wrong way, or an opinion or statement that is incorrect/做错了的事情，不正确的意见或陈述　（朗文）

任何事物都有其特定的属性，属于特定的范畴。那么，“错误”的属性或类属是什么呢？《现汉学习》把它定义为“思想行为”，《用法词典》定义为“事物、行为”，《学汉语》定义为“行为和事物”，而《朗文》则没有明确指出其类属或范畴。按照上述三部对外汉语词典的释义，我们就可以说“错误是一种行为或事物”。这不符合语言事实，大量的语料表明，“错误”是人们认知和思维的一种判断——是依据一定价值观、道德和行为规范，以及处世准则和事物规律等所做的判断。之所以涉及事物和行为，是因为它们是人们判断的对象之一，其他还包括话语、观点或意见等因素。事实上人们判断的对象不是言语、行为和事物发生过程的本身，而是这种言语、行为和事物发生后的结果——错误的东西往往会造成负面的影响。因此，我们可以说“错误”是：人们对不正确的思想、言行和事物等的一种判断。

9.34

a. **概念**［名］反映事物本质特性的思维形式　（现汉学习）

b. **概念**【名】一种反映客观事物的一般的、本质特征的思维形式　（用法词典）

c. **概念**〔名〕把事物的共同特点概括后得到的认识　（学汉语）

d. **concept** *noun* an idea or a principle that is connected with sth abstract/与抽象事物有关的某一观点或原理　（牛津[7]）

e. **concept** *n* idée générale; représentation abstraite d'un objet ou d'un ensemble d'objets ayant des caractère communs/普遍的看法;对某一事物或具有共同特征的一类事物的抽象表述 （罗贝尔）

从逻辑学和哲学的观点出发,概念是"反映客观事物一般的、本质特征的思维形式",它与"判断、推理"归为一个思维范畴。国内的汉语词典大多遵循着这个传统的说法对"概念"进行释义。这里,我们无意质疑这种逻辑学定义的科学性和准确性,只是从词典学的角度提出这样一个问题:把"概念"释为"思维形式"能告诉国外汉语学习者什么?他们能通过这样的释义准确理解"概念"吗?先看看这几个例子(摘自上述词典"概念"条中的例句):"作为一个语文教师,语法**概念**必须清楚"、"不要混淆这两个不同的**概念**"、"在做这道数学题之前,要先把有关**概念**搞清楚"。如果外国留学生不知道这几句话中的"概念"而查阅词典,他们读了例 9.34a 和 9.34b 的释义后能理解这些话的意思吗?

Chomsky 在上世纪 60 年代就根据认知特点,把语言分为形式语言和自然语言。形式语言是科研和企业机构为了定义技术术语而创造的符号系统,比如把水定义为"H_2O",需要专门学习才能明白其含义;而自然语言是在交际中自然形成的,有关"水"的知识是下意识获得的,无须专门学习。因此,科技术语与我们在自然语言交际过程中习得普通语词是不一样的,前者属于形式语言范畴,后者则属于自然语言范畴。学习词典应多用通俗易懂的自然语言来释义,如果都用这种"形式语言"释义,哪怕是再科学也难以向普通用户传递准确的概念。按照这个观点,《学汉语》和《罗贝尔》的释义就比较容易和准确地被理解。科学地讲,"概念"是思维的单位,反映一类事物的特有属性;通俗地讲,"概念"就是人对同一类事物的共同的、普遍的看法和观点;或更全面一点,它是人们在认识世界的过程总结出来的某类事物的一般或普遍特征。

9.35

a. **边界**[名]地区和地区之间的界线 （现汉学习）

b. **边界**【名】《用法词典》未收录

c. **边界**〔名〕国与国、地区和地区之间的界线 （学汉语）

d. **boundary** *noun* the real or imaginary line that marks the edge of a state, country etc, or the edge of an area of land that belongs to someone/标示出国家、地区或某人所属土地界限或边缘的一条真实或假想的分隔线 （朗文）

上例中的"边界"指国家或地区之间的分界线,这条线一般是通过官方协商,并用书面条约和实地界标规定出来的,实际上并不存在一个明确的地理界限或实地划定的分隔线。因此,这个界线往往是人们推断出来的,存在于条约和人们的意念中。"边界"的功能是规定国家和地区管辖权力的行使范围。在上述两个汉语例子中,《现汉学习》的释义缺少了"国与国之间的界线"这一重要概念,《学汉语》的释义比较全面,但也没有明确说明界线的特点和功能。综上所述,我们可以将"边界"释为:官方议定的,可体现政权控制范围的国与国或地区与地区之间的界线。

9.36

a. 烂[形]腐烂 (现汉学习)

b. 烂【形】腐烂 (用法词典)

c. 烂〔形〕伤口、蔬菜、水果等变坏,发出不好的气味 (学汉语)

d. rotten *adjective* (of food, wood, etc.) that has decayed and cannot be eaten or used/(食物,木材等)已腐烂,不能再食用或使用的 (牛津)

《现汉学习》用"腐烂"来释"烂",用"腐败"释"腐烂",接着又用"腐烂"释"腐败",是典型的循环释义,根本谈不上释义的准确性。《用法词典》也是用"腐烂"来释"烂",但"腐烂"的认知难度比"烂"大得多,前者是乙级词汇,后者是丁级词汇,起不到释义应有的作用。《学汉语》的释义似乎偏重于释某物变坏后发出的气味,但该语词核心内容应该是告诉用户相关物质变质,不能再按正常的方法使用或处理。相比较之下,《牛津》的释义比较准确。这里,我们可把"烂"改释为:形容(食物、树木等)本质已向坏的方面转化,不能再吃或使用。

9.37

a. 酸[形]像醋的气味或味道 (现汉学习)

b. 酸【形】像醋的气味或味道 (用法词典)

c. 酸〔形〕像醋一样的味道 (学汉语)

d. sour *adjective* having a taste like that of a lemon or of fruit that is not ready to eat/像柠檬或未成熟水果一样的味道 (牛津[7])

上述三部词典对"酸"的释义高度一致,且与《现汉》的释义也基本相同。《现汉》这么释义对中国用户来说,理解上没有任何问题,因为普通中国人对"醋"都非常熟悉,也符合中国人的语言认知习惯。但是,对面向外国用户的对外汉语词典来说,这样的释义可能就不一定适合了,因为西方人对"醋"的态度与中国人不一样,这样的表达方式不符合他们的语言认知习惯。相反,他们对中国人不熟悉的柠檬的酸味更熟悉,经常用柠檬的味道来形容酸味,如《牛津》就用柠檬和没有成熟的水果来为"酸"释义。可见,"醋"作为一种认知提示难以激活西方学习者对"酸"的联想。根据外国人的文化特征和语言表达习惯,可以把该释义改为:形容像柠檬[一种浅黄色水果]或未成熟水果一样的味道。

9.38

a. **测验**[动]考察人的理解能力、学习成绩或某种技能 （现汉学习）

b. **测验**【动】用仪器和其他方法检验；考察学习成绩 （用法词典）

c. **测验**〔动〕对学习成绩的考察(重要性不如测试) （学汉语）

d. **test** verb to find out how much sb knows, or what they can do by asking them questions or giving them activities to perform/通过向某人提问或让其实际操作来考察他所掌握的知识或操作能力 （牛津7）

e. **test** *verb* to use a set of questions or problems to measure someone's skills, knowledge or abilities/使用一组问题或试题来衡量某人的技能、知识或能力 （韦氏）

例中的"测验"是动词，而动词的认知域至少涉及行为的属性、方式、过程、程度等内容。对于"测验"来讲，方式是最应该凸显的认知域，但上述三个汉语释义都只给出了"考察、检验"的属性，只有《用法词典》提及了"仪器和其他方法"，其他两部词典竟告阙如；相反，它们重点阐释的则是"测验"对象的"理解能力、学习成绩或某种技能"等，但这些内容并不属于被释义词的固有特征，而是能与其搭配的宾语成分。相比之下，《牛津》和《韦氏》的释义则比较准确地揭示了行为方法：用提问、试题、参与实际活动来衡量……。这才是释义应该表述的内容。完整的释义应该是：用问题、实际操作等方法来检查(人的各种能力)；用仪器和试运行[开动运转]等方法来检查(设备的各项功能)。

9.6.3 释义成分的适度性分析

释义的适度性指对释义中限定性或区别性的语义成分要适当控制，不要对类属语义成分限制过度，也不要限制不足。

1)释义成分限制过度　在词典释义过程中，有时会因对语词的语料掌握不足，对被释义词的语义覆盖范围把握不稳，或者因过多考虑潜在使用者的知识局限，在释文中使用了过多的限制性语义成分，人为地压缩了被释义词的指称范围，最终让用户无法获得该词的完整语义结构。这就是释义的过度限制。例如：

9.39

a. **服务**[动]为集体或别人的利益干活；从事某种工作 （现汉学习）

b. **服务**【动】为一定的人或某种事业而工作 （用法词典）

c. **服务**〔动〕为国家或别人工作 （学汉语）

d. **serve** *verb* to work or perform duties for a person, an organization, a country, etc./为国家、组织、个人等工作或行使职责 （牛津）

在三部对外汉语词典的释义中，都有对"服务"的属性限制过度的问题。“服务”有具体和抽象两个层面的含义，前者涉及国家、集体（组织）和个人等，后者涉及理想、主义和事业等，如“新一代党和国家领导人将带领全国各族人民更好地服务社会主义事业”。但《现汉学习》的释义仅涉及国家和事业层面的服务，《用法词典》则排除了国家和集体层面的服务，《学汉语》排除了集体和事业层面的服务。《牛津》的释义比较全面，但也没有包含事业层面。因此，需要对上述释义进行修改，以排除过度限制：为国家、集体和他人以及一定的理想和事业等工作或行使[使用]自己的责任和义务。

在对名词性语词进行释义时，由于名词涉及的认知域较为复杂，语义成分较多，如果对释义成分把握不准就很容易造成释文限制过度，从而会自动排除该语词的其他重要语义成分。例如：

9.40

a. **种类**[名]根据事物本身的性质或特点而分成的类 （现汉学习）

b. **种类**【名】根据事物本身的性质或特点而分成的门类 （用法词典）

c. **种类**〔名〕根据各种事物本身的特点或性质而分成的类 （学汉语）

d. **type** *noun* a class or group of people or things that share particular qualities or features and are part of a larger group; a kind or sort/一组或一群拥有共同性质或特点的人或事，它们是大类的一部分；一种或一类 （牛津[7]）

9.41

a. **比例**[名]一种事物在整体中所占的分量 （现汉学习）

b. **比例**【名】一种事物在整体中所占的分量；比重 （用法词典）

c. **比例**〔名〕一种事物在整体中占的分量 （学汉语）

d. **proportion** *noun* The **proportion** of one kind of person or thing in a group is the number of people or things of that kind compared to the total number of people or things in the group. /一个组群中一类人或物的**比例**就是该类人或物相对于该组群人或物总量的数量之比 （柯林斯）

上述两个例子中的汉语释义高度一致，与《现汉》的释义基本相同，但都存在限制过度的问题。例9.40中的“种类”关涉社会认知的范畴化问题，世界上的万事万物都是在种类的基础上进行认知的，“种类”不仅包括各种有形和无形的物质及心理实体，还包括人和动物以及他/它们从事的活动。如“不同种类的人和事物”、“海洋生物种类”、“家谱的种类”、“网络犯罪的种类”、“行政诉讼的种类”、“刑事证据的种类”、“不同种类的思想”、“不同种类的观念”等，不胜枚举。此外，这些释义没有明确说明同一种类的人或事物具有相同或相似的特点或性质。由于“种类”涉及的领域太多，因此释义必须要有高度的概括性。比如：具有相似或相同性质、特点的一类人、动物、事物和心理实体等。

例9.41的问题性质与例9.40基本相似，因为“比例”与“种类”一样可以发生在各种生物、事物和心理现象的范畴中。除了事物以外，也可以用这个词来表述人和其他现象，如“男生和女生的比例”、“不同观点的比例”、“不同立场的比例”、“不同原因的比例”、“不同时段的比例”等。不过，从语言经验角度讲，“比例”不太强调这些方面的认知域，可以在释义中适当模糊一些。另一方面，例9.41释义用词“分量”在现汉学习中释为“数量”，而实际上，“比例”不仅表示一种事物在整体中所占的数量，而且也包括大小、重要程度等。最后，“比例”不但是同类事物的之间关系，而且还涉及一事物与其他事物的比较。综上所述，“比例”的释义可改为：人或事物等在数量或大小、重要程度等方面与其整体或其他事物之间的比较关系。

2）释义成分限制不足　限制不足指对释义成分揭示不足，没有对被释义词的类属提供足够的区别特征，会造成释义的指称不明，使用户无法获得该词的足够语义信息，甚至与其他语词产生混淆。如英语词典把俄语借词“verst”释为“一种俄国长度单位”就是特征不足（Zgusta 1971：254），因为它是什么样的长度单位，是尺、寸、米、厘米，还是公里、海里？用户得不到一个明确的概念。实际上它是俄里，等于1.067公里。再如：把“座头鲸”释为“一种海鱼”，那么用户就无法把它与其他许许多多的海鱼区别开来。

9.42

a. **舒服**〔形〕身心感到轻松愉快　（现汉学习）

b. **舒服【形】**身体和精神上感到轻松愉快　（用法词典）

c. **舒服**〔形〕身体或心里感觉很好　（学汉语）

d. **comfortable** *adjective* (of clothes, furniture, etc.) making you feel physically relaxed; pleasant to wear, sit on, etc/（衣服、家具等）使你感觉身体放松的；穿戴，坐在上面等感到愉悦的　（牛津7）

三部对外汉语词典对“舒服”的释义都基本一致，凸显的都是“身心感到轻松愉快”。这使我们想到Zgusta（1971：253）曾批评过类似释义，如把“漂亮”释为“给人以精神或感官上的愉悦”是不够的，因为抽大烟也会给人精神上的愉悦，但它一点也不美。的确，在现实生活中，能被解释为“身心轻松愉快”的语词很多，如享受、快乐、快意、快感、惬意、舒畅、舒适、舒爽、舒坦等。我们曾对24名词典学研究生就“身心感到轻松愉快”和“身体和精神上感到轻松愉快”这些释义做过两项调查：a）根据释义写出其被释义词（限写两词），结果选择较多的词有：愉悦（8）、惬意（7）、舒畅（7）、畅快（3）、放松（3）；b）根据释义在“享受、快乐、快意、快感、惬意、舒畅、舒适、舒爽、舒坦”中选择被释义词（限选两词）；结果显示，选择总数最多的是“舒畅”(18,其中优先选择为8),优先选择最多的是“惬意”(11,总选择数为14)。这说明,对外汉语词典的几个释义没有描写出“舒服”的特征,有必要对“舒服”所赋予的“轻松愉快”做必要的限制。

通过对大量语料考证可知,“舒服”是一种主观感受,包括身体上的感受和心理或精神上的感受,首先是身体上的感受。“舒服”的使用很广,使用范围和语境也很多,最常用的意思归纳起来至少有以下几项:a)身体经验感受,即人直接接触的衣服、鞋帽,以及沙发、椅子和床铺等松软、合适,能使你的身体很温暖、爽快,不会给你造成任何不好的感觉,如“这鞋很舒服、这床/沙发很舒服、这个枕头不舒服”等;b)人对环境体验的综合感受,即幽雅的景物、悠闲的氛围,空气清新的环境,温度适宜、干净整洁的建筑等使你身体和精神轻松、惬意、踏实、安逸等,如“舒服的房间、舒服的购物环境、舒服的退休生活、天气很舒服”等;c)人的认知感受,即人通过视觉、听觉、嗅觉和触觉等感受能使你身体或精神感到享受、舒畅,忘记一切烦恼或不快,如旋律很舒服的小夜曲、最舒服的姿势、画面看着舒服的液晶电视等;d)人的生理体验,常与“不”连用,表示身体或身体的某一部位感觉有病理变化,如生理上不适、疼痛,心情不爽等,如“他心脏不舒服,我的耳朵不舒服,女人每个月总有那么几天不舒服”等。“舒服”的上述这些意义都是日常生活中常见的,也是汉语学习者应该学习的东西。对外汉语词典在处理这些意义时,应该有别于内向型的《现汉》,把义项分得细一些,多提供一些区别特征。至少,它的原型义项的释义应该是:形容(衣服、鞋帽等)使身体感觉很好,没有任何不适;形容(房间、环境和气候等)适合人生活,能使人身心愉快;形容(歌曲、表演等)使人身心感到轻松愉快和享受。甚至还可以加上一个义项:〔与“不”连用〕形容身体不适;心情不好。

9.6.4 释义成分过度的分析

一般情况下,释义只对被释义词固有的语义特征进行描述,而动词(主要是及物动词)由于需要其他成分(如宾语和补语等)的参与才能表达完整的意义,从而构成一个完整的语义结构或语义框架;因此,释义时必须要把动词与其宾语或补足成分明确区别开来,不能把它们与被释义词的语义成分混为一谈。然而,在实际操作过程中,编者有时会把动词宾语的语义成分直接放在释文中,这种语义成分的过度描述就是过度释义。例如:

9.43

a. **担任**[动]担当某种职务或工作 (现汉学习)

b. **担任**【动】担当某种职务或工作 (用法词典)

c. **担任**〔动〕接受并且负责某种职务,工作 （学汉语）

d. **assume***verb* to begin (a role, duty, etc.) as a job or responsibility/开始将(某一任务、义务等)当作自己的职业或职责 （韦氏）

9.44

a. **发明**[动]创造新事物 （现汉学习）

b. **发明**【动】最先创造出前所未有的新事物或新方法 （用法词典）

c. **发明**〔动〕创造出新的方法和以前没有的东西 （学汉语）

d. **invent** *verb* to create or produce (something useful) for the first time/首次创造或生产出(有用的东西) （韦氏）

上述两例都是及物动词,在短语式释义中只能出现被释义词的固有行为语义成分,作为行为的客体或对象只能是动词的潜在宾语搭配成分,不能作为释义的直接构成成分。而上述释义都把被释义词的宾语成分作为动词的语义成分来处理了,如在例9.43中,"担当"和"接受并且负责"是对"担任"的释义,而"某种职务和工作"则是担当的宾语成分;在例9.44中,"(最先)创造(出)"是对"发明"的释义,而"新事物"和"前所未有的新事物或新方法"等是"发明"的宾语成分。国外的学习词典通常把潜在的宾语作为一种用法提示用括注的形式表述出来(见例9.43d和9.44d),就连《现汉》也采用了这种方法来处理潜在搭配成分,譬如:发明[动]创造(新的事物和方法)。然而,面向外国学习者的对外汉语词典却采用这种不科学的释义方法,经常把动词行为参与者的语义成分与动词的语义成分混在一起,给用户的理解和使用造成不利影响。另外,在例9.43中,《现汉学习》用"担当某种职务或工作"来释"担任",在"担当"词条中,又用"担任工作"来释"担当",属于循环释义。因此,我们在释义时一要避免同义对释,二要对宾语等搭配成分做必要的处理:**担任**〈动〉接受并承担(某种职务或工作)的责任;**发明**〈动〉创造性地制造出(新事物)或研究出(新方法)。

还有些动词有时不带宾语,或后接补语,看似不及物动词,实际上它是一种省略用法,其语义结构还是及物动词。如果在释义中既要揭示被释义词及物性的功能特点,又要凸显其与搭配成分之间的关系,就需用括注的方法来处理宾语成分。例如:

9.45

a. **表演**[动]演出节目 （现汉学习）

b. **表演**【动】戏剧、舞蹈、杂技、魔术、体育等演出;把情节和技艺表现出来 （用法词典）

c. **表演**:把艺术、技巧、情节等表现出来,供人们欣赏 （学汉语）

d. **perform** *verb* to entertain an audience by playing a piece of music, acting in a play, etc./通过音乐演奏、戏剧演出等使观众得到娱乐 （牛津[7]）

对于例9.45中的“表演”，我们可以说“他即兴表演”、“我们化妆表演”、“他们表演了一个上午”、“他们表演得太好了”等。但“表演”主要用法是具有及物性功能，带宾语的用法多，譬如：表演说唱、表演杂技、表演车技、表演射箭、表演魔术、表演一个节目等。因此，释义时不能把表演的对象“剧、舞蹈、杂技、魔术、体育”和“艺术、技巧、情节”等直接作为动词的语义成分写进释义。鉴于此，“表演”的释义应改为：（人，有时指动物）把（音乐、舞蹈、戏剧、杂技和体育等节目）演给观众看。

需指出的是，英语学习词典在这方面做得也不是很好，经常前后不一致，不时有这种过度释义现象的发生。

9.7 释义视角的兼类词与释义结构属性的分析

在第八章中我们已经探讨了内向型词典中兼类词的义项分布与释义结构功能的问题（见8.7.1）。关于对外汉语词典，虽然我们只抽取了少量样本，但也发现有这方面的问题。现从以下两个方面举例分析。

9.7.1 词类缺失

《等级大纲》只提供了一个词表，并没有标注词的功能类别，更没有标出兼类词的词类来。然而，在甲、乙级词汇中，许多兼类词都有多个词类功能，且都很常用，应该视情况予以收录和释义。为考察对外汉语词典处理兼类词的情况，我们从50个动词样本中抽取具有兼类功能的动词：测验、成功、报告、表演、对话、发明、广播、练习、讨论、团结。然后就这些兼类词不同词类的收录和释义情况分别对三部对外汉语词典进行调查，结果发现有以下四种情况：a）三部词典全部收录的有：练习（动、名）、报告（动、名）和团结（动、形）共三词，占样本总数的30%；b）三部词典全没有收录的有：测验（动、名）和成功（动、形）两词，占样本总数的20%；c）两部词典未收录的有：对话（动、名——《现汉学习》和《用法词典》未收）和讨论（动、名——《现汉学习》和《学汉语》未收）、表演（动、名——《现汉学习》和《学汉语》未收）三词，占样本总数的30%；d）一部词典未收的有：发明（动、名——《现汉学习》未收）和广播（动、名——《现汉学习》未收），占样本总数的20%。按词典类别排序：《现汉学习》有八项未收，《学汉语》有五项未收，《用法词典》有四项未收。至于上述几部英语学习词典，对应的10个英语动词的兼类词全部都收录了。

9.7.2 词类混淆

词类混淆指释义短语与被释义词的句法功能特征不一致或释义的功能特征不明确。在抽出的样本中，名词和动词类释义没有发现词类不明或混淆的情况，但一些形容词的释义在找不到形容词类的同义词或短语时往往用动宾结构、谓语结构和名词结构，而没有用形容词性的"标示语"（如"形容……"；"……的"等），造成释义短语与被释义词的词类混淆。例如：

9.46

a. 干净［形］没有尘土、杂质等 （现汉学习）

b. 干净【形】没有尘土、杂质等 （用法词典）

c. 干净〔形〕没有灰尘、杂质等 （学汉语）

d. clean *adj* free from dirt, marks, etc.: not dirty/没有尘土、污迹等；不脏的 （韦氏）

9.47

a. 苦［形］一种难吃的味道 （现汉学习）

b. 苦【形】跟"甜"相反的味道 （用法词典）

c. 苦〔形〕像不放糖的咖啡的味道 （学汉语）

d. bitter *adjective* (of food, etc.) having a strong, unpleasant taste; not sweet/（食物等）有强烈的、令人不快的味道；不甜的 （牛津[7]）

在例9.46中，三部对外汉语词典的释义是一样，释义词"没有"是动词，释义结构为动宾结构，属动词性短语。在例9.47中，三部对外汉语词典释义的主要用词是"味道"，而它却是一个名词，因此释义结构是名词性的；但9.47c前加了"像"则使名词短语形容词化了。再看看两例中的英语学习词典，例9.46d的释义是一个形容词短语（free from ...），例9.47d是形容词性分词短语（having ...），且各自后边有一形容词的否定形式做词类限定（not dirty和not sweet），用户很容易判定被释义词是形容词。学习词典需要对上述两个释义的结构功能做形容词性的转换：干净〈形〉没有灰尘和污迹的；或形容没有尘土和脏污；苦〈形〉形容与"甜"相对的、令人难受的强烈味道。当然，对于"苦"，我们还可以给出"像黄连一样的味道"，但这对外国学生是不适合的，因为"黄连"是中国特有的，超出了外国学生的认知视野。从这个观点出发，《学汉语》的释义是比较适合的。

9.8 小结：对外汉语词典存在的问题

通过上述实例分析发现，我国现有对外汉语词典的编纂确实存在一些问题。为了对这些问题的原因和现象有一个整体的认识，有必要从理论和应用实践上对上述分析做进一步的梳理和总结。

1）外向型特征表现得还不够突出。对外汉语词典是面向外国人学汉语而编纂的，而外国人在学习汉语的初期没有或缺少汉语语感，且会其受母语认知负迁移的影响，因此词典的收词、体例和释义等都要根据他们的实际需要和学习特点来设计。长期的二语教学经验告诉我们，本族语使用者能下意识习得，或不太经意掌握的一些语言现象却是外国人最难学习的；他们对汉语词典的要求与汉语为母语人的要求有很大不同——对外汉语词典必须体现这种外向型特征。然而，从历年出版的对外汉语词典来看，许多编纂体例和释义方式并没有摆脱传统语文词典编纂的模式，特别是《现汉》的影子在这些词典的释义中挥之不去。我们对 46 个样本中的 122 条释义进行了对比，与《现汉》释义相同或相似的就有 69 条，相似度达 56.56%。调查显示，《用法词典》与《现汉》完全相同的释义数量最多，为 18 个；其次是《现汉学习》11 个；《学汉语》只有 3 个。释义相似数量最多的是《现汉学习》，为 15 个，其次是《学汉语》14 个，《用法词典》8 个。

此外，我们还随机抽取了《现汉学习》中“举”和“客”两个字头，并就这两个字头下聚合的与《现汉》相同的词目做了释义层面的对比。结果发现，在“举”字头下的 11 个词条中，与《现汉》释义完全一样的有 5 条，基本一样的有 4 条，两者相加占释义总数的 81.82%；在“客”字头下的 18 个词条中，完全相同的 9 条，基本相同的 4 条，两者相加占释义总数的 72.22%。就连卢润祥（1996）撰文所赞赏的“释义做到确切、明白、简洁，要言不烦”，“考虑到外国人对中国的风土人情、生活习惯等不很熟悉的跨文化的间隔现象，词典对有些语词作了较详细的解释”的几个词条，也完全与《现汉》相同：

（1）**极乐世界** 佛教中指阿弥陀佛所居的国土。佛教徒认为居住在这地方，就可获得光明、清净和快乐，摆脱人世间的一切烦恼。

（2）**入赘**［动］男子到女家结婚并成为女家的家庭人员。

（3）**龙**［名］古代传说中的一种能兴云降雨的神异动物。

这里所说的“完全相同”是指与《现汉》的释义结构和内容一字不差；而所谓“基本相同”，指其释义与《现汉》在结构和内容上一致，只是在行文上相差个别词。可想而知，外向型汉语词典与内向型词典有这么大比例的相似度——编者直接把面向中国用户的释义结构和释义内容（包括同义对释）大量搬到面向外国用户的词典中，如何能满足那些汉语语感较差的外国人的需要？

2)对语言学等相关学科研究的新成果应用不够。对外汉语词典的主要任务是帮助外国学习者用汉语进行交际,而外国人对汉语的语音、形态、句法、词法和意义,特别是文化特色义和文化象征意义都十分陌生。因此,词典释义需要详尽地说明语言符号在交际活动中的各种关系,包括语言形式与内容的关系、语言符号内部的系统关系和语言与语境(包括使用者)的关系,涉及语言学各个学科理论,如形态学、音系学、语义学、句法学、语用学以及认知学和二语习得理论的成果。在西方,原型语义学与意义潜势、框架语义学与事件意义、配价理论与分布结构、意义—文本理论与组配结构、认知语义学与二语习得理论、构式语法与预制语块的习得等都被用于词典的研究和编纂。学习词典要综合应用这些理论原理从多角度、多层面来表征语词意义的各种要素,在词典中重构自然语言的有机整体,形成相互关联的语义网络,营造适合二语学习的语言环境。然而,现在的对外汉语词典大多没有考虑这些问题,没有吸收相关学科的研究成果,还是用传统的方法来编纂外向型的学习词典:a)词典的设计和编纂没有以用户为中心,不了解不同国家汉语学习者二语习得的认知规律和中介语偏误的原因和特点,凭编者的主观臆断提供词典信息;b)以语言的"原子单位"作为描述对象,不太注意反映汉语交际模式的预制语块,包括汉语中的固定短语、习惯搭配、惯用表达语等,不重视这些预制语块在学习二语语言交际中的作用;c)以概念和语法为注释的核心内容,把词典当作孤立的概念标本,忽视了语义表征的多维特征和百科性,难以有效培养外国学习者的二语语感;d)把词条看作是自足式的单元,忽视宏观结构层面上词和义之间的各种联系,不利于语言学习者先备知识的映射,不能有效触发其言语活动中的语义和词汇联想。

3)对词典的体例和释义方法没有统一的理论方法支持。外向型汉语词典的编纂与使用已有很长的历史,可以追溯到19世纪(见4.2),但有关外向型汉语词典的理论研究却很少,只有散见于一些刊物的经验总结和评论。诸如外向型汉语词典在体例结构、选词立目、语法注释、语词释义、例证选取和使用规则的描述等方面与内向型有些什么区别,相对内向型语文词典它们究竟有些什么特点和功能,如何在词典的设计和编纂中体现这些特点和功能等问题都还缺乏系统的研究,更谈不上有一套系统的理论方法来指导对外汉语词典的编纂了。这就导致大量编纂技术问题的出现,譬如:为单纯地解释概念而释义,采用简单的同义对释,造成释义表述的语义成分不充分或内涵语义成分缺失,释文模糊难解,循环释义时有发生;有时语义成分分解和表述不科学,造成释义成分限制过度或释义成分限制不足,或发生过度释义;由于没有控制释义词汇,造成释义用词大大难于被释义词,或词典不能形成闭环的知识体系，降低了词典的使用效果；有时释义结构短语与被释义词典概念特征不一致，给用户对被释义词的理解或使用造成干扰。这些都对用户使用对外汉语词典的信心和使用效果产生不良影响。

4）对用户需求和二语习得的认知规律重视不足。"外国人"没有或缺乏汉语语感，对汉语的语音、形态、句法、词法和意义，特别是文化特色义和文化象征意义都十分陌生。词汇形态与语义的关系，以及语义形成、表述和理解的认知机制与他们的母语都不尽相同，有些还存在很大的差异，要想让他们了解汉语陌生且变化多端的语义，既要从人类共同的语言认知规律和语言经验来描写汉语的语义属性，又要注意解释不同语言社团的文化和语言认知的区别特征。这就需要区分用户群，并进行用户的需求调查，研究和分析各用户群的文化和知识习得的特点和查阅词典的认知心理过程。

当代认知心理学着重于从认知主体来研究对客体的认知，而对于二语习得的研究就是要通过观察学习者如何运用策略来感知、输入、理解和输出二语的心理经验过程，从而确立语言输入与学习者二语语感之间的关系，建立提供有效信息输入的途径和机制。认知是二语习得的必然途径，明白了语言认知的过程和规律，才能使词典的编纂体例和释义方式符合二语学习者的需要。然而，现在的对外汉语词典大多没有注意用户的需求及其语言认知特点，具体表现在以下几个方面：a）基本上还是以编者为中心来设计词典的体例，收什么词、用什么方法释义基本是按编者的直觉和经验决定的，缺乏基于用户需求的调查数据和相关研究的支持；b）收词、立目和释义直接参照（甚至是照搬）权威内向型语文词典，缺乏外向针对性，没有考虑外国学习者的语言认知习惯；c）面向世界所有用户，没有国别化特征，忽视了不同语言社团的人对汉语学习的特殊需要，不能有效帮助用户克服母语负迁移造成的障碍。

5）对编纂原则和处理技术把握不准。每一部对外汉语词典的主编都会在编纂体例和释义、举证的方法和原则上下不少工夫，设计可行的编纂方案。但由于参加编纂的人对设计方案的意图理解不一，或由于编纂时间较长致使不同时期的技术处理方法发生偏差，或由于设计方案考虑不周，造成出版的词典出现各种各样的技术问题。

a）条目设立和释义的局限性。有些词典词目的设立拘泥于蓝本——《现汉》或《等级大纲》及 HSK 词表，或完全凭编者的经验来选词立目，忽视了二语学习者日常交际需要的常用语词和习惯用法；重视词频和收词的数量，忽视了这些词的多种用法、交际变体和兼类词形（有些词典一个词条仅一个义项）；重视现代汉语语法的理论框架，忽视了常见的习惯搭配和句型构式。譬如,从收词层面上讲,许多词典的收词连《等级大纲》的一、二级词也无法覆盖,而对多义词的义项和兼类词的收录更是缺乏统筹考虑,缺漏较多(参见9.7.1)。

b)释义和注释的局限性。释义方法局限于《现汉》,所谓的创新也只是少量的增加或删减,处理不好还影响了释义的准确性。譬如,《现汉》把"发明"释为"创造(新的事物和方法)",而《现汉学习》却改为"创造新事物";这一改就改出了过度释义——把"创造"的宾语成分混为动词的语义成分。再如,《现汉》把"边界"释为"地区和地区之间的界线(多指国界,有时也指省界、县界)",而《现汉学习》却只搬过去前面一部分,把后边的括注删掉,就造成该释义的语义不完整。另外,语词用法的描写和同义词、近义词的辨析是外向型词典区别内向型词典的重要特征,也是二语教学中扩大可理解性输入、促进输入向摄入转换的有效手段,但许多词典仍局限于对语词概念标本的描写,而不提供用法说明和同义辨析,更没有特色词的寓意和文化象征意义的描写。

c)句法结构注释缺失或烦琐。二语学习者往往靠语法规则和语词的分布结构用外语组织和表达交际思想,因此句法模式和搭配结构的注释一直是西方语言学习词典的基本特征,但我国的对外汉语词典大多不提供这些信息;而有些词典提供的此类信息又过于烦琐,没有统一的元语言表达和科学的结构描述形式,造成用户理解输入的困难。譬如,《现代汉语学习词典》提供了10种名词用法句型、19种动词用法句型和9种形容词用法句型,但分别以"名句+数字"、"形句+数字"和"动句+数字"作为代码,用户不去查阅有关说明根本不知道"'动'句1"或"'形'句2"之类所指何物,起不到应有的作用;《用法词典》则用"可带名词宾语"、"可带补语"的标注来说明搭配和用法,学生难以根据这些说明准确推测出正确的搭配结构,常常会出现语法问题。

相比之下,《学汉语》在体例设计和释义方面都考虑到了外国用户的实际需求,所提供的信息比较实用且通俗易懂,是近年出版的比较好的对外汉语词典。

第十章 对外汉语词典多维释义模式的探讨

学习词典(learner's dictionary)通常是为二语学习设计和编纂的积极型工具书,它既不同于面向母语用户的普通语言词典(general dictionary),也不同于面向母语用户的学生词典(students' dictionary),因为二语学习者缺乏母语用户的那种语感,词典中"孤立"的语言信息难以在语言认知过程中形成可理解输入(comprehensible input)来触发其心理词库(大脑)中的先备知识(prior knowledge),实现有效的概念整合(conceptual integration)。因此,研究二语习得的认知特点以及习得过程中的语言认知规律,对于新一代学习词典的释义有着重要意义。

10.1 二语习得的认知取向

从认知研究的对象——心智的功能来讲,认知与二语习得有着密切的联系,因为"习得"就是学习者一种积极的信息加工的智能活动,而认知贯穿于知识习得和使用的全过程(参见桂诗春 1991)。因此我们必须从认知心理过程来研究第二语言的习得特征。

10.1.1 二语习得中的认知经验与语感

当代认知心理学注重从认知主体角度来研究对客体的认知,而对于二语习得的研究就是要通过观察学习者如何运用策略来感知、输入、理解和输出二语的心理经验过程,来确立语言输入与学习者二语语感之间的关系,建立提供有效信息输入的途径和机制。在词典学中,"输入"就是词典信息,语感的建立就是词典对用户信息输入所产生的结果。能否有效帮助用户尽快获得语感,取决于词典能否提供足够的可理解输入以及输入机制是否符合学习者的认知特点。

为了促进用户外语交际能力的发展,学习词典就不能局限于提供外语的语法或规则,而是要营造丰富的习得语境,让学生能从直觉上掌握语言形式以及这些形式所表达的语言认知、情感和社会文化意义,即能不自觉地在最大限度注意交际、最小限度注意形式的情况下自如地或创造性地运用语言(见 Stern 1983)。这就是语言输入内化、获得“语感”的过程。一旦有了足够的语感,学习者便具备了一定的交际能力;而语感的获得需要足够语言认知经验的积累,而这些语言经验大多应该能从词典中获得。

在二语习得中,语感是在语言认知过程中分阶段逐步建立起来的:a)在学习的初级阶段,没有外语的语感,只有依靠有限规则和母语的迁移进行简单的、程式化的外语表达式的学习;b)通过一段时间的学习训练,可以运用所学的语法或规则来组织有限的外语句子;c)通过较长时间的语言训练,对外语的结构特点有了较充分的感性认识,初步具备在语言规则的帮助下利用外语思维和组织话语的能力,这就是二语语感的初步形成期;d)通过大量语言实践,逐步淡化对基本语言规则的依赖,能比较随意地利用外语组织句子并判断所生成的外语是否符合其语言习惯——这是二语语感的成长期;e)能不自觉地用外语思维、完全抛开了语言规则的羁绊,不假思考地分析出外语话语是否正确和规范等——这是外语语感的成熟期。在 a、b 阶段,需要编纂主要收录积极型词汇的“详解—组配”学习词典;在 c、d 阶段,需要编纂积极型和消极型词汇兼收的“表达”学习词典;在 e 阶段则可以脱离学习词典,转向普通语言词典的使用。

10.1.2 二语习得中的认知语境与输入

既然语感对二语学习起着关键作用,那么就有必要探讨如何让二语学习者比较容易或有效地获得语感。Krashen(1982)的二语习得“五大假说”和 Ellis(2008)的二语习得九大原则中的许多内容都与词典释义有显著的关联性。譬如,Krashen 的习得—学得假说(acquisition-learning hypothesis)和输入假说(input hypothesis)对词典帮助用户获得语感具有很好的启发作用。前者的核心是,词典只有能帮助用户“习得”(而不是学得)才能促进其第二语言能力的发展或语感的获得;后者的重点是,词典只有向用户提供足够的可理解输入(comprehensible input)才能为他们创造良好的语言习得机制,即用足够的新输入(i + 1 input①)来提高其习得的效果,用有趣又相关的输入来提升其外语习得的效率,因为它可以影响学习者的情感或情趣,减

① Krashen 用“i + 1”来说明语言习得有用的输入:“i”表示学习者目前的语言水平,“i + 1”表示略高于学习者目前语言水平的输入,即新知识的输入。

少输入的情感过滤(affective *filter*)。Ellis 的泛量二语输入原则(extensive second language input)、丰富的程式表达和规则应用能力原则(rich repertoire of formulaic expressions and a rule-based competence)和重视学习者个性差异的原则(individual differences in learners)等,都为词典向用户提供足够、可理解性输入提供了理论依据。作为面向二语学习者的学习词典,其收词以及义项的划分、收录和释义一要具有国别针对性,二要在"一定程度"上高于同级学生的学习大纲,用频率顺序的方式排列义项让不同等级的学生各取所需,用中观结构(mediostructure)和注释的形式来保证自然语言中语词的词汇—语义关联,以增加学习的兴趣等。因此,词典要想帮助用户尽快获得外语的语感,学好地道的外语,就需要为二语学习创造二语习得的环境,促进二语学习变为二语习得。

尽管 Krashen(1982)认为学习不能直接转变成习得,但他也承认能间接促进语言习得,即当知识的输入具有可理解性,且能转化成摄入(intake)时,习得才会发生。通俗地讲,就是学生通过可理解输入学得语言规则,经反复的语境练习,使之内化或吸收,最终触发习得的产生,变成长期记忆中的语感。可见足够的可理解输入是二语习得的条件,而营造合适的语境便是输入变成摄入的关键。学习词典应该在体例的设计和信息的组织方式上重视学习者的二语信息的输入与摄入的转化,如用意义驱动的多维释义综合反映语词的各种意义表征形式,用通俗的元语言提供语词的形态结构和语法规则,用多种认知域在释文中揭示语词的复合概念结构,用适当选择限制规则表现语词的原型构式结构,用足够多的预制语块反映语词的原型交际模式和习惯表达方法,用例证综合体现语词的语义框架结构和分布特征,用中观结构来重构自然语言系统中的词汇—语义网络,从而在词典中营造适合二语习得的语境,增加用户查阅过程中的有效输入和摄入。

10.2　基于语言认知的词典释义框架

传统的学习词典把词条看作是自足(self-contained)的微观单元,比较重视词汇层面的解释,偏重单一词汇形态、语法和用法等注解,不注意自然语言词汇、语义之间的系统关系,不重视预制语块在语言交际中的作用,不能有效触发用户言语活动中的语义和词汇联想;而且注释常常与语词的意义表征和实际用法脱节,如释义与搭配注释不一致、例证与释义及语法注释不一致的现象时有发生。这些都会加重二语学习者的认知负担。这种以词汇为中心的语法驱动释义方式尽管提供了大量的输入信息，但缺乏趣味性和相关性，常常被用户的“情感”因素过滤掉，输入信息难以转化为摄入，从而难以促进学生从学习到习得的转化。要想改变这种状况，新一代的对外汉语学习词典必须加强信息输入的可理解性、趣味性和相关性，如把词典诠释的对象从单一的词汇层面提升到语块层面，在释义中表现语词的交际模式，丰富语言习得的环境，才能促进汉语作为二语学习向二语习得的转化。

10.2.1 语言交际中的意义驱动特点与词典释义

现代二语教学比较重视语言的交际功能，把培养学生的外语交际能力作为教学的主要任务。语言属性和各种关系通常反映为以一定规约构成的语词交际模式(communicative pattern)，交际模式映现出语词在特定语境(句子、篇章、文体)和非语言环境(肢体语言、场景、社会文化规范)中的分布和共现特征，因此学习语言交际必须从语词交际模式入手。从语言认知的角度讲，语言的交际活动来源于对外界的感知，要表达感知内容就需要有命题内容和命题目的，这就构成了交际的核心内容——语义信息。可以说，话语交际是意义驱动产生的，意义是语言认知和交际过程中各种关系得以产生和赖以维系的内在驱动力，也是语言各种表征形式在交际模式中的集中表现。因此，我们要抓住意义这条轴线，用认知的方法建立基于原型交际模式的多维释义框架。

词典的交际功能主要表现在以下两个方面：a)反映编者与用户之间的交际关系，即编者应以用户的需求为中心，把对词的诠释当作与使用者进行交流的过程，词典就是这种交际的结果。b)按用户的需求提供语言交际知识，把传统词典中单一的概念释义转化为多角度、多层面的多维释义，以用户参与语言交际的潜在需求提供语词的交际场景和交际规则，帮助用户直接获取交际能力。

交际信息之所以在词典释义和语言习得中显得尤为重要，是因为语言的各种关系以一定的规约形式融入语词的交际模式中，而这些关系又是为表征交际的核心内容——语义而服务的，言语行为或事件的参与者(participants)受语义的选择限制而呈现某种共现关系结构；交际话语也因为意义而有意义，意义表征就投射在特定的交际模式中；而交际模式又可以被抽象为语义框架(semantic frame)，事件的行为参与者就是框架元素或框架成分(frame element)。语词的语义表征可以在这个框架中凸显出来。

10.2.2　语言交际中的语感驱动特点与词典国别化

从认知心理学的角度讲,语感是学习理解和运用一切文字——交际的认知基础,而语言的应用或交际又反过来促进语感的产生。对于母语而言,人们在进行交际时,只要有了明确的命题内容(需表达的意义)和命题意图就能凭语感迅速地从心理词库中调取相应的语词进行话语组配和表达;同样,他们可以凭语感毫不费劲地判断出表达某一特定意义的语词的使用语境和交际模式。可见,人们在交际中选词构句是凭语感实现的。然而,二语学习者在外语学习的初中级阶段没有或缺乏足够的语感,往往无法把词的概念意义与使用规则直接联系起来,更无法预见"新"语词的语境和交际模式,只是凭学得的简单规则和母语的迁移来认识外语或寻求词汇层面上的对等。由于文化的差异,外语的形态、概念、附加意义和使用语境与母语都存在不小的差异,母语语感的负迁移在很大程度上影响着学习者二语语境的形成。这说明,在二语学习者的双语心理词库中,两种语言的交际模式大多是非对称性对等(asymmetrical equivalent),且这种非对称性在不同的语言文化中的表现也有很大的不同,比如,英语较之于汉语的差异比法语和德语等西方语言就大得多;相反,汉语较之于英语的差异就比日语和韩语大得多。差异较大的语言在寻求词汇层面上的认知等值是很困难的,且不同语言文化的人在学习同一外语时所遇到的困难和问题也是不同的。即使是同一语种的不同国家,他们的语言和文化也不会完全相同,比如瑞士法语、加拿大法语和法国法语就存在相当多的不同,他们在学习外语中的母语迁移情况也不尽相同。从这个观点出发,日韩国家的汉语学习者与英美国家的汉语学习者对汉语的认知方式和母语负迁移的影响会有很大的差异。因此,目前这种用同一种对外汉语词典满足全世界所有国家汉语学习者的做法是不现实的;无论这种"全能词典"编得多好,其使用效果也会大打折扣。难怪很早就有学者抱怨当前的词典不能解决所有学习者的词汇问题(Scholfield 1982),学习者使用词典与不使用词典的测试结果没有显著性区别(Bensoussan *et al* 1984);国内外许多研究(Wright 1998; Berwick & Horsfall 1996; Nesi 2000;赵李明 2006;田志强,郑翠玲 2007;刘军 2007;黄广芳 2008;邓燕萍 2008)表明,学习者使用词典存在许多问题,使用效率低下。实际上,这些问题在相当大程度上是词典的设计和编纂没有国别化而造成的,因为词典提供的信息没有针对性,用户的文化差异和母语负迁移影响了他们对词典信息的理解和摄入,甚至造成很多错误用法。因此,面对全世界几十个国家4000多万的汉语学习者,对外汉语学习词典必须在词典的立目和释义方面考虑国别化(country-specific)特征,即针对不同语言文化的国家,根据其文化差异的特点编纂不同的词典。当然,在对外汉语教学发展的初中级阶段,还无法做到对每一学汉语国家的学生编一部词典,但对那些用户群比较多的国家(如韩国、日本等),或对多个语言文化有些关联或相似的国家(如讲英语国家、讲法语国家、讲西班牙语国家、讲俄语国家或东南亚国家等)编纂专门的词典是有可能的。随着各国对外汉语学习词典用户的增加和二语教学国别化研究的发展,在条件成熟的时候再逐渐增加国别化词典的种类。

10.3 意义驱动的多维释义结构与关系

在二语教学中,教师大多通过多情景会话、多媒体、图片、幻灯等辅助手段营造语言习得的语境,提高输入的趣味性、相关性和可理解性,促进输入(input)向摄入(intake)的转化;通过各种语境条件下的听、说、读、写、译等方式来训练学生的语感,加强知识的摄取,从而促进学习向习得的转化。这些训练就是以意义为驱动,让学生在人造的语境中大量习得各种语词的特定交际模式。同样,面向外国汉语学习者的对外汉语词典也应该通过释义的各种手段在词典中营造能适应用户学习需求的语境来。也就是说,外向型汉语学习词典不能再局限于描写概念意义,应该以语义为驱动,调动一切对语义描述有益的表征形式,从多角度、多层面来表述语义。这就是语义驱动的多维释义。为此,新一代对外汉语学习词典需要考虑以下几个方面的问题。

10.3.1 意义驱动释义的结构和功能

意义驱动释义就是把词头右边的所有信息(右项)都看作是释义,把词目词的语音变化、形态变化、概念结构、句法结构(含搭配等共现关系结构)、语用规则等各种注释和例证,都作为语词在一定选择限制条件下的语义表征形式,即把语音义、形态义、概念义、搭配义、语用义,以及一些附加意义和专栏型辅助释义成分等整合成被释义词的复合语义表征形式(见图10—1)。这样,每一表征形式都以表义为核心,为表义而存在,避免传统词典为注释而注释,缺乏与词目词直接语义关联的现象。另外,这也符合语篇和交际词典学的原则。

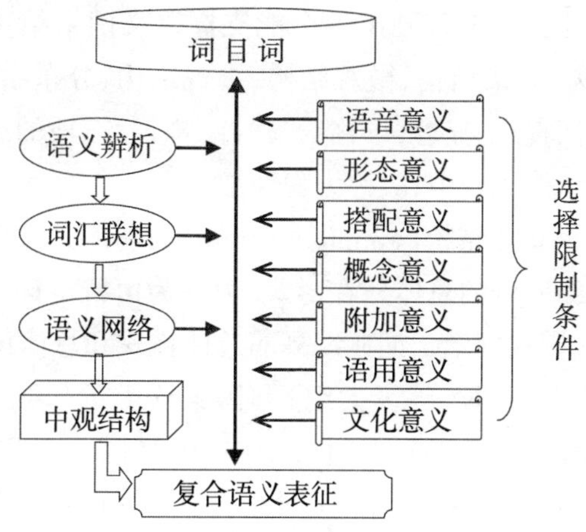

图 10—1　意义驱动多维释义的树形结构

在这个树形结构中，处于树干两极的是“词目词”和“复合语义表征”，前者是语词的“书写形式＋语音”的复合体，后者是语词蕴涵的各种语言属性所表征出来的内容集合。根据认知语法的理论观点（Langacker 1987：76），这个两极形式就构成了语言的象征结构（symbolic structure）。也就是说，词汇、形态和句法构成一种完全可以用象征结构描写的统一体，每一统一体都包含语义表征和语音/书写结构以及把两者连接起来的象征关系。语音形式只是以某些不定方式与语义表征发生关联或联系的认知惯例，书写形式以各种变体形式表示语词在特定语境或分布结构中的语义特征；概念是语词所指对象在人们意识中的共同或普遍的反映，是语词所指的基本属性；搭配是词法和句法结构的具体表现形式，它标示概念化实体之间特定关系的常规或特定分布，反映语言符号之间的横聚合关系；附加成分则标示语词概念以外的情感内涵和联想，反映语义的社会规约特征；语用规则标示语词的使用语境或使用范围，反映语词与语言使用者（使用意图）之间的关系；文化特征标示语词的文化内涵或文化象征性，反映了文化对语词概念形成和使用趋向的影响。上述这些成分都是语义的表征形式，这些形式的变化会直接导致语词意义或使用规则的变化。中观结构是通过特定的语义网络、词汇联想和语义辨析等手段，包括参见、标引或说明，把词典中有词汇、语义、形态、语法或语用联系的词条都联系起来、形成对比，并构成一个关联语言网络体系，以利用户获得更多的相关知识，提高词典的使用效率。这就是意义驱动多维释义模式的结构和主要功能。

10.3.2　对外汉语词典的多维结构体系

为了使词典能够系统、完整地描述语言，表征多维释义的结构体系，编者需要从总体设计层面上勾画出一个能支撑语义网络结构的词典体例框架,包括总体结构、框架结构、微观结构、中观结构、分布结构和索引结构。前三项的结构表征直观、显著,可称为显性结构,后三项的结构表征全部或部分隐含在其他结构成分中,故称为隐性结构。

1)总体结构　总体结构(overall structure)的功能是按词典的编纂宗旨和原则勾画出拟编词典的总体外在形式,表现为由特定词典要素构成的规则结构模式,这些模式规定了词典编纂的总体格式和总体风格。a)对外汉语词典的总体规模:根据《等级大纲》和国家语委的《语言现状的调查报告》,可以分为初、中、高三个级别或初中、中高两个级别。在三级分类中,初级词典的规模宜控制在4500词左右,中级在12000词左右,高级为25000—30000左右;需要查阅更多词的学生就有能力使用普通词典了。在两级分类中,初中级词典的规模可控制在10000词左右,中高级词典在25000词左右。此外,还要考虑例证的数量和同义词、反义词的数量等;对待学习词典,原则上每个释义都应提供例证,等级与例证的数量成反比。b)对外汉语词典的总体布局:按《等级大纲》和HSK词表,根据对外汉语教学的教材、参考资料、动态平衡语料库和用户来源国中常用特色词汇等的统计分析来确定收词;尽量避免单纯的同义对释,合理采用语义分解的方法进行释义;从外国人的语言认知特点出发,对形态、语义、语法、搭配、使用和文化层面上容易出错的地方要有必要的注释;对于一些指称明确的特色词或指称对象容易混淆的词,可以配置适量插图;至于排检方式,以音序辅以形序为佳,这样既能保证在知道发音时快速检索,也有利于在不知道发音的情况下通过词形来查检。c)对外汉语词典的总体风格:词典的字号不易太小,版面清晰、正文中的各类信息项应层次分明、关系清楚,也可以采用双色或多色印刷,或者采用不同的字体凸显词条中的主要内容;初中级词典宜采用小开本,纸张应该轻薄、结实,以方便携带和随时查阅。

2)框架结构　框架结构(frame structure, megastructure)是词典知识信息的组织形式或布局,包括宏观结构(macrostructure)和外部信息结构(outside matter)。宏观结构是词典框架结构的主干部分,指按一定排检方式对词典所收录全部词目及词条进行合理布局和编排的检索体系。值得注意的是,现有汉语学习词典的字头编排与词头的方式不一致,增加了查检难度,影响用户查阅速度,如《现汉学习》和《学汉语》两部词典对同一字头下的词目没有按严格的音序排列,也似乎找不到规律,给查检造成很大的不便;因此,词头应与字头一样,完全按音序来排列。微观结构主要涉及字头和词头中义项的排列,以及释义、注释和例证等信息项的组织。外部材料有三个部分:a)前置页(front matter),包括书名页、版权页、致谢页、目录、序言、前言、凡例(用法指南)和词典符号标志等内容。b)中置页(middle matter)的内容不是很固定,编者可以根据用户的需求和词典的实际内容设置插图页、主题页和研习页等。插图页指按一定的主题类别,比如对动物、鸟类、食品、蔬菜、家具、电器、衣服、文具和体育用具等配置整页插图和文字说明;主题页指按特定的行为活动或交际场景提供基本的表达方式,比如体育运动、文艺娱乐、商场购物和家庭生活,以及邮局、银行、机场用语等;研习页指与语言学习有关的词汇、语法和写作知识,比如汉字的构造和笔画、构词法、词类功能、词组类别、句型类别、量词的类别和语法,以及信函、简历、介绍信等的写作方法和标点符号的用法等。c)后置页(back matter)是词典的有关辅助材料,附于正文信息之后,起延伸和补充词典内容的作用,方便用户了解某一方面的系统知识。主要内容包括语言信息、百科信息和索引信息,如不宜收入正文的字母词、汉语拼音方案、辅助检字表、计量单位,以及一些特色文化、姓氏、称谓、历史、地区、民族等内容。

3)微观结构　微观结构(microstructure)是指词条内部的信息组织结构,它按一定的格式提供词目词所蕴涵的全部或主要信息。在正常情况下,总词条以字头开始,字头往往又分若干义项和必要的释义和例证,然后为聚合在字头下面的词条;单个词条以词头开始,之后的信息都是对词头的诠释,一般包括释义对象的书写变体、发音及发音变体、形态结构(汉字结构或偏旁部首的结构)、词类注释、句法模式或搭配结构,必要的语法注释或说明,概念义的表述、例证、习惯搭配、习惯表达、语义辨析、用法说明、错误提示、联想词汇、同义词、反义词和参见等信息。习惯搭配指被释义词的一些习惯性或限制性搭配表达方式,习惯表达指以被释义词为中心的俗语性的话语,语义辨析指对一组概念意义相同或相近的语词进行比较分析,指明它们在内涵意义、情感意义、搭配意义以及使用语境和使用规则等方面的差异,错误提示指对用户容易用错的语词从语法、搭配和使用方法等方面做必要的提示,联想词汇指与被释义词在形态、发音、语义或用法等方面相似或有联想关系的词汇。

4)分布结构　分布结构(distribution structure)是词典中特定知识信息收录、组织、平衡的机制和结果,涉及语言信息和百科信息在词典宏观和微观结构中的分布位置,包括词族、义场、成语、用法说明、语义辨析和百科知识的分布点、密度和平衡等问题。这一点在中高级对外汉语词典中显得尤为重要,因为稍大一点的词典收词比较多,涉及的词汇领域、语言知识和百科知识也多,如果分布不均衡就会发生畸轻畸重,影响查得率。在选词立目方面，由于语言的百科性越来越明显，有相当大一部分专业词汇，甚至是专业术语都进入了普通语言，编者需要综合考虑词汇的来源，不能局限于任何一个方面，既要以《等级大纲》和 HSK 词表为依据，也要参考学习者当前使用的教材、参考资料、相关读物，还要考虑动态平衡语料库和汉语中介语料库的词汇使用情况，必要时还需进行词频的统计和分析，以科学的数据加上对外汉语教学的教师和词典编纂者的语言经验，来确定进入普通语言中的各学科或专业词汇、百科词汇等，以做到专业词汇或百科词汇的综合平衡。在设置附加释义专栏——语义辨析、用法说明或成语等方面，要按词汇等级或常用程度来把握，设置的密度由高向低逐渐减少，低频词设置专栏解释的数量或比率不能高于高频词。

5）索引结构　索引结构（access structure）是词典等工具书中为引导用户查检特定信息内容而设计的检索系统，包括宏观结构编排和索引表两个部分，索引又包括外索引（external access）和内索引（internal access）两个体系。外索引指宏观结构的索引体系，主要特点在于方便宏观信息的检索，让用户能尽快地找到所查词条。对外汉语学习词典一般可采用音序排检＋形序排检（含部首/笔画排检）的排检方法，两种方法相得益彰。音序查检方便快捷，形序查检比较烦琐，但可以在用户不知道被查词的发音时使用，以弥补音序的不足；按主题分类的概念词典和联想词典可以采用义序排检法，通过外部材料中的索引表进行查检。当然，双语对外汉语词典还可以采用双索引和多索引系统。内索引指微观结构中的索引体系，主要特点在于方便微观信息的检索，让用户尽快找到所需的具体信息，最好是让人一目了然。传统内向型词典一般不太关注内索引问题，因为其微观结构中的信息项比较简单，不太需编排技巧。而真正的学习型词典的微观结构都比较复杂，信息项也比较多，如果编排无序将很难查找到所需信息项。最常见的排检手法有：义项序号、引导词、标志符号、字体变化、兼类词分立词目、专栏信息等，用不同的色彩或着色轻重来凸显不同的信息类别也是一种有利于索引的常用编排技巧。

6）中观结构　自然语言是一个复杂的网络结构，词与词、概念与概念之间有着各种各样的联系。然而，词典的音序和形序排列人为地打乱了词汇的自然秩序和系统关系，这对于一般查考型词典并没有什么大的问题，可对于学习型词典就会直接影响使用效果，因为学习词典（learner's dictionary）通常是为二语学习设计和编纂的积极型工具书，词典的各种信息组织必须符合二语学习者的语言认知规律——语言中的各种关联成分要组织有序、方便调取。从这一观点出发，编者就需要把学习词典中越来越复杂的结构成分和微观结构中的各种信息项有序地组织起来，重构语言的自然关系网络，这就是中观结构的主要任务和功能。中观结构以语义心理表征为基础，通过特定的参见符号、标引和说明，把人们在认知过程中调取语言、组织语言的无形网络关系用有形的元语言描述出来。具体地讲，就是把词典中有概念、形态、语法或语用联系的词条都联系起来，构成一个关联的词汇—语义网络体系，以利用户获得更多的相关知识，提高词典的使用效率（参见11.5）。

上述六种结构成分都是学习词典的构成要素，但只有中观结构是用来连接词典不同结构成分之间的语言系统关系的，正是由于中观结构的作用才能在对外汉语词典中构建系统的多维结构体系。形象地讲，中观结构好似词典整体框架元素之间的纽带和黏合剂，能使词典"纷杂"的信息之间保持清晰的关联网络，大大提高词典的使用效果；如果没有这种纽带，词典的各类信息就会缺少关联，整体框架就不那么牢靠，词典的使用效果就会大打折扣。因此，对外汉语词典的设计者应该高度关注词典中观结构的作用。

10.4　对外汉语词典的释义原则

对外汉语词典是语言词典的一种类型，普通语言词典的一些基本释义原则也适用于它。不过，对外汉语词典是面向把汉语当作二语学习的外国人，因此其释义原则也有一些特殊性——凸显外向的特点。为了更好地满足外国学习者的需求，对外汉语词典释义必须要遵循以下几个原则。

10.4.1　释义的多维原则

语义不像音素、音位和句法那样有具体、固定的表现形式，它的形成、表述和理解与人们的身体感官和心智活动有着密切的联系。要想让缺乏汉语语感的"外国人"了解汉语那陌生且变化多端的语义，我们需要从语言的认知规律和人类共同的或/和民族特有的语言经验来描写语言的语义属性。

1）意义的纽带性和驱动性　语言是人类理性思维和认知的产物，要有效地解释词义，就必须了解这一认知系统的结构和构造成分，通过科学地处理概念范畴和范畴结构来实现准确释义。语言认知有两个阶段或两种方式，一是在自然语境中无意识地获得，二是在"人造"环境中有意识地学习。无论是哪一种形式，语言认知都体现为以下三种关系：语言符号与其所指（客观世界）之间的关系、语言形式与内容的关系和语言符号内部的系统关系，而语言使用的认知过程还涉及语言与语境（包括使用者和使用者的社会、文化背景知识）之间的关系等。语义具有纽带的作用，人们在认知过程中正是用意义把这些关系双方的各种要素联系起来。从认知语义学的观点出发，关系双方并不是直接发生联系的，人的认知感官和心智活动在它们之间的关联中发挥着重要的作用。可以说，语言认知活动是人们心身的社会体验，这些体验的图式化和概念化就是意义形成的过程。在语言交际中，话语体现为交际事件，语词的意义就反映在交际框架中，词与词、词与使用人和使用语境的关系都是由意义联系起来的，交际的目的就是为了传达意义。语言的认知和交际都是由意义驱动的。

因此，我们要在释义中用意义的驱动和纽带作用把语言的各种关系表述出来。只有这样，外国学习者才能在缺乏语感的情况下准确理解和把握被释义词的意义及其在语言中的分布位置和关系。

2）语义的层次性和多维性　词典是对语言的抽象描写，自然要涉及语言的各种属性，而语言的属性又集中反映在语言的构造单位上。语言属性是人类长期以来各种认知经验的浓缩，是人类复杂认知域的集合，因此反映语言内容的意义就自然有层次性和多维性。也就是说，语词的意义不只是概念特征，概念只是意义的一部分。意义是一个复杂的集合体，语义的形成与人的身体感观、经验、事物、观念、图式、心理空间和抽象思维都有着密切的关系，而语义的表述与理解又与语法、语境、分布结构和使用规则不可分离；意义表征是一种多维认知语义结构，它从多个语言层面反映出语义信息。要认识和解释这个结构，就必须用认知语言学的方法，多角度、多层面地观察人们的言语活动，以了解人的语言认知、习得机制和语言交际机制。

3）多维释义的特征和结构　多维释义是意义驱动理论在词典释义中的应用，体现了语义表征的多维结构特征。意义驱动理论的总体思路是：意义表征是语言认知的各种形象化图式的集合。语法形式是语义的象征结构，表现为语言图式；语义内容是认知的知识结构，表现为概念图式。语法形式各表征层面的图式，包括语音、形态和句法等都是意义的表征手段，语用规则和各种选择限制规则是概念化过程中语义投射为正确句法结构和句法功能的保证条件。对心智认知机理的认识、对语言图式和概念图式形成的动因及其相互关系的认识是意义理解和表述的最基本信息来源，对意义的把握是理解话语信息、实现社会交际的关键所在。具体地讲，给一个词释义就是要描写这个词在语言系统中固有的静态属性或在使用过程中的动态属性，这两种属性构成被释义词的语义潜势（meaning potential）；语词的特定语义潜势可以投射为自然语言的交际模式，而这个交际模式可以用来描述一个事件。要解释一个词，就需要弄清这个词在语言行为事件中与其他行为参与者之间的关系。这就是语义框架在语言交际中的反映，被释义词在这个框架中的位置及其与框架成分之间的关系具体反映为语词的形态结构（特别是屈折语言）、分布结构、概念结构和语用规则等语言属性。可以说，语词的意义是一个复杂的语言特征集合，除传统的概念意义外，还有形态意义、语法意义、功用意义以及社会文化意义、情感意义和联想意义等。释义是在多维心理表征框架下的语义投射，是对多维意义表征结构的概念化描述。这样，词典释义才能顺应人的语言认知规律，才能最有效地触发心理词库的语义网络节点，最大限度地发挥学习者的语言认知潜能，大大提高其语言学习的效能。

10.4.2　释义的简化原则

学习词典释义的最高境界是尽可能用简练的语言、简洁的内容、简单的词汇来表述尽可能详尽和准确的语词意义。为达此目的，需要从以下三个方面入手。

1）简练　简练指的是释义的措辞要简要、精练，它含有两层意思：一是指语义、语法成分或语用限制规则的表述，一定要言必有中，不要用不同的表达方式重复同一语义特征，造成语义成分的冗赘和杂乱；二是遵循语言认知的经济性原则，每一意义特征的表述都要字斟句酌，言简意赅。要避免类似“季刊：按季度每三个月出一期的刊物，一年出四期”的释义。其中，有两个语义特征重复，即“按季度”与“每三个月”和“一年出四期”，因为前两项是同一个意思，后一项是冗余信息。这样的释义显得十分啰唆，既浪费篇幅，又浪费用户时间。

2）简洁　简洁指的是释义呈现出的语义特征要简明扼要，以能把被释义词与同一范畴的其他成员区别开来为限，避免多余的语义成分。学习词典的释义应把重点放在解释语词的语言属性上，它是一种“不完全”释义，反映的是语词主要的特有属性，而不是全部或本质属性；它描述的是普通的、约定的语义特征，而不是专业的或科学的概念属性；它凸显的是学生在语言认知过程中具有高显示度的认知域，而不是描述系统的、完整的和全部的认知域——既不能像科学实验那样追求深挖词目词所指物在各个认知领域的本质属性，也不能像百科释义那样细致而又全面，更不能像科学术语定义那样深刻而又精确。对语法信息、搭配信息和语义辨析信息等不能像语法书那样面面俱到，不能像写论文那样层层深挖。

3）简单　简单指的是词典释义用词必须比被释义词更易于理解，“任何词典释义都不能包含比被释义词更难理解的词，尤其是不能有古旧词、方言词、粗俗词和罕用词等”（Zgusta 1971：257）。简单性是人类语言认知规律和认知习惯所决定的，因为人们的认知机制中存在着一个基本等级范畴，在这一范畴层面上，人们可以对客观事物做最有效、最成功的范畴化处理。这个基本层面包含的是人类认识客观世界最普通、最简单、最基本的认知范畴，在语言上反映为指称某一范畴典型成员的一些基本的、无标记的词汇，如人与女人、狗与母狗、桌与办公桌、椅与太师椅、家具与柜子等关系对，前者为基本认知层面的或无标记的词汇，而后者则不属于基本范畴层面或是有标记词汇。儿童最先习得的就是基本范畴层面的词汇。根据这一理论，对外汉语词典要选择属于基本认知范畴的语词作为释义用词，即用一定数量的基本词汇，为整本词典的词进行释义。词典编者可以参照《等级大纲》《中国语言生活调查报告——2006 下编》中汉语作为第二语言教材中的《前1500 条高频词》和《中国语言生活调查报告——2007 下编》中《语文新课标教材 3000 基本词语表》，并根据词典用户群的汉语水平等级，把释义词汇控制在 2000—3000 词。

10.4.3 释义的分解原则

语义是多种认知域的集合体，它可以根据不同的认知视角分解成不同类型的、更小的语义单位。一个人在语言认知过程中如果真正掌握了一个语词的意义并能用它准确地表达自己的思想和意图，就意味着他已经下意识地把这个词的语义分解为义素，然后又以话语为载体把义素组合成词义，并与其他义段相结合组成服务于表达自己交际意图的义群，从而实现有效交际。换句话说，只有弄清了语词意义的组成元素，才有可能真正掌握这个词的意义。在上世纪 60 年代，分解语义学的倡导者（Katz，Fodor 1963）就发现，词汇单位或大于词汇单位的固定短语都可看作能分解成更小原子概念的概念。被分解的概念可用语义标记和辨义成分来表示：a）语义标记用圆括号“（）”表示；b）辨义成分用方括号“［ ］”表示；c）选择限制成分用尖括号“< >”表示。Chomsky（1965）在他的标准理论（ST）中采用了这一理论。他认为，语义的解释性功能就是在句法模式的框架下，利用选择限制规则对语义进行形式化描写和微观分析，检验搭配结构，解决语言歧义等问题。其描述方法是原子语义法或语义分解法，语义学家的任务就是设计出一套元语言来描述自然语言中语词的原子意义，并解释词与词之间的各种关系。

后来，很多语义理论认为，意义是可以分解的，语词的意义是由一定数目的更小的语义特征——义素构成，对特定语词意义的理解要涉及其他语词的意义或意义的系统关系。一些西方语言学家（Katz, Postal 1964；Katz 1972；Nida 1975；Jackendoff 1976，1983，1990）对语义分解或概念成分分析做了大量研究，Leech（1981）还把语义分为七种类型。这些研究对全面、准确地解释或理解词汇语义都具有重要意义。认知语言学家（Lakoff & Johnson 1999；Langacker 1987，1991）虽然反对用成分分析法来解释语义，也不认为语义有不可再分的初始元素（primitive），主张从语言功能的角度、用原型和心理空间的方法动态地研究和解释语义，但他们的范畴观、概念观和百科观等都是在静态语义基础上进行说明的，他们的认知域也是基于静态语义元素构建的。的确，语义分解理论过于强调语言的自足性，只注意到语词静态的语义特征，忽视了人这个认知主体的先备知识和主观能动性对语义形成的中介作用。认知语义学认为，语词的意义或语义原型具有社会规约性和百科性。也就是说，纯科学性的和纯语言性的意义是不多的，语义与文化习俗和百科知识密切关联。

综上所述，释义的分解原则应注重以下两点：一是对语词意义的解释需要分解语义成分，因为要想让用户真正掌握一个词的意义，必须要了解它的语义成分；二是语义成分的分解不能一味追求静态的、本质的特征，还要考虑语义的社会约定性特征和百科性特征。

10.4.4　释义的整体原则

整体（holism）原则是想说明，词不是孤立存在的，而是处在一个系统关系中，语词的意义也以语义域的形式存在于一定的认知结构中，这种认知结构体现在语言交际中特定的言语行为或事件中。框架语义学认为，要理解语言系统中一个语词的意义，就必须知道作为它使用基础的语义框架或概念框架（Fillmore 1982）。从认知语义学的角度出发，词义的理解必须以人的经验、信仰和行为等背景所构成的概念系统为参照，它是理解语词意义的前提条件。认知主体对每一个熟悉的概念范畴都拥有一个庞大的信息库，仅仅列出数个或几个孤立的语义特征显然是不够的。也就是说，只有理解语词所处的概念背景框架才可以说理解了词义（Fillmore, Atkins 1992:76—77）。

从词典学的角度讲，释义所涉及的各种相互联系的成分要组成有机的整体，并要做到整部词典协调一致，构成一个完备的语言和知识系统。具体地讲，就是在释义中明确每一个被释义词的概念范畴，指出其范畴地位以及它与其他范畴成员之间的关系；用框架语义学的原理，在解释语词意义时要把这个词的共现框架成分都呈现出来。

比如，在"questioning/询问"框架中就有"ask/问. *v*，grill/盘问. *v*，inquire/询问. *v*，inquiry/询问. *n*，interrogate/质问. *v*，interrogation/质问. *n*，query/疑问. *n*，query/对……提出疑问. *v*，question/提问. *v*，question/提出的问题. *n*，quiz/查问. *v*"等同义概念范畴的子框架，它们共同的框架结构就包括"说话者(speaker)、听话者(addressee)、信息(message)、主题(topic)"。此外，还有一些影响语义成分属性的外围框架成分，包括"媒介、外部原因、主题、方式、时间"等，这些内容与前面的三个核心成分构成了一个完整的交际事件的框架。对其中每一个词释义，都要在这个框架中进行，但外围框架成分只是选择性地进入释义，或通过其他注释和例证表现出来。根据这个框架，"inquire/询问"应该释为：说话人向听话人就某一主题发出一个信息，并希望从听话者那里得到一个反馈信息(某人甲向某人乙就某事提出一个问题，以期得到他的意见)。词典释义就是要通过这个语义框架和框架元素之间的关系来凸显被释义词的语义特征(详见11.1.3)。

10.4.5 释义的闭环原则

闭环(closedness)指在词条右项释义中使用的词，一定要出现在词典左项的宏观结构中，从而在词典中构建一个封闭的释义网络系统。具体地讲，当用户在阅读释文或/和例证中遇到不认识或不太熟悉的词时，应能够在同一部词典中查找到它的释义，以消除用户解读词典信息中的理解障碍。正如Zgusta(1971:257)所说："词典释义只能由同一部词典解释过的词构成。"这种闭环系统对学习词典是十分重要的，它能极大地提升用户的查阅效果和查阅兴趣。构建闭环体系需要注意以下几个方面的问题。

1)闭环原则与简单性原则有着密切的联系，要实现释义的闭环性，首先必须遵循简单性原则，严格控制使用释义词汇。这样，即使释义词汇超出了控制词汇，也能被词典宏观结构的词表所覆盖。这一点是十分重要的，特别是外向型的汉语学习词典，它们收词虽不多，但被释义词所涉语言认知域却相当宽，稍不注意就会超出宏观结构的收词范围，从而极大地增加了用户的查阅难度，更糟糕的是会使用户慢慢丧失使用这种词典的兴趣。

2)闭环原则与分布结构有一定的联系，如果宏观结构的收词分布平衡，能覆盖全部高频词、基础范畴词和常用词，就可以满足释义闭环性的需要。因此，对外汉语词典的选词、立目要建立在充分调查研究的基础上，不可简单地或机械地参照什么词表或照搬别的什么词典的词目。最好是用统计学的方法大规模地进行抽样分析，系统、全面地调查相关语言资料，结合对外汉语教学的经验科学地确定词目词。

3）释义中闭环的实现可以借助专用的词典编纂软件，以免除大量的人工机械劳动。具体的做法是建两个基础数据库，一是释义控制词汇表，二是当前词典的词目词表，把词表与释义的界面或窗口联系起来。这样，当编者在释义窗口输入了不在控制表或词目表中的词汇时，界面就会弹出提示信息，让编者再选择其他的词来替换。为了保险起见，在统稿后或主编校改时再用一个专用小程序来核验一些释义用词，以验证是否真正实现了闭环体系。

10.4.6　释义的双语原则

这个原则是根据4.4.2关于“留学生对词典释义方式的要求”的调查结果提出来的，是一个选择性原则，因为没有必要把所有的对外汉语词典都编成双语或双解型的。但从调查的实际来看，初、中、高三个等级的留学生对“汉语释义＋汉语释义的英语译文”的释义形式认可度最高，其中初级学生占此选项的绝大部分；而中高级学生就倾向于“只提供汉语释义”的释义形式。这说明，在学生的汉语水平还不足以支持他们查阅汉语单语词典时，汉英双语或双解词典对他们是比较适宜的。而且，用他们的母语对汉语的一些语法特征、搭配结构和概念意义进行注释，有利于他们进行语义联想和语言认知。特别是在同族词释义时，要注意其整体性和系统性，譬如，英语“choose”是一个常用词，在这个词族中还有“chooser, choice^1, choice^2, choosable”等，它们的释义都要涉及同一个范畴词“选”：“choose”是“选择”（动词），“chooser”是“做选择的人”，“choice^1”是“选择”（名词），“choice^2”是“选中的人或物”，“choosable”是“可选择的”。一个“选”把它们连成一个整体。对外汉语词典可以顺应英美用户的这些语言认知特点，来进行汉语同族词的聚类释义，并在释义时加注英语译文或英语对等词，以起到画龙点睛的效果。

除上述释义原则外，普通语言词典的释义还有客观性原则、范畴化原则、针对性原则和替换性原则。这些都可以作为对外汉语词典释义的参考原则。这些内容在《当代词典学》（章宜华，雍和明 2007:228—236）中已有详细说明，这里不再赘述。

10.5　小结

第二语言习得是人类的一种特殊的认知活动，在这项活动中有三个重要因素:第二语言系统、认知主体和认知环境(包括社会文化环境)。第二语言是认知的客体或习得的对象,认知主体通过一系列的心理活动对第二语言进行认知,认知环境是认知得以实现的外部条件。从词典学的角度讲,二语系统的语义特征反映为语言符号与所指、符号与符号,以及符号与使用人及语境之间的组合关系;具体地讲就是语言交际中的话语模式。从语言认知角度讲,认知主体的认知心理活动反映为语言符号和话语模式与客观事物之间的关系,或是表征形式与表征内容之间的关系,它是学习者调节认知心理表征在母语和目的语之间映射过程的语言加工行为,即学习者通过对母语与目的语的心理调节使自己的中介语尽量接近目的语;认知环境反映为语用规则,以及语域、语体和使用范围等,是二语学习者能得体地使用语言的限制条件。多维释义的主旨就是要体现二语习得的语言认知过程,使释义所解释的语言属性能符合二语学习者的语言认知规律。

总之,对外汉语词典的释义必须从用户的语言认知规律出发,词典编者要明白二语学习者缺乏必要的语感,外语语词之间的概念、形态和语义等自然关系无法在其学习的过程中产生有效的触发和联想,这直接影响到他们的输入(input)向摄入(intake)的转化。因此,有必要在学习词典中建立自然语言的词汇和语义网络,它既连接词典的微观结构成分,也连接词典的宏观结构和外部结构成分,能方便学习者系统地学习,有效触发其认知联想和思维。多维释义就是应用认知语言学的理论,充分发挥语言各种表征形式的作用,围绕意义这个核心在词典中构建自然语言的词汇—意义网络,以营造适合二语习得需要的语言环境。

第十一章　对外汉语词典多维释义模式的构建

语言是一个组织有序、相互关联的符号和规则系统，被释义词是语言系统中的一个片段，它与这个系统中的其他构成成分有着千丝万缕的联系。从认知语言学的角度讲，语言的形式和意义是不可分离的，语法规则能够解释词与词之间的聚合关系，构式能够组织许许多多各种常用的、规约化的"形式—意义"关系对，而认知语法则用形式和意义的映射来解释句子的形式和意义之间这种内在的、复杂的规律性。它们表述的核心内容是，语言没有形态、概念、句法和语用之分，它们都是为表征意义服务的。

语言形式和内容之间的关系是人们长期认知经验的结果，是特定语言社团成员之间语言交际的社会约定，而人们的经验或语言认知域是多方面的，这就需要从不同的角度、用不同的认知模式对它们之间的关系进行描述——认知的多样性决定了意义形成和表述的多维性。语义表征的多维性告诉我们，词典释义绝不是单纯描述语词某一方面的属性可以解决的，因为语言内容与形式之间的对应关系蕴涵着丰富的意义信息，而意义的实现需要基于语言或非语言背景的认知框架的投射和凸显，需要新的输入信息与先备知识之间的映射或匹配——意义的关联性意味着必须把它放在整体概念框架中来描写。下面将以语义模块的形式对外向型汉语学习词典的多维释义结构进行说明。

11.1　句法语义模块

认知语言学并不把语言的表象区分为音位、形态、词汇、语义、句法和语用等相对独立的层面，而是把语言看成是一个系统的整体，寻求对语言现象进行综合的、统一的解释。意义驱动的多维释义就是把句法和语义看作一个形式与内容的集合体，句法是语义的一种表征形式。

11.1.1 句法语义的研究

早在上世纪80年代,研究句法与语义关系的学者Wierzbicka(1988)就提出了"constructional meaning/构式意义"的概念,Goldberg(1995)在讨论构式语法与论元结构时也提出了这样的概念。他们认为,某些句子结构(句式或构式)有自己的意义。认知语法认为,语言是由语音(形式)和语义构成的象征结构(symbolic structure),词汇、形态和句法构成一种完全可以用象征结构描写的统一体,每一统一体都包含语义和语音结构以及把两者连接起来的象征关系(Langacker 1987:76)。也就是说,语法和语义是不可分离的,语法的所有元素都是有意义的,即语言的各种形式都是为表征语义服务的。从词典学角度讲,语词有一般意义(普通意义)、句式意义和语境意义。一般意义反映的是语词的基本指称内容,句式意义是一组词按特定句子结构组合的意义,是语词一般意义得以实现的基础,语境意义是句式使用于特定境遇中获得的意义。具体地讲,句式意义反映的是语词在句子结构中的一般意义,相对于语境意义是抽象的;语境义存在于特定的使用中,是具体的。因此,句法结构是词典释义的重要组成部分,而语境的注释和用法说明则构成了语词的语义潜势(meaning potential),而例证则是实现语境意义的重要因素。换句话说,被释义词的语法意义要通过句法模式、语法注释和例证来实现。

句法模式指语词组合成句子的抽象结构形式。在词典释义中,句法模式的注释主要涉及动词、名词和形容词等,这里我们仅就动词句法模式的表述方法加以说明。描写句法模式的理论方法比较多,如转换生成语法、格语法、配价语法等,描写的方式有论元结构、格结构、配价结构等,这些结构中又包含一定数目的题元角色、格或价等。题元角色包括施事(agent)、对象(theme)、受事(patient)、体验者(experiencer)、受益者(beneficiary)、处所(location)、目标(goal)、来源(source)、方式(manner)和工具(instrument)等;格包括施事格(agentive case)、宾格(objective case)、使役格(factitive case)、受益格(benefective case)、与格(dative case)、工具格(instrumental case)和方位格(locative case)等;配价则是特定动词所能支配的语义角色或子范畴变元(argument)的数目,一般可以分为四类:a)零价动词(avalent),不支配任何语义角色,如"打雷"、"下雨"等;b)一价动词(monovalent),支配一个语义角色,如"走路"、"跑步"等;c)二价动词(divalent),支配两个语义角色,如"看见"、"听到"等;d)三价动词(trivalent),支配三个语义角色,如"给予"、"提供"等。此外,有语言学家认为还有四价动词,如"buy/买"、"bet/打赌"等。这些理论方法都用特定的方式系统地描述了句法语义关系，是语词构成句子不可缺少的框架模型，语义角色和角色关系能直接反映动词的语义特征和语义结构。

11.1.2　句法语义的注释

对于对外汉语词典而言，要用科学的方法构建一套用户可以较容易理解的释义元语言，通俗地呈现出被释义动词的句型模式。汉语的句型结构比较复杂，其基本句式加上次范畴句式有几十种之多，但迄今为止还没有一套标准的或公认的句式分类和表述方法。这里，我们从词典编纂的角度出发，结合现代动词的主要句式探讨动词模式或句型结构的标注方法。

1）汉语程式注释法　纵观主流英语学习词典的句法模式标注，大多经历了从简略到烦琐，再从烦琐到简明，从复杂编码到通俗表达的演变过程。近年的英语学习词典往往会以牺牲篇幅来换取语法标注的详尽和通俗易懂，逐渐放弃了那种为节省篇幅而使用缩写和代字符的做法。从这个观点出发，我们可以用通俗的语言、程式化的表现手法，较详尽地进行句法模式的标注。例如：

11.1 **无主句**

a. **不及物无主句**→〔~~主语~~＋谓语＋（助词/补足语）〕：下雨了；雨下得很大。

b. **及物性无主句**→〔~~主语~~＋谓语〕：有这么一说；真是这么回事。

11.2 **不及物主谓句**→ 主语＋谓语＋（助词/补足语）：学好汉语的决心不动摇；小孩睡了；他睡了一整天。

11.3 **及物性主谓句**

a. **施事性单宾主谓句**→〔主语＋谓语＋（助词/补足语）＋宾语〕：他要操心学业上的事儿；她正幻想着当一名演员；他回忆不清具体细节了。

b. **把字句**→〔主语＋把＋宾语＋谓语（助词/补足语）〕：请您把窗户打开；我们要努力把汉语学好；我们要把全部的聪明才智贡献出来。

c. **被字句**→〔宾语＋被＋主语＋谓语（助词/补足语）〕：大家被他的故事逗乐了；车窗被打了个洞。

11.4 **双主题句**

a. **双主语谓语句**→〔受事主语＋施事主语＋谓语＋（助词/补足语）〕：那首歌我们都喜欢听；武打片有些人很爱看。

b. **关涉性主谓句**→〔（关于/对于）宾语＋主语＋谓语＋（助词/补足语）〕：（对于）看电影大家都很有兴趣；（关于）学生打工问题我了解得不多。

11.5 **双宾语句**→〔主语＋谓语（助词/补足语）＋间接宾语＋直接宾语〕：这位教授的讲座给了我们很大的启示；老师送给每个学生一本词典。

11.6 **双谓谓语句**

a. **连谓式**→〔主语＋谓语^1＋谓语^2（助词/补足语）〕：我打电话叫车；他推门进来了。

b. **兼语式→**〔主语＋谓语$^{1}_{役式}$＋兼语＋谓语^{2}(助词/补足语)＋(宾语)〕：老师让我在这$_{儿}$等你；我们请他做讲座。

c. **目的式→**〔主语＋谓语^{1}＋(目的标记语)＋谓语^{2}(助词/补足语)＋(宾语)〕：我想多存点钱好盖房子；你出门要带把伞，免得被雨淋得像落汤鸡；他经常煮凉茶喝。

2)英语程式注释法　在很长一段历史时期内，很多语言学家认为汉语没有语法也没有词类。现在尽管大家认为汉语有语法也有词类，且认为汉语语法不同于欧美语法；但现代的汉语语法研究大多打上了国际主流语言学的烙印，结构主义语言学、转换生成语法、系统功能语法、构式语法和认知语言学的理论都拿来用于汉语语法的研究，因此出现了汉语配价语法、汉语构式语法、汉语认知语法等研究，外语语法的描述方法和术语也同样用来描述汉语语法结构模式，在汉语句法的研究中经常出现一些源自外语的字母词。况且，对于外国学生，特别是欧美学生来说，国际通行的句法描写术语和方法会比汉语的表述更容易被他们认可，而且用户调查显示除中级外国学习者外，其他用户更乐意接受带有外语注释的汉语词典。从这一点出发，对外汉语词典的编纂也应顺应这个大的趋势，借鉴国际语言学研究和英语学习词典通用的句法模式描述方法，结合汉语的实际拟定出一套易于为外国用户接受的、用字母词表述的汉语句式。例如：

11.7 **无主句**

a. **不及物无主句→**[no suject][V＋(Aux/C)]：下了一夜雨。

b. **及物性无主句→**[no suject][V]：必须保证八小时睡眠。

11.8 **不及物主谓句→**[V＋(Aux/C)]：敌机在阵地上空盘旋了很久。

11.9 **及物性主谓句**

a. **施事性单宾主谓句→**[V＋(Aux/C)＋N]：请你考虑一下我的建议。

b. **把字句→**[把＋N＋V(Aux/C)]：请你把手机放好。

c. **被字句→**[N＋被＋N＋V(Aux/C)]：他衣服被墨水弄脏了一大块。

11.10 **双主题句**

a. **双主语谓语句→**[N^{1}Obj＋N^{2}Sub＋V(Aux/C)]：那件事再也不想提了。

b. **关涉性主谓句→**[(关于/对于)N^{1}Obj＋N^{2}Sub＋V(Aux/C)]：(对于)这件事我不想多谈。

11.11 **双宾语句→**[V＋(Aux/C)＋N^{1}IObj＋N^{2}DObj]：他寄给我一本书。

11.12 **双谓谓语句**

a. **连谓式→**[V^{1}＋V^{2}(Aux/C)]：妈妈每天为我洗衣做饭。

b. **兼语式→**[V^{1}_{cause}＋N^{1} Obj-Sub＋V^{2}(Aux/C)＋(N^{3})]：老师叫我们多做练习。

d. **目的式→**[V^{1}＋Purpose-Marker＋V^{2}(Aux/C)＋(N)]：我得加把劲免得掉队。

3）混合程式注释法 上述两种句法模式的描述方法只是抛砖引玉，编者可以按照每类动词的具体情况尽量用一定的程式来概括被释义的句型结构。我们也可以按题元角色或格的描述方法，采用字母词与中文混合标注。例如：

11.13 不及物主谓句→[$N_{施事}$ + V + $C_{补足语}$]

11.14 及物性主谓句→[$N^1_{施事}$ + V + ($C_{补足语}$) + $N^2_{受事}$]

11.15 双谓谓语句→[N^1 + $V^1_{役式}$ + $N^2_{兼语}$ + V^2 ($C_{补足语}$)]

11.16 双宾语句→[$N^1_{施事}$ + V + $N^2_{与事}$ + $N^3_{受事}$]

当然，这些语言学理论只是为我们提供了一种分析语词句法结构的方法，式中的一些语言学术语不一定适合学生的需要，最好改成“主语、宾语、间宾”等比较通俗的说法；但如果老师在对外汉语教学中经常讲到上述术语，这种标注方法也是可以接受的。到底如何标注更能符合学习者的需求，这是一个需要不断提出、不断解答、不断改进的问题。

11.1.3 最大和最小结构系

在描述句法结构时还需要考虑另外一个问题，即最大或最小句法结构系。句法模块描述的主要是动词、名词和形容词等的可能分布结构，由于常用词的使用范围广，使用语境多，而词条的义项是有限的，这就要求一个义项的句法结构应尽量多地覆盖或概括一些语言现象。在词典编纂实践中，为了用户的使用方便，词典编者可以利用语料库大量调取真实例证，通过对这些例证的分类处理按配价语法理论抽象出词项（特别是动词）的最大结构系和最小结构系。

最大结构系能反映出以动词为中心的言语行为中所有可能的行为参与者（行动元）①与动词的关系和整体分布特征，是一种最大化的论元结构。它的结构体系比较松散，有些行动元是选择性的，用户可根据实际情况取舍，但它的存在有利于全面、准确地理解被释义词的语义和用法。

最小结构系是从最大结构系中分离出来的最小论元结构，由动词原型事件赖以成立的最少行动元构成，其结构体系紧密，任何结构成分的丢失都会造成句子的语义不完整或错误。词典提供最小结构系能给用户最基本的用法提示，既有利于他们准确、快捷地理解动词的主要意义，又符合认知经济性的原则。当然，为了兼顾语义认知的整体性，有利于用户在把握整体结构图式的基础上实现部分认知，词典可以在同一结构系上描述最大和最小结构系。比如，我们可以通过句法分析，抽象出“我昨天在街上悄悄地用

① Tesnière 把动词的行为参与者叫作 actants，Nida 称之为 participants。

300 元在一家车铺为我的朋友租了一辆车。”和“我租一辆车。”这两句话的最大结构系和最小结构系：

11.17 租〈动〉$[\underset{\cdot}{\mathrm{N}}^{1}{}_{\text{主}} + Adv + N^{2}_{\text{方式}} + N^{3}_{\text{来源}} + N^{4}_{\text{受益人}} + \underset{\cdot}{\mathrm{V}} \cdot C_{\text{补足语}} + \underset{\cdot}{\mathrm{N}}^{4}{}_{\text{直宾}}]$

式中，加着重号的部分为最小结构系，斜体是最大结构系中的选择变量。此外，“时间”和“地点”也是“租”这个交易框架中的潜在成分，但由于它们游离于框架的边缘，且在话语中的分布位置十分灵活，一般不纳入最大结构系中。

11.2 搭配语义模块

语词的意义可以通过搭配关系来表达，即搭配可以生成有别于语词本义的新义。比如，“重”主要有“重量大”和“重要”的意思，但在下列搭配中这些主要意义都弱化甚至消失了：重金、重奖、重罚、重犯、重工业、重金属、重机枪、重武器、重身子等，外国学生很难根据其字面意义来理解这些搭配词。从第七章的汉语中介语的调查分析可以清楚地看到，搭配是留学生最常犯的三大错误之一，而其他两项错误（语义和语法）也或多或少与搭配有些关联。因此，搭配错误是中介语发展中的一个不可忽视的现象，也是二语教学中的主要内容。正如 Halliday（1978：82）指出，语言学习中发生的错误最好能从搭配的角度加以解释，教师可以通过介绍词项及其分布语境来教授语词搭配。对外汉语词典的释义不仅要全面、准确地揭示语词的意义成分，而且还要提示其潜在使用语境和习惯搭配关系，让用户能通过搭配注释和相关语境来学习搭配知识。

11.2.1 搭配的功能和性质特点

搭配和句法的功能似乎都是表现语词的分布结构或是描述语词的共现特征，但实际上有很大的不同。句法指语言单位在句子中的语法关系，反映为单词如何组织成短语和句子的方法及支配句子结构的规则；而搭配指语言单位在句子中的词汇聚合关系，反映为词与词经常性共现的一些限制规则。句法是语言层面的问题，一种语言中的句法规则和句型结构是有限的，在一定的句法结构中，语词的形态、功能和意义是明显的、可预见的。如英语的“that”后边是单数名词，这个名词的所指距说话者相对较远（that table），而“these”后边则跟复数名词，这个名词的所指距说话者相对较近（these tables）。搭配是词汇层面的问题，一种语言中的搭配规则和搭配结构几乎是无限的,一个语词可以与什么样的词搭配、如何搭配是没有普遍规律的。在一定的搭配结构中语词的功能和意义在很多情况下是不明显的、不可预见的。许多词的搭配是限制性的,即只能与某些词共现,而不能与另一些词共现或共现方法不同。譬如,我们可以说"表演节目",却不能说"表演体育",但可以说"体育表演"。句法和搭配的关系既有区别又有联系,在某种程度上是互补的。譬如,语法规定某个动词必须后接一个补语和宾语,搭配就可以选择什么样的词可以做这个动词的补语和宾语。因此,语法的主要功能是规定语词的语法功能结构,而搭配的主要功能是语词的词汇选择限制。

搭配结构指语词在一定语法规则制约下的共现结构,搭配关系主要指主谓、动宾、动补和修饰语与被修饰语等之间的限制性的聚合关系,在某种意义上就是对句法模式中的一些变量的词类、语义特征和属性进行说明,以方便词典用户正确、准确、得体地使用被释义词。这种关系主要表现为动词的特定主语、宾语或其他补足成分,形容词和副词的特定修饰对象和分布位置,品质修饰词的搭配规则等,实际上是语词如何组合使用的一些选择限制规则,表明被释义词只有在这种共现条件下才具有这种意义,否则会发生语义变异或错误。

搭配分语法搭配和词汇搭配,前者指语词(尤其是动词)语法层面的共现关系,有比较具体和固定的结构;后者是词汇和语义层面的共现关系,灵活多变、没有固定的结构形式。从理论上讲,一个词的词义可通过不同的搭配对象和搭配结构无限制地改变,每一种搭配都突出了该词的某一语义特征,同时也淡化或隐去了其他的语义特征。由此可见,词汇的搭配关系对词义的影响是很大的。在一种语言中,每个词都有自己的若干搭配规则。语法搭配通常可用一个简单的结构式来表达,而词汇搭配就比较复杂了,难以用简单的方法来阐述清楚。因此,传统词典一般回避搭配问题,而现代学习词典则应该在释义中以适当的方式反映这些规则。

11.2.2　搭配的语义限制

搭配的语义限制,指词汇组合时的语义制约因素,说明被释义词语义配价和潜在搭配语词的一般语义属性。根据语词的语义结构和语义限制规则,可以把搭配分为固有搭配、特别搭配、期望搭配和可能搭配等。比如,"evaporate/蒸发"和"pour/倾倒、灌"的固有受事(patient 或 theme)都应该是"liquid/液体"或"流体"等物质(修辞用法除外),因此它们都要求流体成分出现在其语法宾语的位置。再如,"take"的多义性也产生于一些特定的搭配关系:它的基本义是"拿、取"等,但当它与"bus, train, boat"等一些交通工具搭配时就获得“乘坐”的意义，与食品和饮料搭配时就有了“吃、喝”之义（如果说这人有特异功能，能吃玻璃，这里的“吃”用“take”就不行了）。这种固有成分和特别成分应在释义的搭配结构中明确标示出来。

11.18 **蒸发**[$N_{主}$ · $V_{不及物}$] **某种液体蒸发**，就是该物体缓慢地转化成气体并消失

11.19 **腐朽**[$N_{主}$ · $V_{不及物}$] **木材等物质腐朽**，就是它经长期的风吹雨淋而烂掉，不能再用了

11.20 **倾销**[$N_{主}$ · $V_{及物}$ · $N_{直宾}$]**某人或某公司倾销商品**，就是他们以很低的价格大量抛售到国际市场，以打击竞争对手，争取更大的市场份额

11.21 **俘虏**[$N_{主}$ · $V_{及物}$ · $N_{直宾}$]**某人俘虏了敌人**，就是打仗时把他捉住了

11.2.3 搭配的语法限制

语法限制是指语词在组合时的语法制约因素，反映限制搭配成分选择的语法规则。内向型语文词典不太注意这方面的内容，因为母语用户一般不会出现这方面的错误。但对于把语法规则作为汉语学习途径的外国留学生来说，这些内容就显得尤为重要，因此对外汉语词典应该多提供这类无法推断其用法模式的受限搭配。在词典里搭配限制一般用代码或缩略词表示。

1）一般来讲，名词的功能特征和搭配方法是比较好掌握的，它们可以用数量短语修饰，在句子中经常充当动词的主语和宾语，以及充当介词的宾语构成介词短语等；但有些名词在搭配成分上有特殊的要求，构成特别的表达方式。例如：

11.22 **名誉**〈名〉「常与“上”搭配」表面上、形式上的东西：他名誉上是老板，却不管事；这地方名誉上是农村，但工业却占主导地位。

11.23 **一行**〈名〉「后接数量词＋人员」表示一起出行的人员：教育部代表团一行26人出席了会议；台湾大学生参观团一行80多人来我校考察。

11.24 **模样**〈名〉「只能接在年龄或时间的后边」可能、大概的数字：她扮成10多岁模样；我们坚持了一个小时模样。

2）动词是语言中最复杂的词类，动词在句中主要充当谓语，可以带宾语和/或补足语，可以后接动态助词，可以受副词修饰，但除了心理动词之外，绝大多数动词不能受程度副词修饰。此外，还有不少动词也对搭配成分有特殊的要求，词典应该有明确的注释。例如：

11.25 **穿**〈动〉「用在动词后」表示前面一个动作的结果为“破、透”：打/刺/戳/击/磨/看/穿了……；他的鞋底磨穿了；我看穿了他的心思。

11.26 **得**〈动〉「“不＋得”后接动词或动词词组」不可以；不准许：不得喧哗；不得随地吐痰。

11.27 **愿意**〈动〉「后接兼语句或动词/动词短语，不能接名词宾语」希望（某

人)做某事,或发生某种情况:我愿意他当班长;他不愿意打球。

3)形容词最典型的功能是做定语修饰名词或名词性短语,典型的形容词可以用"不"、"很"、"非常"等副词修饰,如"不自满"、"很马虎"、"非常认真"等。然而,汉语中有很多形容词具有非典型特征或非典型用法,如不能用"不"、"很"、"非常"等修饰,不能做定语而做状语等。另外在西方语言中,形容词的另一大特征是做表语,而汉语中则没有表语这个说法,形容词不做表语而做谓语,等等。这些语法上的搭配习惯或规则都是外国人难以把握的,对外汉语词典应有详细的交代。

11.28 雪白〈形〉「不能与"不、很、非常"搭配使用,常放在名词前」形容像雪一样白:雪白的衬衣;雪白的纸张。

11.29 **起劲**〈形〉「不能放在名词前做定语,前加"得"放在动词后做补语,后加"地"放在动词前做状语」形容情绪高、干劲大:同学们正玩得起劲;观众起劲地鼓掌;不能说:起劲的同学们/观众。

11.30 安全〈形〉「后接"的"放在名词前做定语,直接与动词搭配使用做状语,与主语搭配做谓语」形容没有任何危险,不会受到任何伤害。

4)一般来讲,副词的功能比较明确,主要与动词和形容词搭配使用,对其进行限制或修饰,表示方式、程度、范围、时间等意义。有些副词性短语搭配比较灵活,可以出现在句子的各个地方;但有些副词对其搭配成分有很强的限制性,甚至少数几个副词还可以用在名词前面,如"这所中学教学质量高,光一个班就有五名学生考上清华北大","舞会上净年轻人"等。这些没有预见性的特殊搭配都应在词典中标示清楚。

11.31 绝〈副〉「用在否定词前」表示完全否定:绝 + 不/无/没等

11.32 多〈副〉「后常接单音节形容词用在疑问句中」表示对程度或数量的疑问:这栋房子有多高/宽/深? 这事你有多大把握?

11.33 就〈副〉「用在"是"或"在"前」表示肯定:就是他;就在那$_{儿}$;不放心,去看看就是了。

汉语的词类有十多种,其他词类的搭配都在语法层面上有一些特殊的要求,例如:大家〈代〉「常用在"我们、咱们、你们" 等之后」表示所有的人:你们大家都要加油! 我们大家一起来保护环境;个〈量〉「用在动词与宾语或补语之间」表示轻松或随便的语气:见个面、踢个球、洗个澡、吃个饭等。这里难以一一穷尽,词典编者应充分注意这些问题。

11.2.4　搭配的其他限制

语义和语法是语言的主要构成要素,是搭配的主要限制条件,对语词搭配的形成、理解和使用都有着重要意义,是外国学生习得词汇搭配的关键所在。但还有其他一些语言或语用现象对语词搭配的形成也有显著制约作用,下面就对这些现象加以简要说明。

1)搭配的成分限制　就是用适当的方法说明语法搭配的组织结构中构成成分的具体性质特征,说明被释义词的论元结构中具体的语义角色。英法词典经常会标注一些搭配成分,比如标注“[subj: food]”或“[obj: an animal]”等说明相关动词主语或宾语的具体特征(食物;动物)等。对外汉语词典也应在释义中标示出这种潜在的搭配成分。

11.34 纠正〈动〉[$N_{主}$ · $V_{及物}$ · $N_{直宾}$] 把(思想、行为和言语等方面的错误、缺陷)改为正确

11.35 改善〈动〉[$N_{主}$ · $V_{及物}$ · $N_{直宾}$]采用一些措施和努力使(原来的学习、工作和生活条件、环境、待遇)变得更好

2)搭配的功能限制　Mel' čuk 等人(1974,1981,1995,1999)的意义—文本理论十分重视语词的横聚合关系,即通过词汇搭配来凸显形容词、副词等的修饰性功能。这种功能限制既可以通过一定的语义关系把不同词汇单位组合在一起,构成一种特定的表义单位,又能反映搭配词对中心词的制约关系。比如,强化关系(Magn)、程度增减关系(Plus/Minus)、确认关系(Ver)、褒扬关系(Melior)、贬抑关系(Pejor)、肯定评价关系(Pos_1, Pos_2, Pos_n; $AntiPos_1$, $AntiPos_2$, $AntiPos_n$)、主配价语副词的语义派生关系(Adv_1, Adv_2, Adv_3, Adv_n)、工具格(Instr)、地点(Loc)、时间(Time)、原因(Moti)等。这些方法也可以引进到对外汉语词典中来。例如:

11.36 **掌声〈名〉某人 X 因某人 Y 做某事 Z 而给予 Y 掌声**,某 X 为了对某 Y 的行为 Z 表示赞许而击拍双掌所发出的声音,声音的强度和/或频率与赞许的程度成正比。强度和/或频率是可加强/减弱的:稀稀拉拉的/好几次的/热烈的/雷鸣般的/暴雨般的掌声

3)搭配的频率限制　频率限制的提出是随语料库在词典中的应用而产生的,意思是说两个语词之间的搭配关系是否成立取决于它们在语料中的共现频率。在语料库语言学中,语词搭配甚至被定义为两个词出现的次数比偶然的多。从这一观点出发,只要两个语词在语料库中的共现频率超过其偶然出现的频率,它们之间就有某种搭配关系。当然,频率越高其搭配关系越密切。因此,对于高频共现的两个词汇应该收进词典。在频率的制约下,搭配的收录和注释一般都要依据频率来定。比如,“守”在“遵守”的义项下可以与“纪/纪律、法/法律、规/规矩、条约/约、合同、信/信用、诺/诺言、秘密/密、时/时间”等搭配。这样,这些搭配成分可能有三种搭配形式。以“纪/纪律”为例,就有:遵守纪律、守纪律、守纪。下面就按统计频率的多少为序来安排这些搭配成分。

11.37 守〈动〉……守法、守规矩、守纪、守合同、守纪律、守约、守信用、守诺

11.38 遵守〈动〉……遵守法律、遵守纪律、遵守诺言、遵守时间

统计结果表明，“守法律、守条约、守诺言、守秘密、守密、守时间、守时”和“遵守规矩、遵守条约、遵守合同、遵守信用、遵守诺言、遵守秘密”频率比较低，没有显著的统计学意义，因此不予收录。当然，语料库统计有一定的局限性，有些高频词不一定能在语料中显示出来，编者应该结合其他资料和语言经验进行处理。

4）搭配的习惯限制　所谓习惯搭配，是指一个语言文化社团根据自己的文化特征和语言认知习惯，为表达某一概念而经常使用的一种语词组合方法。习惯搭配是从人的语言认知和交际用词的角度来看待语词共现的，不同于成语、习语或固定搭配，它们是从语词组合结果的角度进行分类的。譬如，我们说“吃药”，而英美人则说“take medicine”（不能说“eat medicine”）；我们说“温泉”，英美人说“hot spring”（不能说“warm spring”）。这都是不同文化所造成的搭配习惯不同。这些习惯的差异常会造成二语学习者母语负迁移的影响，对外汉语词典应该十分重视这种语言习惯对搭配的限制。

11.39 茶〈名〉……红茶、绿茶、花茶、清茶、浓茶（提示：不能按英语习惯把“black tea/红茶”说成“黑茶”，把“strong tea/浓茶”说成“强烈的茶”）

11.40 红〈形〉……红糖、红眼病、红包、红火、红人（提示：不能按英语习惯把“brown sugar/红糖”说成“棕糖”，把“green-eyed monster/红眼病”说成“绿眼怪”）

5）搭配的固定型限制　这里的固定型并不是指成语、俗语和谚语，因为语言词典一般都会收录这些内容，况且这些语言现象也不应属于搭配范畴。所谓固定型是指一个语言社团固有的习惯表达方式，是社会规约性反映在特定表达形式的语义联想的集合，是语言交际中一些习惯性固定搭配或短语，它们既没有演化成俗语和成语，也还没有达到词汇化程度而被收作词目词，但已经被人们视作一种固定的表达方式（stereotype）。例如：小时候、连门儿都没有、连边儿都挨不上、太阳从西边出来了、费九牛二虎之力、这山望着那山高、摸老虎屁股、卖狗皮膏药、偷食禁果、泥巴扶不上墙、喝洋墨水、修地球、交学费、打擦边球、放卫星、黄色书籍、学习知识、气（妻）管炎（严）、他俩不来电、不当电灯泡和雷声大、雨点小等。用语言学术语讲，这些习惯性固定或半固定的搭配也属于预制语块或语块（prefabricated language or chunks）的范畴，用这些语块进行交际，既经济又生动。从二语习得的角度讲，这些语块对于学生习得地道的外语，克服中介语发展过程中的母语负迁移、目的语过度泛化和僵化现象都有重要的意义。对外汉语学习词典应该尽量多提供这种固定型的搭配。即使有些固定的表达已经收入词典，也不妨在相关词条中以搭配的形式呈现出来，以增加用户对这些语词的

活用能力。

6)搭配的修辞限制　在语言交际中,说话者有时为了增加话语的感情色彩、语体色彩和联想色彩,会使用一些超常规的表现手法,即突破正常语言规则的限制来组织语词的搭配。这种以修辞手段构造的超常搭配能使话语表达更生动、更鲜明。例如,动词“喝”是把“把液体或流质食物放在嘴里咽下去”,其常规搭配对象应该是“水、茶、酒、粥和其他饮料等”;但当我们说“喝西北风”、“喝(洋)墨水”就别有一番新意。当然,这种搭配必须在修辞规则的制约下进行,不能随意进行超常搭配,不能说“喝空气”、“喝(洋)水彩”等。有些超常搭配用多了就会被词汇化,作为一个语词进入词典,但它们仍能作为一种搭配被收入相关词条,例如:

11.41 吃〈动〉……吃醋、吃苦、吃亏、吃枪药、吃闭门羹、吃粉笔灰、吃瓦片儿、吃利息

7)搭配的语义韵限制　语义韵(semantic prosody)是 Sinclair(1987,1991)借用 Firth 音位学中的节律分析(prosodic analysis)而提出的语料库研究的术语。通过对语料的研究发现,一些节点词在特定语境中总是与某一类具有相同或相似特点的搭配词(collocate)在文本中反复共现,久而久之,这些节点词在人们的认知中形成了强烈的语义选择取向,从而节点词也就慢慢“感染”了这些搭配词的语义特点,使能与它经常共现的语词都具有了相同的使用语境。这就引发了同质语义特点的语词在相同的语境中聚集共现的现象。因此语义韵指的是关键词的典型搭配词在其语境中营造的语义氛围(见 Sinclair 1991;Stubbs 1996),即语词倾向性搭配的语用情景。语义韵可以分为消极语义韵、积极语义韵和中性语义韵(Stubbs 1996)。消极语义韵指搭配词所产生的语义联想是负面的、令人不快的;积极语义韵指搭配词产生的联想是正面的、积极的、令人愉快的;如果搭配词没有明显的积极或消极倾向便属于中性语义韵。

11.42 忍受〈动〉与之搭配的宾语都是些表示痛苦、不幸和困难的名词:忍受疼痛、忍受悲痛、忍受煎熬、忍受艰难困苦、忍受折磨、忍受噪声、忍受侮辱、忍受骚扰

11.43 富有〈动〉与之搭配的宾语大多是具有积极意义的抽象名词:富有正义感、富有同情心、富有民族特色、富有生命力、富有开拓/创新精神、富有牺牲/冒险精神

11.3 概念意义模块

概念意义是多维释义的核心内容,学习词典中的概念释义要充分考虑

外国用户的语言认知特点。从前几章的用户调查来看,对外汉语词典用户一般缺乏汉语的先备知识或汉语语感,因此要理解任何一个汉语符号,都要花费很大的认知努力。从二语习得和语言认知的角度出发,对外汉语词典的编纂目的就是要帮助用户克服这些语言认知障碍,使二语学习变得容易起来。要做到这一点,就需要根据二语学习者的汉语认知特点,仿造一语习得的过程营造出二语学习的语言环境,促进二语学习向二语习得的转化。从这个角度讲,最有效的办法是应用认知语言学的理论,把被释义词放在一个特定的语义框架中,从多角度、多层面来描述其语义特征,实现概念层面的多维释义。在概念意义模块中需要考虑以下几种模式。

11.3.1 语义分解模式

概念结构是在语义分解理论和语词内部结构理论的基础上构建的,语义成分的分解是把语词的概念成分分解成数目有限的一组初始元(成分)。从词典释义角度上讲,元素分解必须遵循一定的语义分解规则,按 Mel' čuk (1995)的说法就是:词目词 L 的释义由语义上比 L 更简单的 $L_1, L_2, \ldots, L_n$ 构成(在这种意义上 $L = L_{1+}L_2\ldots + L_n$)。比如:

11.44 技术员〈名〉企业和工厂等部门里从事技术职业工作中等级最低的人

11.45 打哈欠〈动〉某人或其身体对厌烦、困倦或饥饿等现象的本能反应,往往是使劲张大嘴巴、深呼吸,伴随面部肌肉抽动

例 11.44 的释义把"技术员"分解成"人、职业、工作",这些成分被假设为在语义上比"技术员"更简单、更容易理解。要注意的是"语义更简单",而不是认知心理上的"更简单"。有时语义更简单的词在认知心理角度上反而会感到更为抽象,在释义实践中要注意处理好这种现象。例 11.45 的释义把"打哈欠"分解成"对……的本能反应、张大嘴巴、深呼吸、面部抽动",从原型理论的角度讲,第一个特征叫命题特征,即非直观但可通过现象分析、推理、抽象或经验总结得出的意义特征;后三个属认知特征,即事物和事件可被感知的性能特征。有了这些特征,用户就能对被释义词有一个比较清晰的认识。如果能严格按这个方法来分解语义特征,对释义和用户会有以下几方面的帮助:a)能解决同义对释解义不准确或相互间语义和用法混淆的问题;b)彻底排除令词典学家烦恼的循环释义问题;c)词义分解揭示了词义的初始元,使用户能了解被释义词多种认知域和语义框架及框架成分关系。不过,在处理语义分解时需要注意以下两个问题。

1)最大义征集合体 语义分解是揭示被释义词的语义初始元,但从语言认知的角度讲,语言中不存在不可再分的初始元,任何初始概念(primitive concept)都是下一级的、新的概念的起点而不是概念分解的终点(Barsalou 1992)。语义分解固然是很好的释义方法,但语义成分不能无限地分解下去。否则,不但其工作量非常浩大,而且释文也会十分冗长,无论是出版社还是用户都难以接受。因此,在语义分解时需要首先确定能解释被释义词特定语义域的“最大义征集合体”,尽可能在浅层次上进行语义分解,即释义要使用那些既能充分揭示义征,又能概括多个义素的表征成分。比如一个词的释义为:(i) = A + B + C + D + E + F,而又有一个成分的含义为“G = B + C”,另一成分为“H = D + E + F”;那么释义(i)就可改为:(ii) = A + G + H;这里 G 和 H 就构成了最大义素集合体。譬如,例 11.44 的“技术员”有三个义征,它们都由更小的义素构成,其语义成分“人”还可分解为“ + 人类, + 成年, + 个体”;“职业”还可分解为“ + 工作, + 专门训练, + 技能, + 等级最低”;“工作”还可分解为“ + 做事情, + 在某一机构中, + 获得工资”等。这些义素还可以往下分解。如果把“技术员”释为“企业或工厂中受过专门的训练,有一定的职业技能,等级最低的个体成年人类,在特定的岗位做事情并获得报酬”,就会导致释文的相关性减弱,用户的阅读兴趣会大大降低,最终会使信息输入的可理解性大打折扣,使语言习得的认知过程受阻。因此,在语义分解的过程中必须把握好最大义征集合体。

2)搭配和语义层级规则　语义层级规则是对语义成分表述方式的制约。在语义分解过程中,不同性质和逻辑功能的语义成分对于揭示语义起着不同的作用。因此释文中的语义构成成分可分为若干个层级:a)类属成分,就是被释义词所指对象所属的概念范畴;b)特有成分,就是把被释义词与其同义范畴成员区别开来的最重要、最关键的语义成分;c)一般成分,在词典释义中占很大的比重,用于揭示和表述词目词的最基本、最普遍的意义;d)边缘成分,对被释义词主要语义特征的构成没有直接影响的成分,一般不写入释义;e)选择成分,与上述成分并列,作为选择性参考的语义成分。后两项是对语义的补充说明,在短语释义中一般都放在括号内,作为括注辅助释义。参考 Jackendoff(1983,1990)的概念结构理论,按优先条件的优先程度,我们可以把语义成分分解为:a)初始元(primitive value);b)缺省元(default value);c)类属元(generic value);d)特有元(specific value);e)优先元(preference value);f)选择元(optional value)。这两种分解方法有许多相似之处,它们对提高词典释义的准确度十分有益。

11.46 **打哈欠**〈动〉某人 或 其身体对厌烦、困倦 或 饥饿等现象的本能反应,

缺省元　选择元　优先元/选择元　类属元

往往是使劲张大嘴巴、深呼吸,伴随面部肌肉有些抽动

初始元　特有元

需要补充说明的是,这里的"初始元"是从语义层级的角度来考虑的,即是与被释义词一起产生的、固有的语义特征;"缺省元"指这一特征是一种默认值,是人们能下意识认知获得的属性;"特有元"指这一特征是被释义词比较典型的元素,意味着还有其他的特征出现,但没有这么典型。

11.3.2 构式结构模式

这是一种全新的释义方法,旨在突破传统语法模式和搭配结构的局限,用构式理论的原理,把被释义词放在特定的分布结构和语境中来解释。释义由两个部分构成,一部分以一个构式的形式表述被释义词的构式结构和语义角色(共现成分),另一部分表述被释义词在这一构式中的意义。第一部分是释义的出发点,第二部分是释义的落脚点。这两部分构成一个完整的概念结构。这样,语词的句法结构、搭配关系和语义结构可清楚地反映在这个结构释义模式中。比如,要对一个述词 L 释义,不能只给出被释义词本身,而必须把被释义词按其语义结构和语义角色组成一个构式,作为生成释义的必要条件。比如,"辨认"一词可从"他能辨认出相片上每个人的相貌"、"李娟通过 110 录音辨认出是张伟"、"要能够通过旗帜一眼辨认出自己所属的方阵"、"通过味觉能辨认出某种物质"、"以笔锋来辨认出何者为王蒙真迹"、"以直觉去辨认出每一个音"、"以鼻子尝试辨认出是什么东西的气味"等实例抽象出以下构式结构:某人(通过/从某物)辨认某人/某物;用释义元语言表述就是:

11.47 **辨认〈动〉某人 X(通过/从某物)辨认某人 Y/某物 Z**,某人 X(通过/从……)认出了某人 Y 或判断出是某人 Y 或某物 Z①,因为 X 见过或听说过 X 或 Z

在例 11.47 中,前半部分呈现出"辨认"的共现成分和关系结构,圆括号的部分作为选择成分出现,即在有些情况下是可以省略的;后半部分是"辨认"基于这个分布结构的释义。再看看另外两例:

11.48 **容许〈动〉[VNprep]某人 X 容许某事 Z**,X 让 Z 发生;**某人 X 容许某人 Y 做某事 Z**,X 同意或给 Y 机会做 Z

11.49 **观点〈名〉某人 X 提出/表达/阐述了某种观点**,X 从某种立场或角度出发表达/发表了对某事物的看法或意见

从构式模式的构成可以看出,若要揭示述词 L 的概念结构,被释义项应该以构式形式出现,那些变量就是构成词目 L 的语义角色,而释义部分

---

① 这里为了阐述的方便,加进了论元变量(X, Y, Z);在词典编纂中可不必用这些变量,或改用其他表达形式。

就是建立在这种构式结构上的交际模式所传达的信息，是语词构式表征形式与语义统一体；如果被释义词有固有搭配、特别搭配、期望搭配和优先搭配等成分，也可直接把它们在构式中凸显出来：

11.50 **邮寄〈动〉某人邮寄信件、包裹和物品给某人或到某地**，他通过邮局把这些东西运送到（他）那里

这种释义具有更明确的使用导向性，也更具趣味性和关联性，不再需要用户复杂的语法操作，便于记忆和在交际中直接使用。

11.3.3 框架结构模式

认知语言学的研究任务主要集中在语义上，而语义的研究主要体现在框架语义学与认知语义学两个方面。认知语义学的焦点在于从认知的角度研究语词概念内容及其在语言中的组织方式，不但包括意念（ideational）内容，还包括情感、感知等体验内容（Talmy 2000:5）。以研究语义为主的认知语法也十分注意把语言认知过程中的视觉形象作为统一的整体来认识，通过事物的整体图式来把握事物各个部分的特征。譬如，它利用动体（trajector）和界标（landmark）、背基（base）和凸显（profile）来说明语言整体背景与需解释或凸显个别对象之间的关系（Langacker 1987,1991）。框架语义学把意义看作一个植根于知识网络和信仰系统中的认知框架，理解一个语言形式的意义必须触发或调取这个框架中相关认知领域中的其他认知结构。框架语义学比较重视事件意义（meaning as event）的描写，事件或反映事件的原型交际模式可抽象为语词的概念结构或语义框架，这些框架就是语义结构的投影，语词意义的描述必须与语义框架的描述相联系。

反过来讲，语义框架就是一种交际或事件的行为模式，该模式中的所有行为参与者都有着一个共同的基本框架结构。在框架语义学中，"买/购买"是阐述框架特征时引用最频繁的一个词，因为它的框架成分比较全面，便于系统地阐述框架的特征。因此，我们还是用这个词来阐述基于框架语义学的释义特征。"买/购买"属于商品交易，我们可以从无数重复的商业交易场景中抽象出一些经常出现的角色，把这些角色按一定的结构排列就构建成交易框架，这些角色就成了框架元素，每个元素都由特定的语词来担当，按类划分有：a）核心成分：买方和商品；b）附加主题成分：受益人、事件缘由、商品目的、行为目的；c）外围成分：方式、手段、货款、价格、地点、时间、卖方、持续时间（见 FrameNet 1.3）。从交易行为的角度讲，与"买/购买"发生关联的还有：卖/出卖、支付、交付、获取、转移等。从与"买/购买"有关的语料分析来看，上述这些框架成分都有可能与被释义词"买/出卖"

发生共现或搭配关系。词典可以通过注释、例证和说明等手段来呈现这些关系，而释文本身只能概括主要的框架成分。例如：

11.51 买〈动〉买方向卖方支付一定货款获取等价商品的商业行为，买的受益人可以是买者之外的人。

其他框架成分也可以用同样的方法来释义，只是凸显的对象不一样而已。例如：

11.52 卖〈动〉把商品提供给买方获得等值货款的商业行为

11.53 支付〈动〉为购买商品而给卖方一定货款的商业行为

11.54 买方〈名〉购买的发起者，向卖方支付一定的货款以获得等价的商品

11.55 卖方〈名〉向买方出卖商品以获得等值货款的人

11.56 商品〈名〉卖方为获得一定数量的货款而出卖给买方的产品

11.57 货款〈名〉买方按商品的价格支付给卖方的钱

11.58 受益人〈名〉在买卖交易中最终得到商品的人

这样一组释义都是在语义框架的架构下实现的，各种框架成分之间的共现关系、分布结构和语义特征都清楚地呈现出来，有利于用户系统地学习或扩充词汇。

11.4　语用意义模块

二语学习者交际能力的培养除了需要语言的词汇知识和语法知识外，还要获得话语使用规则、交际表达和交际方式等方面的知识，而这后三种知识都与语用知识有关。因此，语用信息对外语学习的重要性毋庸置疑，对学习词典编纂的重要性也得到词典学家们的普遍认可。

11.4.1　语用信息的注释内容

这里所说的语用意义与语用学中的语用并不完全是一回事，因为语用学研究的是语言在交际中的应用，包括句子、语篇和言语行为等内容，强调的是人与话语、话语与语境之间的动态关系和交际中的语用原则，涉及各种言语行为，词典是无法包容全部这些内容的。正如 Cowie(1984)所说，由于话语在不同的场合可以使用不同的言语行为，所以大部分话语的言语行为不可能在词典中得到反映。那么，词典的语用信息应该包括哪些内容？黄建华、陈楚祥(2001:48—49)认为，语用信息主要指因情景要素、场合制约而在遣词造句时恰当选词方面的提示。Svensén(1993)也认为，词典中的语用信息主要关注词与词组在语言各层面的使用，常常以学科领域与语体、语

域标签的形式体现出来。他们主要强调被释义词的使用和使用语境。Hartmann 和 James(2000:111)则认为,语用信息是关于人们说话的社会文化规则,包括语音、语调、音高、手势等伴随语言特征,以及说话人为了强调说话意图而从礼貌、正式程度出发做出的词汇选择。这反映了两个方面的内容:身体语言和顺应语境的词汇选择;前者词典难以描述,后者则可以通过语用标签或注释来实现。

《朗文》第三版前置页的《语用与词典》阐述了语用对二语学习者掌握地道外语的重要作用:“多年以来,英语教师最为关心的是,他们的学生应学会正确地用英语交谈和写作。近年来,他们深感关切的不只是语言使用要正确,而且还要使用得体。”在汉语学界,也有不少学者指出,词典对语词的释义不能局限于语言符号的概念,而应说明这个符号能在何时、何地、何种情景下使用比较恰当。近年出版的对外汉语词典已经意识这一点,如《学汉语》在释义中用括注、在释义后专辟“注意”栏目的形式说明被释义词的用法特征;《HSK 汉语水平考试词典》设置了〈褒〉、〈贬〉、〈口〉、〈书〉四种语用标签;《当代汉语学习词典》则直接把词目词放在句子中释义,以此来凸显被释义词的用法。但前两部词典对语用信息的注释还不够系统和全面,后一部则突出了用法而牺牲了释义的完整性,因为词典释义解释的是义位,应该具有高度的语义概括性和覆盖性,而放在句子语境中的意义则只是特指义。

综合国内外学习词典对语用信息的处理情况,结合用户学习汉语的实际需要,我们认为词典中的语用信息应包括用户在使用被释义词时应该注意的所有非语义和语法制约因素,包括语言环境、语言外部环境、语体和语域等方面的内容。这些内容都可以反映为语词的使用语境或情景,可以把被释义词抽象语义放在具体语境中,实现静态意义向动态意义的转化,使具有普遍意义的“概念”获得个性化特征。在对外汉语词典的编纂中,能够体现语用意义的有语用标签、专栏注释和释义,下面将分别予以说明。

11.4.2 标签中的语用信息

在词典中,语用反映为词典用户按语词使用的社会情景进行划分的语言变体,表明一个语言社区中个人和社会群体使用语言时的特定选择;换句话讲,指语词在语言使用环境的制约下所传递的意义。语用标签是说明这些语境限制的最直接、最有效的方法。语境主要包括社会、地域、时域等语言环境,各自又分列出许多小项,在词典中用各类语用、语体、语域和专业标签等注释。

1)语词使用的社会环境 指人们在言语活动中随社会情景不同而选择的语言变体,以区分不同的社会团体/阶层和话语的正式程度。具体表现为语体和语域,前者指从社会角度体现出的话语层次,是语言使用者根据社会情景的不同(地点、主体、对象)所选择的不同话语格调,后者指特定社会群体的人所使用的语言变体,这些人往往有相同的职业、爱好或兴趣;在词典中分别反映为语体标签:高雅语、民俗语、正式语、非正式语、俚语和司机、医生、律师、网民、驴友、歌迷、球迷等。

11.59 **接吻**〈动〉『正式,雅』两人嘴与嘴挨在一起,表示亲热和爱恋;亲吻,亲嘴『口』;打啵儿『戏谑』;香一下『俗』

11.60 **诉讼**〈动〉『律』司法机关在案件当事人和律师等的参与下,按一定法律程序审议案件的活动;打官司『民』

2)语词使用地域与时域环境 泛指同一种语言由于地域不同引发的语言变异,分为同民族不同地方的语言变体,同一种语言不同民族的语言变体和外来语言构成本族语词等和不同时期的语言使用变体等,在词典中反映为相应的语言标签。譬如,地域方言:北方话、吴语、粤语、客家话、闽南话等;外来语言:日语、法语、英语等;时域环境:今义、古义、旧义等。

11.61 **妻子**〈名〉一对夫妻中的女方;老婆『北方方言』;堂客『南方方言』;内掌柜『旧』

11.62 **蒙太奇**〈名〉『法 montage』电影或音乐制作过程中的剪辑或组合

3)语词使用的语言环境 是从语言角度体现出的话语风格,指人们在使用语言进行社会交际时的语言表达方式和修辞手段的选择,在词典中反映为相应的语言标签。比如,交际方式:口头语、书面语、诗歌用语等;交际手段:讽刺语、夸张语、贬义、褒义、反语、礼貌语、敬语、粗俗语、委婉语、禁忌语、蔑视语等;语义修辞:比喻义、转义、引申义等。

11.63 **马**〈名〉……**马大哈**〈名〉『诙谐,讥讽』;**马后炮**〈名〉『诙谐,讥讽』;**马前卒**〈名〉『贬』;**马屁精**〈名〉『贬』;**马脚**〈名〉『喻』破绽;**马拉松**〈形〉『喻,贬』形容办事拖拉,持续时间很久

4)语词使用的专业环境 语言具有百科性,人们对语言知识的认知也具有百科性。虽然普通学习型语言词典不刻意收录专业词汇,但专业词汇甚至是专业术语不断地进入日常语言,就连"DNA 鉴定和 CT 扫描"这样的高科技术语都为普通人所熟悉,对外汉语学习词典有必要收录进入常用语中的科技词汇,并给予标注。语词的专业环境指语言中各学科门类所特有的语言表达形式,在词典中反映为各类专业标签:机械、电子、物理、化学、建筑、计算机、通信、天文、航天、航海、宗教、体育,等等。

11.64 **软件**〈名〉【计算机】控制计算机运行或处理各种数据的程序系统

11.65 **月球**〈名〉【天文】人们晚上经常在天空中见到的发亮的圆形或半圆形物体；月亮『俗』

11.4.3 注释中的语用信息

注释是指词典中对被释义词所包含的各种语音、形态、语义、语法、语用和文化等信息所做的解释和说明。之所以要有注释，是因为语言的属性比较复杂，光凭释义和例证无法解释得清楚，需要做附加说明，以便用户能全面、系统、详尽地了解被释义词的语义和用法。因此，注释是词典的重要组成部分。能传递语用信息的注释有括注、提示和用法说明。

1）括注　在需要说明的地方（一般是释义或例证的前面）设置一个括注，直接补充说明被释义词在某一义项中的使用方法或使用范围。例如：

11.66 **光顾**〈动〉〔商店、服务业等场所用来欢迎客人〕到来；来到：欢迎光顾我们的饭店。

11.67 **但是**〈连〉〔常与前面以"虽然"、"尽管"开头的句子搭配使用〕表示转折：他虽然来了，但是没有进门。

2）提示　由于文化的差异和目的语规则过度泛化的影响，外国学习者凭自己的母语经验很容易造成用词错误。编者应根据汉语中介语的调查分析，对于用户容易或可能出错的语词做必要的提示。例如：

11.68 **热烈**〈形〉形容对（某事）感情强烈、情绪高涨 **提示** 不能用来形容人与人之间的感情：新同学受到老同学的~~热烈~~［热情］接待。

11.69 **敬爱**〈动〉『书』（对领袖、长辈和上级等）尊敬爱戴 **提示** 对亲属、好友等关系密切的人不能用：~~敬爱~~［亲爱］的妈妈。

3）用法说明　在汉语中，有些词的用法比较复杂或容易与其他意义相近的词发生混淆，简单的括注或提示无法说得清楚，这时就需要设置专门的小栏目，对其用法进行较为系统的说明。例如：

11.70 **快**〈副〉即将；将要：…… **说明** 可用在动词、形容词、数量词和时间前，表示某一动作、情况、数量或时间即将发生或达到。如果"快"用作状语，其句子末尾一般要加"了"；如果与"快"搭配的短语用作定语，则句尾不需要加"了"。例如：我们的老师快六十岁了；快要考试的前几天，同学们都很用功复习。

11.71 **发生**〈动〉（原来没有的事物、现象或变化）出现了：…… **说明** "发生"和"产生"都有表示"事物出现"的意思，但它们的用法有别："发生"主要用于消极事物的出现，如"发生地震、发生交通事故、发生流血冲突、发生战争"等；而"产生"多用于积极现象的出现，如"产生了爱情、产生了动力、产生了信心、产生了新的领导班子"等。

11.4.4　释义中的语用信息

语言有所指,没有所指的语言只是空洞的符号,语义与指称有着密切联系。词典释义就是对语词指称内容的描写。但经典的指称观和释义观认为指称是专名的事情,其他词(特别是虚词或功能词)无所指,因此无义可释,只能用一些例句来说明它们在语言中的使用状况。其实不然,“就像专名能指称特定的个体一样,普通名词能指称一组个体,动词指称其动作,形容词指称某些个体的属性,副词指称某些动词的属性”(Kempson 1977:13)。甚至连介词、连词等功能词也都有一种关系指称,它们的所指就是它们的功用。如“and”就是指示连接语法上同类的词、短语或句子,表示并列、附加、对比和结果等关系的功能(章宜华 2002:33)。因此,学习型词典必须在释义中把虚词或功能词以及具有语法功能的实词的功能特征和语用信息描述清楚。

1)功能词的语用信息　现代汉语词类的划分有多种版本,有11类、12类和20类之说。功能词(虚词)大致有副词、介词、连词、助词、叹词、象声词等6类,其特征是没有比较实在的词汇意义,除副词外一般不单独做句子成分,必须要与实词发生关系才能发挥其功能作用。因此,功能词一般只表示抽象的语法意义或语用意义,词典释义的主要任务就是从语用视角描述这些语词的语法功能。例如:

11.72 如果〈连〉「必须带动词宾语,不能带“着、了、过”等时间助词和补语」

11.73 把〈连〉与名词或代词搭配组成前置“把”字宾语,即通过“把”的作用把宾语放在动词的前面,接受其支配或处置

2)实词的语用信息　实词的主要特点是有实在的意义,即能指称客观存在及其性质、特征和状态。然而,语言中有些实词在发展过程中受到语法化的作用,其实在意义被逐渐虚化了,同时获得某种功能属性——虚化的部分被赋予了语法功能意义。因此,对这些词的释义重点不是阐释其概念意义,而是语用意义。例如:

11.74 能够〈动〉「用在第一分句中的主语前或主语后」1 表示后一分句结论推导的条件(后一分句前常加“就、那么”等) 2 表示某种东西在某一方面有某种功能或用途 3 表示某种事件或某种情况(含自然现象)有发生的可能

11.75 会〈动〉1「常带动词宾语,不能带“着、了、过”等时间助词和补语」表示知道或擅长做某事 2「必须带动词宾语,不能带“着、了、过”等时间助词和补语」表示某种事情(含自然现象)有可能发生

11.5 语义网络模块

意义驱动多维释义的实质就是遵循人们的语言认知的规律,仿造自然语言及其心理词库的组织结构,在词典中构建以表征意义为主旨的词汇—语义网络,在网络的大背景下来描写并凸显每个网络节点的语义特征。在词典编纂中,词汇—语义网络主要由中观结构呈现出来,它既连接词典的微观结构成分,也连接词典的宏观结构和外部结构成分,这种联系建立在语言认知的各种系统关系上,体现了人的思维与语言认知的心理过程。

11.5.1 语义网络的结构内容

以中观结构为基础在词典中构建多维语义网络,可以提供语言学习的大背景,把任何一个语言片段都放到语言的系统关系中来考虑。这样,可以有效触发学习者的认知联想,激活学生先备知识体系,实现新旧知识的映射,有利于对新知识的理解和记忆。

在自然语言系统中,语言的各种成分通过特定的关系网络构成了一个有机的整体。这个有机体包含了词类与词形、主范畴与次范畴、概念范畴与概念等级、语义与句法、分布与共现、语用与语域等语言属性及属性值,词典释义必须通过多种表征手段来描述语言的这些属性。具体地讲,就是把整部词典各种信息的组织结构当作一个系统的词汇—语义关系框架,用中观结构体系来实现框架成分之间,或框架与框架之间,或框架与外部材料之间特定属性的联系,实现相关词汇属性的聚合。具体表现为以下四个方面。

1)形态关联　揭示形态结构和特征关系:根据词典的设计要求把关系密切的同音、同形、同族词或同一词位的不同变体形式联系起来。

2)概念关联　揭示概念的原型范畴关系:根据词典用户的需求把相关主题、相关指称和相关概念类别的语词联系起来。

3)语法关联　揭示语词的分布结构和分布特征:根据词典凸显的重点把那些固有的、典型的和可能或不可能的共现关系标示出来,实现横聚合关系的连接。

4)语用关联　揭示语词功能性关系:以语词交际功能为轴线描述词目词在语义选择限制条件下与框架概念结构成分之间以及与事件环境之间的语用联系。

这些语言表征手段以意义为核心相互关联、相互作用,从多个侧面、以语义为轴线构建立体的网络体系。

11.5.2　语义网络的关系分解与表述

上述四种语言关联只是比较抽象的语言属性，要在词典中实现这些语言成分和属性关系的连接，还须对这些关联进行关系成分分解。

1）语义网络的关系分解　词汇—语义网络是一种心理表征，是人类语言认知的本能心理行为的结果。具体地讲，存储在大脑心理词库中的语言知识是人在认知过程中对客观世界进行抽象思维的结果，经过细微加工的客观知识已经不再那么客观，而是一种精神实体，它们之间的秩序就是通过词汇—语义关系建立起来的。然而，如果要把人们无形的认知过程用有形的语言描述出来，就必须弄清这些关系特征。通过心理语言学家和计算机语言学家们大量的研究发现，这些特征包括：上下位关系、同义关系、反义关系、部分—整体关系、属性—宿主关系、材料—成品关系、事件—角色关系、值—事件关系、值—属性关系、值—实体关系、联想关系、派生关系和比较关系等。这些关系在语言学和心理词库研究中都有明确的定义（见 Miller *et al* 1990；董振东 1998；周强，冯松岩 2000），这里不再赘述。学习词典的释义和注释应尽力反映这些关系，这样用户可以通过树形网络结构层层展开词典信息，进行系统的语言知识学习。

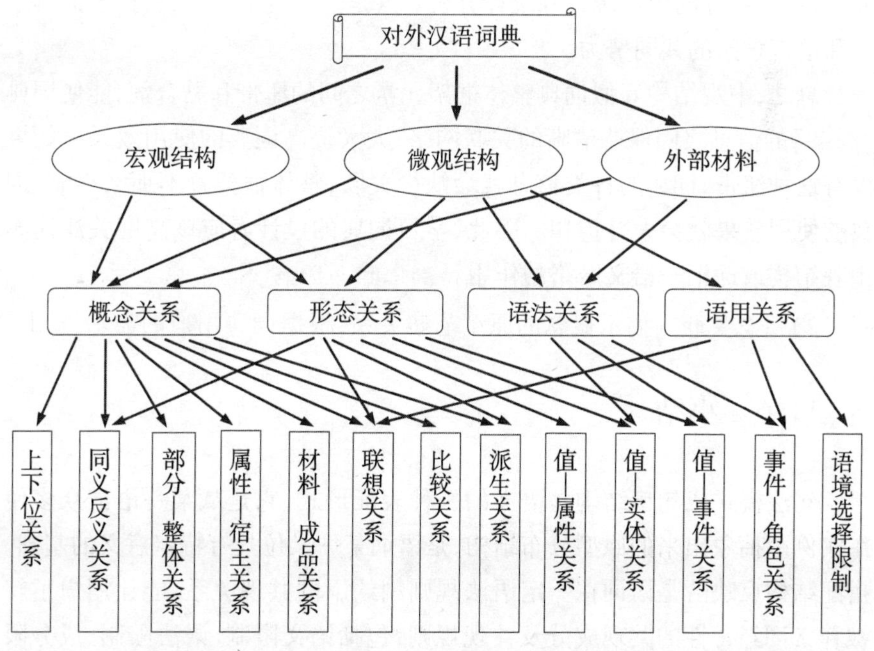

图 11—2　对外汉语词典的词汇—语义网络结构

2）中观结构网络关系的表述　如何在词典中表述这些关系网络，是一个有待进一步研究和探讨的问题。目前，在印刷版本的词典中，中观结构的构建主要依靠参见符号、注释、标引和相关说明等用户友好的方式把处在词典不同位置的相关信息连接起来，帮助用户进行认知关联路径的衔接。比如，派生关系可以用聚合的方法表现，语用选择限制、比较关系、联想关系、部分—整体关系和材料成品关系等可以用专栏注释或说明的形式来表现，上下位关系、同义/反义关系可以用释义和参见的方式表现，事件—角色、值—事件、值—实体、值—属性等关系可以通过句法模式、搭配结构、语法注释和例证的形式来表现（见章宜华 2008）。在印刷平面上表述这些复杂关系自然会有一定局限性，处理不当还会造成词典信息的繁杂。这就要求词典编纂者要多动脑筋，对相关语义网络进行细致的分析，去伪存真、去粗取精，主要描述那些对语词的理解和网络的衔接有重要影响的成分。

由于中观结构或词汇—语义网络的实现需要涉及整部词典的各种信息支持，需要大量的实例和理论支持，由于篇幅所限，在这里难以展开。当然，中观结构涉及构建语义网络和词汇网络的各种表征手段，表现为贯穿于词典框架结构和微观结构中的各种具有提示和交叉索引功能的注释语和符号，而如何准确、有效地提取词汇或语义“关系对”，并用适当的注释语和符号把它们表述出来还有赖于对人类心理词库知识结构和语言加工过程的研究，有赖于系统的用户调查和统计分析。这是一项复杂工程，有待于词典学家和语言学家的共同努力。

总之，中观结构好似词典整体框架元素之间的纽带和黏合剂，能使词典“纷杂”的信息之间保持清晰的关联网络，大大提高词典的使用效果。如果没有这种纽带，词典的各类信息就会缺少关联，整体框架就不那么牢靠，词典的使用效果就会大打折扣。因此，学习词典的设计者应该高度关注词典中观结构或词汇—语义网络的作用。

11.6　小结

句法模式或句型结构是语义的一种表征形式，它是从某一语词众多使用实例中抽象出来的原型分布结构，是语词某一义位具有特定意义的基础。搭配结构反映的是语词在一定语法规则制约下的共现关系，能让用户了解被释义词经常性的共现成分及共现规则，包括语义限制、语法限制、成分限制、功能限制、频率限制、习惯限制、固定型限制、修辞限制和语义韵限制等规则,这是用户利用外语进行正确交际所必需的语言知识。概念意义是建立在一定分布结构之上的,是学生应该掌握的核心内容,由于二语学习者缺乏目的语——汉语的语感,且又有母语负迁移的影响,因此释义必须建立在概念整体框架的基础上,让用户在把握整体认知图式的情况下来理解被释义词的意义。从这一角度出发,概念意义可以在语义分解的基础上采用构式结构模式和框架结构模式等进行多维描述。语用规则涉及语词使用的社会环境、地域与时域环境、语言环境和专业环境,是培养学生外语交际能力、保障学生得体地使用外语的重要条件。

语义网络是在中观结构的基础上在词典中重构自然语言词汇—语义关系的重要方法,它可以把词典因宏观结构词表的排序而分解得支离破碎的自然关系重新连接起来,使学生通过查阅词典可以了解语词的形态关联、概念关联、语法关联和语用关联,有利于促进二语学习向二语习得的转换,促进中介语不断向目的语靠拢。

除上述语义模块外,例证作为综合表征被释义词语义特征和语法特征的有效方法,一直受到古今中外词典学家们的重视。的确,例证是词典微观结构中各种释义成分的具体体现:在语义方面,它能强化释义、辅助释义和扩展释义,不同的例证还可以起到同义辨析的作用;在语法方面,它能凸显语词的句法结构、提示其典型搭配;在语体方面,它能指明被释义词的语体类别、显示语体色彩;在语用和文化方面,它能指明被释义词的语域范围、呈现使用语境、提供社会文化信息和语言文化信息等。因此,例证也是多维释义的组成部分。词典编纂者应该在词典的体例设计中制定相关择例原则,使一个例证尽量能实现多重例证功能,使例证能为营造二语习得的语言环境发挥较大的作用。

第十二章　结束语

对外汉语教学在我国已经有很长的历史，但由于种种历史原因，汉语在新中国成立前的国际交往中比较弱势，汉语学习只是为了满足特定的需要，学习的人也不多，没有得到官方和相关机构的足够重视，对外汉语教学断断续续、发展缓慢。新中国成立后，我国的对外汉语教学得到政府和相关教学机构的高度重视，对外汉语教学渐渐步入正轨。进入21世纪之后，在经济全球一体化和我国经济高速发展双重引擎的推动下，汉语在国际上的地位越来越高，汉语作为第二语言教学（对外汉语教学）得到空前的发展，国际范围内的汉语热正不断升温，汉语在国际交往中正逐步成为一种强势语言。汉语语言专业的教学出现在世界各国的大中学校，孔子学院已遍布欧洲、亚洲、美洲、非洲和大洋洲近百个国家。对外汉语教学的发展直接推动了外向型汉语学习词典（对外汉语词典）的编纂，各类对外汉语词典的出版也进入了一个繁荣时期。但由于对外汉语词典的研究严重滞后，基于用户视角的研究更少，学习词典的编纂缺乏系统的理论指导，无法很好地满足用户的需求，造成外国用户对这些学习词典的认同度不高。这在某种程度上影响了对外汉语词典的发展。为了解决对外汉语词典发展中的这些问题，有必要从用户视角、二语习得者认知机制和中介语的语言特征等方面来考虑对外汉语词典的研究和编纂问题，从语言认知的角度找出现有词典存在的问题，探讨出适合二语学习者需要的对外汉语词典来。经过大量调查和研究，我们认为对外汉语词典的研究和编纂必须认真考虑以下几个问题。

1）学习词典研究和编纂的用户意识　二语学习者是在没有或缺少语言经验的情况下开始目的语语言学习的。尽管年轻学生的认知敏感性较强、学习欲望较高，但他们对外语在形态、语法、语义、用法和文化象征等各种属性方面都感觉比较陌生，在学习中遇到的语言问题要比本族语学习者多得多。对外汉语词典的主要任务就是要帮助用户解决他们在学习中遇到的各种语言问题。因此，词典编者必须冲破词典编纂的传统范式，变编者为中心为用户为中心，要用心去了解他们二语学习的特点、中介语的特点和对词典的需求特点,词典的规划、设计、编纂等都要围绕用户的这些特点展开。当然,在庞大的汉语学习者用户群中,不同国家或民族的人会有不同的需求。词典编纂者应该加强类型学的观念,要为不同语言层次、不同年龄、不同母语背景和不同使用目的的用户编纂不同的对外汉语词典。

2)词典查阅技能和词典的用户群体　辞书是一种文化产品,它需要面对市场和最终用户。但市场不是自然产生的,用户群也不是自发形成的。市场和用户都需要编者和出版社去开拓、去培养。为此,需要做好三方面的工作:一是要了解用户查阅词典的目的、查阅词典的策略、查阅词典的偏好,了解他们在查阅词典过程中经常出现的问题,好好思考自己编的词典如何去适应用户的词典使用策略和偏好,如何解决用户查阅词典所遇到的问题;二是要在保证词典微观信息的质和量的基础上,尽量顺应词典用户的自然查阅习惯,简化词典专用语言或符号,用适当的方法区分和凸显微观结构中的各种信息项,使"词典语言"变得通俗易懂、词典信息变得清晰醒目,最大限度地降低词典查阅的难度;三是要用多种方法(包括宣传手册、趣味读物和教师培训等)宣传词典知识,培养学生查阅词典的技能,从而培育词典用户群和辞书市场。

3)外国留学生词典使用的需求和现状　留学生对国内出版的汉语词典知之甚少,他们不太清楚哪些是面向外国用户编写的汉语学习词典,哪些是面向母语用户编写的普通汉语词典。大部分留学生使用从自己国家带来的汉外词典和电子词典,拥有汉语单语词典和使用汉语单语词典的人很少,近半的人不了解近年出版的对外汉语词典,只有少量的人偶尔用过这些词典,是在自带的汉外词典查不到所需信息时才会求助于汉语单语词典。出现这些问题的原因有三:一是这些词典所提供的信息难以满足用户的需求,二是出版社对这些词典的推介不足,三是教师对学生选择和使用词典缺乏必要的引导。调查显示,留学生在选购词典时考虑的主要因素不是收词多少,而是收词适中、释义详尽、例证丰富,他们希望词典能提供语法信息、句法信息、搭配信息、惯用表达、用法说明和同义辨析等内容。值得一提的是,留学生对汉外双解释义的方式认可度最高,而普遍不太喜欢只提供外语对等词的汉外双语词典。

4)中介语的特征和偏误产生的原因　汉语作为外国留学生学习的目的语也是一种中介语言,这是二语学习者独立的、特殊的语言系统,其发展受母语负迁移、目的语过度泛化、训练方法和学习策略等因素的影响。它同时也是一个开放的系统,具有可渗透性、动态性、反复性和僵化性等特点。因此,中介语发展过程中出现偏误是不可避免的现象,有其积极的一面,因为它是创造性语言习得的具体反映。只要我们能够把握好中介语发展过程中的创新或出现偏误的规律,对这些现象在词典中做必要的解释或提示,就能对二语学习者中介语言的发展起到积极的引导和推动作用。调查发现,中介语的用词偏误主要有错词、缺词和多词三种。错词偏误主要发生在实词中,虚词则比较少,这是因为实词的多义性和指称、用法的多样性往往让学生难以准确地把握。缺词和多词则主要发生在虚词(包括助动词)中,而实词则不太多,这是因为虚词的语义功能比较虚,不指称具体的事物或行为,留学生对这些词的功能和特性很难认识清楚。从词类偏误的属性分布来看,实词在语义层面上的较多,虚词在语法和搭配层面上的较多。

5)对外汉语词典存在的问题与改进　外向型汉语学习词典与以《现汉》为首的内向型普通词典的编纂宗旨和适用对象有很大不同:《现汉》是为国内母语用户规范发音、书写和语义而编写的,其主要任务是推广普通话,没有考虑外国人学汉语的认知特点和查阅需求;而外国人学汉语是从零开始的,他们既缺乏汉语的经验知识,又需要克服母语语言和文化习惯的干扰,许多母语用户看似简单的、不需要解释的东西对外国用户来说可能是最难掌握的。因此,对外汉语词典必须了解汉语中介语发展的特点,了解用户的真实需求。然而,现在的一些对外汉语词典没有认识到外向型与内向型词典的差异,没有调查和了解外国用户的实际需求,仍是按传统词典的范式来编纂学习词典,大量模仿、甚至是照搬《现汉》之类的内向型词典的释义,外向型特征不够突出;一些编者不关注语言学等相关学科研究的新成果,不了解二语学习者语言习得的认知规律和中介语形成与发展的规律和特点,词典的体例设计和释义方法没有统一的理论方法支持,对编纂原则和处理技术把握不准,在选词、立目、释义、注释上存在很多技术问题,许多词典没有提供句法结构信息或者标注得十分烦琐,让用户难以理解。

6)意义驱动的多维释义模式及其构建　第二语言习得是人类的一种特殊认知活动,涉及第二语言系统、认知主体和认知环境。二语系统反映为语言符号与符号之间的关系,认知主体反映为语言符号和话语模式与客观事物之间的关系,认知环境反映为人与语言、语言与使用环境之间的关系,包括语用规则以及语域、语体和使用范围等。语言系统的复杂性以及语言认知的多样性决定了词典释义的多维性。多维释义是应用认知语言学的理论,从二语习得的规律和中介语发展的特点出发,以句法语义、搭配语义、概念意义和语用意义模块等方式,在词典中构建自然语言的词汇—意义网络。这样,可以最大限度地发挥语言各种表征形式的整合作用,营造适合二语习得需要的语言环境,促进词典用户的二语学习向二语习得转化、中介语向目标语转化。多维释义体现了二语习得的语言认知方式和过程,使释义所解释的语言属性能符合二语学习者的语言认知规律。

综上所述,学习词典的研究和编纂必须以用户为中心,词典编纂的一切工作都要围绕用户的词典需求来进行。检验一部词典的社会价值就是要看它能否解决用户在学习中遇到的语言问题,能在多大程度上满足用户的各种查阅需求。这就需要辞书工作者不断提高用户意识,在学习词典的设计之前首先要确立潜在用户群,并围绕这个群体进行语言调查、需求调查和词典使用调查,以了解用户查阅词典的认知过程,包括查阅词典的目的、方法和习惯,查阅词典的策略及策略的应用等。只有这样,词典的收词、体例结构和释义方式才能够贴近用户,最大限度地满足用户的需求。能满足用户需求的词典才能为用户、为市场所接受。

参 考 文 献

安玉玲，李晓. 1999. 英语专业学生英文常用工具书使用情况调查报告[J]. 西安外国语学院学报(2)：96—101.

白凤欣. 2007. 国内第二语言习得中介语及其石化现象理论研究综述[J]. 河北师范大学学报(社科版)(4)：115—119.

晁继周. 2005. 语文词典论集[C]. 北京：商务印书馆.

陈　晨. 2005. 泰国学生汉语趋向补语习得偏误分析[D]. 昆明：云南师范大学.

陈楚祥. 1997. 积极型汉外词典：原则与框架[J]. 外语与外语教学(1)：35—38.

陈玉珍. 2007. 对高校英语专业学生使用学习词典情况的调查分析[J]. 辞书研究(2)：120—130.

邓　琳. 2006. 大学生使用纸质词典与电子词典情况的调查分析[J]. 辞书研究(1)：172—181.

邓燕萍. 2008. 英语专业一年级学生英语词典使用策略调查[J]. 内蒙古大学学报(3)：156—158.

董振东. 1998. 语义关系的表达和知识系统的建造[J]. 语言文字应用(3)：76—82.

付　克. 1986. 中国外语教育史[M]. 上海：上海外语教育出版社.

高文成. 2004. 标记理论与外语教学[J]. 美中外语(11)：78—81.

郭志良. 1988. 对外汉语教学中词义辨析的几个问题[J]. 世界汉语教学(1)：19—24.

过国娇，王文丽. 2006. 对外汉语教学中的量词偏误分析[J]. 上海师范大学学报(基础教育版)(12)：6—9.

洪堡特. 2001. 洪堡特语言哲学文集[M]. 姚小平译. 长沙：湖南教育出版社.

黄广芳. 2008. 词典在英语学习中使用情况的调查与分析[J]. 郧阳师范高等专科学校学报(3)：124—127.

黄建华，陈楚祥. 2001. 双语词典学导论(修订本)[M]. 北京：商务印书馆.

黄　洁. 2009. 动宾非常规搭配的转喻和隐喻透视 [J]. 同济大学学报(社会科学版)(2)：85—90.

黄锦章，刘　炎. 2004. 对外汉语教学中的理论和方法[M]. 北京：北京大学出版社.

黄群英，章宜华. 2008. 词典释义与词典用户之间的互动关系初探[J]. 广东外语外贸大学学报(3)：90—94.

江蓝生. 2006.《商务馆学汉语词典》江蓝生序. 商务馆学汉语词典[M]，2007：1—2. 北京：商务印书馆.

郎建国，李　晋. 2003. 英语学习词典使用情况调查与思考[J]. 北京第二外国语学院学报(6):54—60.

李宇明.2007.中国语言生活状况报告2006(下编)[M].北京:商务印书馆.

李宇明.2008.中国语言生活状况报告2007(下编)[M].北京:商务印书馆.

寮　菲.2000.大学生英语词典需求调查与分析[A].双语词典论集[C].北京:北京出版社.

凌德祥.2006.走向世界的汉语[M].北京:文化艺术出版社.

刘　军.2007.大学生英语词典的使用误区分析及其对策探究[J].科技信息(学术版)(16):431—432.

卢润祥.1996.外国人学汉语的好词典[J].外国语(3):79—80.

鲁健骥.1984.中介语理论与外国人学习汉语的语音偏误分析[J].语言教学与研究(3):44—56.

鲁健骥.1993.中介语研究中的几个问题[J].语言文字应用(1):21—25.

陆俭明.2005.现代汉语语法研究教程[M].北京:北京大学出版社.

陆俭明.2006.《商务馆学汉语词典》陆俭明序.商务馆学汉语词典[M],2007:6—8.北京:商务印书馆.

吕必松.1993.论汉语中介语的研究[J].语言文字应用(2):27—31.

吕叔湘.1992.《现代汉语学习词典》序.现代汉语学习词典[M],1995:1.上海:上海教育出版社.

骆　琳.2007.汉语量词搭配中隐喻意义的构建[J].修辞学习(4):13—14.

罗思明等.2004.词典用户技能及心理表征实验研究[J].辞书研究(2):121—131.

罗思明等.2007.词典使用研究中的问卷调查法[J].辞书研究(1):108—115.

牛　强.2000.过渡语的僵化现象及其教学启示[J].外语与外语教学(5):28—31.

彭宁红.2004.二语习得过程中的中介语现象[J].株洲工学院学报(3):143—144.

沈　阳等.2001.生成语法理论与汉语语法研究[M].哈尔滨:黑龙江教育出版社.

石　琳.2008.基于中介语语料库的成语使用偏误分析[J].社会科学家(2):158—161.

时　建.2008.外国学生离合词重叠式的偏误分析[J].时代文学(3):140—141.

史彬彬,潘　攀.2005.英语学习词典使用状况调查结果分析[J].山西煤炭管理干部学院学报(3):78—79,93.

史耕山,陈国华.2007.英语专业学生英语词典使用情况调查[J].外语研究(1):66—69.

束定芳.1996.现代外语教学[M].上海:上海外语教育出版社.

孙德坤.1993.中介语理论与汉语习得研究[J].语言文字应用(4):82—92.

唐淑宏.2008.对外汉语量词教学的偏误分析[J].沈阳师范大学学报(社科版)(2):105—108.

田志强,郑翠玲.2007.大学生英语写作中词典使用失误及对策[J].中国成人教育(5):171—172.

王仁强.2006.认知视角的汉英词典词类标注实证研究[D].广州:广东外语外贸大学.

王文渊,徐福文.2008.高职院校商务英语专业学生英语学习词典使用状况调查与分析[J].沧桑(6):211—212.

王西平.2009.汉语基本形容词隐喻性搭配初探[J].西南农业大学学报(社会科学版)(5):160—163.

王　瑛. 2007. 二语习得中的中介语偏误分析及其认知发生[J]. 西安外国语大学学报(4):50—54.
吴丁娥. 2001. 第二语言习得中的过渡语及其僵化研究[J]. 外语教学(3):17—22.
晓　明. 1997. 中为外用的新典奇葩——评《现代汉语学习词典》[J]. 中国图书评论(1):28—29.
晏丽芝. 2006. 外向型汉英词典中的文化信息[D]. 厦门:厦门大学.
杨同用,司敬新. 2007. 搭配类型与对外汉语实词搭配词典的编纂[J]. 辞书研究(2):62—70.
于海军. 2007. 二语习得中的中介语理论[J]. 西南民族大学学报(社科版)(12):103—105.
于屏方. 2007. 汉、英外向型学习词典对比分析[A]. 教育部语信司·鲁东大学共建汉语辞书研究中心第一届汉语辞书研究论坛. 烟台:鲁东大学.
张　博. 2007. 同义词、近义词、易混淆词:从汉语到中介语的视角转移[J]. 世界汉语教学(3):1—10.
张　博等. 2008. 基于中介语语料库的汉语词汇专题研究[M]. 北京:北京大学出版社.
张德鑫. 2000. 对外汉语教学五十年——世纪之交的回眸与思考[J]. 语言文字应用(1):49—59.
张　荷. 2008. 高中生英语词典使用状况分析[J]. 重庆科技学院学报(社科版)(6):219—220.
章宜华. 1996. 语文学习词典的创新与释义问题探讨——评《现代汉语学习词典》[J]. 辞书研究(3):55—64.
章宜华. 1998. 自然语言的心理表征与词典释义[J]. 现代外语(3):46—61.
章宜华. 2002. 语义学与词典释义[M]. 上海:上海辞书出版社.
章宜华. 2006. 认知语义结构与意义驱动释义模式的构建[J]. 现代外语(4):362—370.
章宜华. 2008. 学习词典的中观结构及其网络体系的构建[J]. 现代外语(4):360—368.
章宜华. 2009. 语义·认知·释义[M]. 上海:上海外语教育出版社.
章宜华,雍和明. 2007. 当代词典学[M]. 北京:商务印书馆.
赵成新. 2006. 从中介语语篇偏误看母语对二语习得的影响——以英语为母语者的汉语语篇衔接偏误为例[J]. 内蒙古大学学报(社科版)(5):117—120.
赵李明. 2006. 大学生英语学习词典使用技能指导初探[J]. 大学时代(下月版)(10):120—122.
赵　新,李　英. 2002. 关于编写适合对外汉语教学的近义词词典[J]. 华侨大学学报(社科版)(3):85—90.
赵　萱. 2006. 中介语石化现象与中介语心理认知机制浅探[J]. 外语与外语教学(3):18—20.
赵玉民,胡彦霞. 2005. 学生使用英语词典现状的调查与研究[J]. 吉林商业高等专科学校学报(2):17—20.
郑银芳. 2003. 二语习得中的中介语[J]. 零陵学院学报(3):121—123.
周　强,冯松岩. 2000. 构建知网关系的网状表示[J]. 中文信息学报(6):21—27.
周小兵. 1996. 第二语言教学论[M]. 石家庄:河北教育出版社.

Adjemian C. 1976. On the nature of interlanguage systems [J]. *Language Learning*, 26(2): 297—320.

Al-Kasimi, A. M. 1977. *Linguistics and Bilingual Dictionaries*[M]. Leiden: E. J. Brill.

Al-Khawaldeh A. 1994. *Dictionary Use Strategies in Reading and Writing among Secondary School Students in Jordan*[D]. Jordan: University of Jordan.

Ard J. 1982. The use of bilingual dictionaries by ESL students while writing [J]. *ITL Review of Applied Linguistics*, 58: 1—27.

Atkins B T S. (ed.) 1998. *Using Dictionaries: Studies of Dictionary Use by Language Learners and Translators* (Lexicographica Series Maior 88) [G]. Tübingen: Max Niemayer Verlag.

Atkins B T S, Knowles F E. 1990. Interim report on the EURALEX/AILA Research Project into Dictionary use[A]. In Magay T, Zigány J. (eds.) *Proceedings BudaLEX'*88 [C]: 381—392. Budapest: Akadémiai Kiadó.

Atkins B T S, Varantola K. 1997. Monitoring dictionary use[J]. *International Journal of Lexicography*, 10 (1): 1—45.

Atkins B T S, Varantola K. 1998. Language learners using dictionaries: The final report on the EURALEX/AILA Research Project on Dictionary Use[A]. In Atkins B T S. (ed.) *Using Dictionaries: Studies of Dictionary Use by Language Learners and Translators* (Lexicographica Series Maior) [G] 88: 21—81. Tübingen: Niemeyer.

Aust R *et al*. 1993. The use of hyper-reference and conventional dictionaries. *Educational Technology Research and Development* [J]. 41(4): 63—73.

Barnett M A. 1989. *More than meets the eye: Foreign language reading: Theory and Practice* [M]. Englewood Cliffs, NJ: Prentice Hall.

Barnhart C L. 1967. Problems in editing commercial monolingual dictionaries[A]. In Householder F W, Saporta S. (Eds.) *Problems in lexicography*[G]: 161—181. Bloomington: Indiana University.

Barsalou L W. 1997. Frames, concepts, and conceptual fields [A]. In Kittay E, Lehrer A. (eds.) *Frames, fields, and contrasts: New essays in semantic and lexical organization* [G]: 21—74. Hillsdale, NJ: Lawrence Erlbaum Associates.

Barsalou L W. 1992. *Cognitive Psychology: An Overview for Cognitive Scientists* [M]. Hillsdale, NJ: Lawrence Erlbaum Associates.

Baxter J. 1980. The dictionary and vocabulary behavior: a single word or a handful? [J] *TESOL Quarterly*, 14 (3): 325—336.

Béjoint H. 1981. The foreign student's use of monolingual dictionaries: a study of language needs and reference skills[J]. *Applied Linguistics*, 2 (3): 205—221.

Béjoint H. 1994. *Tradition and Innovation in Modern English Dictionaries* [M]. Oxford: Clarendon Press.

Béjoint H. 2001. *Modern Lexicography: An Introduction* [M]. Beijing: Foreign Language and Research Press.

Bensoussan M, Laufer B. 1984. Lexical guessing in context [J]. *Journal of Research in Reading*, 7 (1): 15—32.

Berwick G, Horsfall P. 1996. *Making Effective Use of the Dictionary* [M]. London: Centre for Information on Language Teaching and Research.

Bialystok E. 1978. A theoretical model of second language learning [J]. *Language Learning*, 28(1): 69—83.

Blachowicz C L *et al.* 1990. Observing dictionary users: Teachers look at fourth grade students [A]. Paper presented at the Annual Meeting of the American Educational Research Association (Boston, MA, April 15—21, 1990).

Brown H D. 1987/2001. *Principles of Language Learning and Teaching* (3rd) [M]. Beijing: Beijing Foreign Languages Teaching and Research Press.

Carroll D W. 2000. *Psychology of Language* [M]. Beijing: Foreign Language Teaching and Research Press.

Chomsky N. 1965. *Aspects of the Theory of Syntax* [M]. Cambridge, MA: the MIT Press.

Corder S P. 1967. The significance of learners' errors [J]. *International Review of Applied Linguistics*, *5* (4): 161—170.

Corder S P. 1973. *Introducing Applied Linguistics*[M]. Harmondsworth: Penguin Books.

Corder S P. 1976. The study of interlanguage [A]. Proceedings of the Fourth International Congress of Applied Linguistics. Munich: Holchschulverlg.

Corder S P. 1977. "Simple Codes" and the source of the learner's heuristic hypothesis [J]. *Studies in Second Language Acquisition*, 1: 1—10.

Corder S P. 1981. *Error Analysis and Interlanguage* [M]. Oxford: Oxford University Press.

Corder S P. 1983. Strategies of communication [A]. In Faerch C, Kasper G. (eds.) *Strategies in Interlanguage Communication* [G]: 15—19. London: Longman.

Cowie A P. 1978. The place of illustrative material and collocations in the design of a learner's dictionary [A]. In Strevens P. (ed.) *In honour of A. S. Hornby* [G]: 127—139. Oxford: Oxford University Press.

Cowie A P. 1983. English dictionaries for foreign learner [A]. In Hartmann R R K. (ed.) *Lexicography: Principles and Practice* [G]: 135—144. London: Academic Press.

Cowie A P. 1984. EFL dictionaries: Past achievements and present needs [A]. In Hartmann R R K. (Ed.) *EXeter'83 Proceedings: Papers from the International Conference on Lexicography at Exeter* [C]: 155—164. Tübingen: Niemeyer.

Cowie A P. 1989. The language of examples in English learner's dictionaries [A]. In James G. (ed.) *Lexicographers and Their Works* [G]: 55—65. Exeter: University of Exeter Press.

Cowie A P. 2000. The EFL dictionary pioneers and their legacies [J]. *Kernerman Dictionary News*, 8: 1—6.

Crystal D. 1985. *A Dictionary of Linguistics and Phonetics* [M]. New York: Basil Blackwell.

Cubillo M C C. 2002. Dictionary use and dictionary needs of ESP students: an experimental approach [J]. *International Journal of Lexicography*, 15(3): 206—228.

Drysdale P D. 1987. The role of examples in a learner's dictionary[A]. In Cowie A P. (ed.) *The Dictionary and the Language Learner* (Lexicographica Series Maior) [G] 17: 213—223. Tübingen: Max Niemeyer Verlag.

Dubois J. 1981. Models of the dictionary: Evolution in dictionary design [J]. *Applied Linguistics*, 2(3):236—249.

Ellis R. 1985. *Understanding Second Language Acquisition* [M]. Oxford : Oxford University Press.

Ellis R. 1988. *Classroom Second Language Development: A study of classroom interaction and language acquisition* [M]. New York: Prentice Hall.

Ellis R. 1990. A Response to Gregg [J]. *Applied Linguistics*, 11(4): 384—391.

Ellis R. 1994. *The Study of Second Language Acquisition* [M]. Oxford: Oxford University Press.

Ellis R. 1999. Item versus system learning: explaining free variation [J]. *Applied Linguistics*, 20: 460—480.

Ellis R. 2008. Principles of instructed second language acquisition [J]. Online Resources: *Digests*. http://www.cal.org/resources/Digest/instructed2ndlang.html.

Fauconnier, G. 1985. *Mental Spaces : Aspect of Meaning Construction in Natural Language.* Cambridge, MA: MIT Press.

Fauconnier, G. 1998. Mental spaces, language modalities, and conceptual integration [A]. In Tomasello, M. (eds.) *The New Psychology of Language: Cognitive and Functional Approaches to Language Structure*[G]. 251—280. Mahwah: Lawrence Erlbaum.

Fauconnier, G. & M. Turner 1998. Conceptual integration networks. *Cognitive Science* 22: 133—187.

Fauconnier, G. &M. Turner. 2001. Conceptual integration networks. expanded web version of *Cognitive Science* 1998—22: 133—187., http://www.wam.umd.edu/ ~ mturn/WWW/blending.html.

Fauconnier, G. & M. Turner 2002. *The way we think: Conceptual blending and the mind's hidden complexities.* New York, NY: Basic Books.

FillmoreC J. 1982. Frame semantics [A]. In The Linguistic Society of Korea (ed.) *Linguistics in the Morning Calm* [C]: 111—137. Soeul: Hanshin.

Fillmore C J, Atkins B T. 1992. Toward a frame-based lexicon: The semantics of risk and its neighbors [A]. In Lehrer A, Kittay E F. (eds.) *Frame Fields and Contrasts: New Essays in Semantic and Lexical Organization* [C]: 75—102. Hillsdale, NJ : Lawrence Erlbaum Associates.

Geeraerts D. 1989. Principles of monolingual lexicography [A]. In Hausmann F J *et al.* (eds.) *International Encyclopedia of Lexicography* [G]. Volume 1: 287—296. Berlin: Walter de Gruyter.

Goldberg A E. 1995. *Constructions: a Construction Grammar Approach to Argument Structure* [M]. Chicago, London: The University of Chicago Press.

Grabe W, Stoller F L. 1997. Reading and vocabulary development in a second language: a case study [A]. In Coady J, Huckin T. (Eds.) *Second Language Vocabulary Acquisition* [G]: 98—122. Cambridge: Cambridge University Press.

Greenbaum S C F *et al.* 1984. The image of the dictionary for the American college students

[J]. *Dictionaries: Journal of the Dictionary Society of North America*, 6: 31—52.

Halliday M. 1978. Language as Semiotic: The Social Interpretation of Language and Meaning [M]. Baltimore: University Park Press.

Hartmann R R K. 1983. The bilingual learner's dictionary and its uses [J]. *Multilingua*, 2 (4): 195—201.

Hartmann R R K. 1987. Dictionaries of English: The user's perspective [A]. In Bailey R W. (ed.) *Dictionaries of English: Prospects for the record of our language* [G]: 121—135. Ann Arbor: The University of Michigan.

Hartmann R R K, James G. 1998. *The Dictionary and the Language Learner* [M]. London, New York: Rutledge.

Hartmann R R K, James G. 2000. Dictionary of Lexicography [M]. Beijing: Foreign Language Teaching and Research Press.

Harvey K, Yuill D. 1997. A study of the use of a monolingual pedagogical dictionary by learners of English engaged in writing [J]. *Applied Linguistics*, 18 (3): 253—273.

Hatherall G. 1984. Studying dictionary use: Some findings and proposals [A]. In Hartmann R R K. (ed.) *LEXeter' 83 Proceedings: Papers from International Conference on Lexicography at Exeter* (Lexicographica Series Maior) [C]: 183—189. Tübingen: Niemeyer.

Herbst T, Stein G. 1987. Dictionary-using skills: a plea for a new orientation in language teaching [A]. In Cowie A P. (ed.) The Dictionary and the Language Learner (Lexicographica Series Maior) [G] 17: 115—127. Tübingen: Niemeyer.

Hosenfeld C *et al*. 1981. Second language reading: A curricular sequence for teaching reading strategies [J]. *Foreign Language Annals*, 14: 415—422.

Hulstijn J H. 1993. When do foreign-language readers look up the meaning of unfamiliar words? The influence of task and learner variables [J]. *Modern Language Journal*, 77(2): 139—147.

Hulstijn J H, Atkins B T S. 1998. Empirical research on dictionary use in foreign-language learning: survey and discussion [A]. In Atkins B T S. (Eds.) *Using Dictionaries: Studies of Dictionary Use by Language Learners and Translators* (Lexicographica Series Maior) [G] 88: 7—19. Tübingen: Niemeyer.

Hulstijn J H *et al*. 1996. Incidental vocabulary learning by advanced foreign-language students: The influence of marginal glosses dictionary use and reoccurrence of unfamiliar words [J]. *Modern Language Journal*, 80 (3): 327—339.

Jackendoff R. 1976. Towards an explanatory semantic representation [J]. *Linguistic Inquiry* 7: 89—150.

Jackendoff R. 1983. *Semantics and Cognition* [M]. Cambridge MA: The MIT Press.

Jackendoff R. 1990. *Semantic Structure* [M]. Cambridge MA: The MIT Press.

James C. 2001. *Errors in Language Learning and Use: Exploring Error Analysis* [M]. Beijing: Foreign Language Teaching and Research Press.

Katz J J. 1972. *Semantic Theory* [M]. New York: Haper & Row.

Katz J J, Fodor J A. 1963. The structure of a semantic theory [J]. *Language*, 39: 170—

210.

Katz J J, Postal P. 1964. *An Integrated Theory of Linguistic Descriptions* [M]. MIT Press.

Kempson R. 1977. *Semantics Theory* [M]. Cambridge: Cambridge University Press.

Kleiber G. 1988. Prototype stéréotype: un air de famille [J]. *DRLAV* (Documentation et recherche en linguistique allemande contemporaine). *Revue de Linguistique* 38: 23—36.

Knight S M. 1994. Dictionary use while reading: The effects on comprehension and vocabulary acquisition for students of different verbal abilities [J]. *Modern Language Journal*, 78(3): 285—299.

Krashen S D. 1982. *Principles and Practice in Second Language Acquisition* [M]. New York: Pergamon Press Ltd.

Lado R. 1957. *Linguistics Across Cultures: Applied Linguistics for Language Teachers* [M]. Ann Arbor: University of Michigan Press.

Lakoff G. 1987/1996. *Women Fire and Dangerous Things: What Categories Reveal about the Mind* [M]. Chicago: University of Chicago Press.

Lakoff G, Johnson M. 1999. *Philosophy in the Flesh: The Embodied Mind and Its Challenges to Western Thought* [M]. New York: Basic Books.

Lamb A. 1991. Dictionary skills go high tech: Using Webster's dictionary on CD-ROM [J]. *School Library Media Activities Monthly*, 7(5): 40—42.

Landau S. I. 2001. *Dictionaries: the art and craft of lexicography*. Second Edition. UK: Cambridge University Press. 章宜华,夏立新译. 2005. 北京:商务印书馆.

Langacker R W. 1987, 1991. *Foundations of cognitive grammar* Vol. 1, 2 [M]. Stanford: Stanford University Press.

Laufer B, Kimmel M. 1997. Bilingualised dictionaries: How learners really use them [J]. *System*, 25(3): 361—369.

Leech G. 1981. *Semantics* [M]. 2nd edition. Harmondsworth: Penguin Books.

Lew R. 2002. Questionnaires in dictionary use research: A reexamination [A]. In Braasch A, Povlsen C. (eds.) Proceedings of the Tenth EURALEX International Congress EURALEX 2002 Copenhagen Denmark August [C]: 267—271. Copenhagen: Center for Sprogteknologi Copenhagen University.

Li Lan. 1997. Dictionaries and their users at a Chinese Uinversity with special reference to ESP Learners [A]. Paper presented at the International Conference on Dictionaries in Asia: *Research and Pedagogical Implications HongKong University of Science and Technology*, 26—29 March 1997.

Liontas J I. 2001. Reading and multimedia annotations: Going beyond bells and whistles hotlinks and pop-up windows [J]. *IALL Journal of Language Learning Technologies, 33* (1): 53—78.

Locke J. 1690/1975. *Essay Concerning Human Understanding* [M]. Oxford: Oxford University Press.

McCreary D R, Dolezal F. 1999. A study of dictionary use by ESL students in an American university. *International Journal of Lexicography*, 12 (2): 105—144.

Mel' čuk I A. 1974. Esquisse d'un modèle linguistique du type Sens-Texte [A]. In *Problèmes Actuels en Psycholinguistique* [C]. Colloques internationaux du CNRS (206): 291—317. Paris: Editions du CNRS.

Mel' čuk I A. 1981. Meaning-Text Models: a recent trend in soviet linguistics [J]. *Annual Review of Anthropology*, 10: 27—62.

Mel' čuk I A *et al*. 1995. *Introduction à la Lexicologie Explicative et Combinatoire* [M]. Louvain: Louvain-la-Neuve.

Mel' čuk I A *et al*. 1999. *Dictionnaire Explicatif et Combinatoire du Français Contemporain* [M]. Lexico-sémantiques IV, Montréal: Les Presses de L'université de Montréal.

Miller G *et al*. 1990. Introduction to WordNet: An on-line lexical database [J]. *International Journal of Lexicography*, 3(4): 235—244.

Nemser W. 1971. Approximative systems of foreign language learners. *International Review of Applied Linguistics*, 9: 115—123.

Nesi H. 2000. *The Use and Abuse of EFL Dictionaries: How learners of English as a foreign language read and interpret dictionary entries* [M]. (Lexicographica Series Major 98). Tübingen: Niemeyer.

Nesi H. 2003. The Specification of dictionary reference skills in higher education [A]. In Hartmann R R K. (ed.) *Lexicography: Critical Concepts: a 3-volume book of readings* [G]: 370—393. London: Routledge.

Nesi H, Haill R. 2002. A study of dictionary use by international students at a British university [J]. *International Journal of Lexicography*, 15(4): 277—306.

Neubach A, Cohen A D. 1988. Processing strategies and problems encountered in the use of dictionaries [J]. *Dictionaries: Journal of the Dictionary Society of North America*, 10: 1—19.

Nida E A. 1975. *Componential Analysis of Meaning* [M]. The Hague: Mouton.

Nuttall C. 1982. *Teaching Reading Skills in a Foreign Language* [M]. London: Heinemann Educational Books.

Quirk R. 1973. The social impact of dictionaries in the UK [J]. *Annals of the New York Academy of Sciences* (Lexicography in English), 211(1): 76—88.

Rey-Debove J. 1989. La métalangue lexicographique: forme et fonction en lexicographie monolingue [A]. In Hausmann F J *et al*. (ed.) *Encyclopédie Internationale de Lexicographie* [G]: 305—311. Berlin: Walter de Gruyter.

Richards J. 1974. A non-contrastive approach to error analysis [A]. In Richards J. (Ed.) *Error Analysis: Perspectives on Second Language Acquisition* [G]: 172—188. Essex: Longman.

Rosch E. 1973. On the internal structure of perceptual and semantic categories [A]. In Moore T E (ed.). *Cognitive Development and The Acquisition of Language* [G]: 111—144. New York: Academic Press.

Rosch E. 1975a. Family resemblance: studies in the internal structure of categories [J]. *Cognitive Psychology* 7 : 573—605.

Rosch E. 1975b. Cognitive representations of semantic categories [J]. *Journal of Experimental Psychology*: General 104: 192—253.

Rosch E. 1977. Human categorization [A]. In Warren N. (ed.) *Studies in Cross-cultural Psychology* [G]: 1—49. London: Academic Press.

Rosch E. 1978. Principles of categorization [A]. In Rosch E Lloyd B (eds.) *Cognition and Categorization* [G]: 27—48. Hillsdale NJ: Lawrence Erlbaum.

Rosch E *et al.* 1976. Basic objects in natural categories [J]. *Cognitive Psychology*, 8: 382—349.

Rosch E, Lloyd B B. 1978. *Cognition and Categorization* [M]. Hillsdale, NJ: Lawrence Erlbaum.

Rundell M. 1999. Dictionary use in production [J]. *International Journal of Lexicography*, 12: 35—53.

Santos S. 2006a. Dictionary use in L2 writing [A]. *Memorias del II Foro Nacional de Especialistas en Lenguas Extranjeras* (FONAEL 2006) [C]. México: Universidad Autónoma de Chetumal QR.

Santos S. 2006b. *Lexical Strategies in L1 and L2 Writing: A Study with Mexican University EFL Students* [D]. UK: University of Essex.

Santos S. 2007. Dealing with lexical problems in second language writing: reference skills training [A]. *Memorias del II Foro Nacional de Especialistas en Lenguas Extranjeras* (FONAEL 2007) [C]. México: Universidad de Quintana Roo.

Scholfield P. 1982. Using the dictionary for comprehension [J]. *TESOL Quarterly*, 16 (2): 185—194.

Scholfield P. 1999. Dictionary use in reception [J]. *International Journal of Lexicography*, 12: 13—34.

Selinker L. 1969. Language transfer [J]. *General Linguistics*, 9: 67—92.

Selinker L. 1972. Interlanguage [J]. *International Review of Applied Linguistics*, 10 (3): 209—231.

Selinker L. 1992. *Rediscovering Interlanguage* [M]. London : Longman.

Selinker L, Han Z-H. 2001. Fossilization: moving the concept into empirical longitudinal study [A]. In Elder C *et al.* (eds.) *Studies in language testing: experimenting with uncertainty* [G]: 276 - 291. Cambridge: Cambridge University Press.

Selinker L, Lakshmanan U. 1992. Language transfer and fossilization: the multiple effects principle [A]. In Gass S, Selinker L. (eds.) *Language transfer in language learning* [G]: 197—216. Amsterdam: John Benjamins.

Sinclair J. (ed.) 1987. *Looking up: An account of the COBUILD project in lexical computing* [G]. London: Collins COBUILD.

Sinclair J. 1991. *Corpus Concordance Collocation* [M]. Oxford: Oxford University Press.

Smith E E, Medin D L. 1981. Categories and Concepts [M]. Cambridge, MA: Harvard University Press.

Snell-Hornby M. 1984. The bilingual dictionary: Help or hinder? [A]. In Hartmann R R K.

(ed.) *LEXeter '83 proceedings* [C]: 274—281. Tubingen: Niemeyer.

Snell-Hornby M. 1986. The bilingual dictionary-victim of its own tradition? [A]. In Hartmann R R K. (ed.) *The History of Lexicography* [G]: 207—218. Amsterdam-Philadelphia: John Benjamins.

Stern H H. 1983. *Fundamental Concepts of Language Teaching*[M]. Oxford: Oxford University Press.

Stubbs M. 1996. *Text and Corpus Analysis* [M]. Oxford: Blackwell Publishers.

Svensén B. 1993. Practical Lexicography: Principle and Methods of Dictionary-Making [M]. Translated by Sykes J, Schofield K. Oxford: Oxford University Press.

Szende T. 1999. Problems of exemplification in bilingual dictionaries [J]. Lexicographica, (15): 198—228.

Talmy L. 2000. *Toward a cognitive semantics. Vol. 1: Concept structuring systems* [M]. Cambridge, MA: The MIT Press.

Tarone E. 1983. On the variability of interlanguage system [J]. *Applied Linguistics*, 4: 143—631.

Tarone E. 1988. *Variation in Interlanguage* [M]. London: Edward Arnold.

Tarone E. 1990. On variation in interlanguage: a response to Gregg [J]. *Applied Linguistics*, 11(4): 392—400.

Temple M. 1996. *Pour une Sémantique des Mots Construits* [M]. Villeneuve d'Ascq: Presses Universitaires du Septentrion.

Thompson G. 1987. Using bilingual dictionaries [J]. *ELT Journal*, 41(4): 282—286.

Thorndike E L. 1921. *The Teacher's Word Book* [M]. New York: Teachers College, Columbia University.

Thorndike E L. 1923. *The Thorndike Test of Word Knowledge* [M]. New York: Teachers College: Columbia University.

Thorndike E L. 1924. The vocabularies of school pupils [A]. In Carelton B J. (ed.) *Contributions to Education* [G]: 69—76. New York: World Book Co.

Thorndike E L. 1931. *Human Learning* [M]. New York: Appelton-Century-Crofts.

Thorndike E L. 1932a. *The Fundamentals of Learning* [M]. New York: Teachers College Near!

Thorndike E L. 1932b. *Teacher's Word Book of the Twenty Thousand Words Found Most Frequently and Widely in General Reading for Children and Young People* [M]. New York: Teachers College, Columbia University.

Thorndike E L. 1935. *Thorndike-Century Junior Dictionary* [M]. Chicago: Scott Foresman.

Tickoo M L. (ed.) 1989. *Learners' Dictionaries: State of the Art* [G] (Anthology Series 23). Singapore: SEAMEO Regional Language Centre.

Tomaszczyk J. 1979. Dictionaries: users and uses [J]. *Glottodidactica*, 12: 103—119.

Tomaszczyk J. 1983. On bilingual dictionaries: The case for bilingual dictionaries for foreign language learners [A]. In Hartmann R R K. (ed.) *Lexicography: Principle and Practice* [G]:41—51 London: Academic Press Inc.

Tono Y. 1984. *On the Dictionary User's Reference Skills* [D]. Tokyo: Tokyo Gakugei University.

Tono Y. 1988. Assessment of the EFL learners' dictionary using skills [J]. *JACET Bulletin*, 19: 103—126.

Tono Y. 1989. Can a dictionary help you read better? On the relationship between EFL learners' dictionary reference skills and reading comprehension [A]. In James G. (ed.) *Lexicographers and Their works*. [G]: 192—200. Exeter: University of Exeter Press.

Tono Y. 1991. A good dictionary user: what makes the difference? [A]. In Ito K *et al*. (eds.) *Recent studies on English Language Teaching* [G]: 229—253. Tokyo: Yumil Press.

Tono Y. 1992. The Effect of Menus on EFL Learners' Look-up Processes [J]. *Lexikos*, 2: 230—253.

Tono Y. 1997. Guide word or signpost? An experimental study on the effect of meaning access indexes in EFL learners' dictionaries [J]. *English Studies*, 28: 55—77.

Toope M. 1996. *Examples in the Bilingual Dictionary* [D]. Otawa: University of Ottawa.

Wierzbicka A. 1988. *The Semantics of Grammar* [M]. Amsterdam: John Benjamins.

Winkler B. 2001. Students working with an English learners' dictionary on CD-ROM [A]. Paper presented at Information Technology and Multimedia in English Language Teaching Conference, Hong Kong 1—2 June. http://elc. polyu. edu. hk/conference/papers2001/winkler. htm.

Wright J. 1998. *Dictionaries: Resource Books for Teachers* [M]. Oxford: Oxford University Press.

Yip V. 1995. *Interlanguage and Learnability: from Chinese to English* [M]. Amsterdam: John Benjamins.

Zgusta L. 1971. *Manual of Lexicography* [M]. The Hague: Mouton.

Zheng D L. 2008. Krashen's Input Hypothesis and English classroom teaching [J]. *US-China Foreign Language*, 9:53—56.

参考词典

李忆民. 1995. 现代汉语常用词用法词典[M]. 北京:北京语言学院出版社.

鲁健骥等. 2007. 商务馆学汉语词典(双色本)[M]. 北京:商务印书馆.

孙全洲. 1995. 现代汉语学习词典[M]. 上海:上海外语教育出版社.

中国社会科学院语言研究所词典编辑室. 2005. 现代汉语词典(第5版)[M]. 北京:商务印书馆.

Grey A, Summers D. 1992. 朗文英汉双解词典 (*Longman Dictionary of American English*) [M]. 北京:外语教学与研究出版社.

Kirkpatrick E M. 1983. *Chambers 20th Century Dictionary*[M]. Edinburgh: W & R Chambers Ltd.

Mayor M. 2009. 朗文英文当代大词典（*Longman Dictionary of Contemporary English*, 5th *Edition*）[*M*]. *UK*: *Pearson Education Limited.*

Procter. P. 剑桥高阶学习词典（*Cambridge Advanced Learners Dictionary*, 2nd *Edition*）[M].

Rundell M. 2005. *Macmillan English-Chinese Dictionary*[M]. Beijing: Foreign Language and Research Press.

Sinclair J. 2006. Collins COBUILD Dictionary of CD-Rom[M]. London : HarperCollins Publishers.

Sokolowski P *et al*. 2008. *Marriam-Webster's Advanced Learner's English Dictionary* [M]. Springfield, Massachusettes: Marriam-Webster Incorporated.

Summers D. 1998. 朗文当代高级英语词典(英汉双解)(*Longman Dictionary of Contemporary English English-chinese*) [M]. 北京:商务印书馆.

Wehmeier S. 2004. 牛津高阶英汉双解词典(*Oxford Advanced Learner's English-Chinese Dictionary*)[M]. 北京:商务印书馆.

Wehmeier S. 2007. 牛津高阶英语词典(*Oxford Advanced Learner's Dictionary*, 7th *Edition*) [M]. 北京:商务印书馆.

主要术语和词典索引

后　记

2009年10月下旬,在杭州西子湖畔召开的辞书学会高层论坛上见到张志毅先生。张先生长期从事词汇语义学和词典学研究,对词汇学、词典学都有深入的思考和独到的见解。他虽然年逾杖国,仍笔耕不止,且视野开阔、学理严谨、积累厚实。如果能求得前辈指点,岂不受益匪浅?于是便面呈书稿,请求指教并赐序。先生欣然应允,认真阅读了全文,不久便寄来了本书的序言。

张先生在《序》中陈述了他与笔者学术上的相识与相知,对我的一些成果给予了很高的评价,并对以后的研究寄予厚望,但读后自感惭愧——实在难以担当。在这个信息社会,学界到处藏龙卧虎,前有许多德高望重、学富五车的学术前辈,后有一大批积极进取、才华横溢的后起之秀,自己岂敢自命不凡,更不敢说是"一月升起,百星暗淡"。如果说能把学界比喻成满天繁星的话,吾辈晚学充其量只是借助"明星"发光的小石而已,理应携银河沧浪奔流,奋进不已,慢慢接近璀璨星系。

近年来,国际语言学的研究发展迅速,我只是比较关注学术界的这些新发展和新成果,想从词典学本体以外的视角来探讨词典学的一些问题。1997年博士毕业后,我的研究分三个阶段:1)介绍或引进国外语言学和词典学的一些新理念和新视角(以《语义学与词典释义》《计算词典学》和译著《词典编纂的艺术与技巧》为代表);2)在介绍国外新理论的同时,结合我国词典学的实际做一些尝试性研究,为构建具有中国特色的当代词典学理论做一些探讨(以《当代词典学》和《语义·认知·释义》为代表);3)吸收国际国内语言学等相关理论的最新研究成果,探讨并构建既有国际先进水平又适合我国实际的词典学理论框架和意义驱动的多维释义模式——这也是我自己特色的理论体系,包括适合我国学生学习外语需要的外语教学词典学的理论探讨,以促成新一代英汉学习词典的编纂和出版。目前笔者有多个课题来支持这类研究:a)国家社科基金项目"基于词典生成系统的《新一代英汉双解学习词典》的研编";b)教育部社科规划项目"二语习得理论与新一代英汉学习词典理论框架的研究”；c）广东省“211 工程”建设项目“基于二语习得理论的新一代学习词典的理论框架研究”等。此外还有五个重大的横向研究项目。等这些项目完成了，笔者对当代词典学理论体系将会有一个比较明晰的认知，并勾画出初步的理论框架。本书是从用户认知视角，利用二语习得理论和基于认知语言学的多维释义理论来探讨对外汉语词典的释义问题，属于第三阶段研究的尝试，力求把当今语言学和词典学的新理论应用于汉语学习词典的研究和编纂。

拙著在定稿前，承蒙北京大学对外汉语教育学院的李红印教授和广东外语外贸大学中文学院的王媛媛博士对部分章节做了认真审阅，提出了宝贵意见，为提升本书的质量起到了重要作用。

本书涉及的范围较广，无奈自己学识浅陋，书中一定会有一些考虑不周、把握不准，甚至是谬误的地方，请专家和读者不吝指教。

章宜华

2010 年 12 月 11 日